Thomas Müller

GEWINNEN MIT BÖRSENZYKLEN

Thomas Müller

GEWINNEN MIT BÖRSENZYKLEN

Bis 2010
ein Vermögen
verdienen!

Bibliografische Information der Deutschen Bibliothek:
Die Deutsche Bibliothek verzeichnet diese Publikation in der Deutschen Nationalbibliografie;
detaillierte bibliografische Daten sind im Internet über
http://dnb.ddb.de abrufbar.

© 2007 by
TM BÖRSENVERLAG AG
Salinstraße 1, 83022 Rosenheim
Telefon: 0 80 31/20 33 -0
Telefax: 0 80 31/20 33 30
Internet: www.boersenverlag.de
www.boersenzyklen.de

1. Auflage Dezember 2005
2. Auflage Februar 2006
3. Auflage April 2006
4. Auflage Dezember 2006
5. Auflage Januar 2007
6. Auflage März 2007
7. Auflage Mai 2007

ISBN 978-3-930851-65-2
Printed in EU

*Für Patrick
und Isabelle*

Inhaltsverzeichnis

VORWORT

Liebe Leserinnen und Leser,

ich freue mich sehr, dass Sie dieses Buch in Händen halten und möchte Ihnen vorweg ein wenig von meinen Börsenerfahrungen erzählen. Als 1967 Geborener bin ich seit Anfang der 80er Jahre an der Börse aktiv. Mein Interesse für die Börse wurde geweckt, als mir mein Vater AEG-Aktien geschenkt hatte. Wie es sich für einen „Börsianer" ohne Geld gehört, hatte ich mich Mitte der 80er Jahre auf Optionen konzentriert und dabei letztlich mehr Glück als Verstand, denn in dieser Phase kannten die Kurse nur den Weg nach oben, so dass mit Calls phantastische Gewinne erzielt werden konnten.

Die Zäsur kam dann im großen Crash vom Oktober 1987. Ich hatte mit einem Einbruch gerechnet, aber die Folgewirkungen völlig falsch eingeschätzt. Denn mir gelang zwar rechtzeitig vor dem Crash mit einem riesigen Plus die Glattstellung meiner Calls, doch ich investierte danach – genau in Erwartung von Börsenturbulenzen – massiv in Goldaktien, die letztlich – mit Zeitverzögerung – die größten Verluste überhaupt verzeichneten.

Der Crash von 1987 war ein Einschnitt. Ich lag zwar in meiner Grundeinstellung richtig, aber in meinem Depot vollkommen falsch und ich fand überhaupt keine Börsen-Analysen, die mir auch nur ansatzweise weiterhelfen konnten. Mir wurde klar, dass sich Analysten in zwei Lager teilen. Die Masse der Analysten sind Konformisten, die in ihren Stimmungen letztlich nur die Börsen-Performance der letzten Wochen reflektieren, während die wenigen „Andersdenkenden" notorische Optimisten oder Pessimisten sind, also jedwede Entwicklung ausschließlich durch eine rosa, oder eben eine tiefschwarze Brille sehen.

Ich lag in meinem eigenen Depot also zunächst komplett falsch, war aber davon überzeugt, dass die Börsenwelt nicht untergehen würde und 1987 einen einmaligen Einbruch bedeutete, der recht zügig wieder aufgeholt werden müsste. Damals hatten Untergangspropheten Oberwasser, doch natürlich waren die Analysen das Papier nicht wert, auf dem sie gedruckt waren und alle vermeintlichen Korrelationen („im Crash steigt Gold und damit Goldminen") blanker Unsinn. Ich wollte es besser machen und mein Hobby sollte mein Beruf werden. Mein Ziel war die Herausgabe eines neuartigen Informationsdienstes, der alleine auf Basis objektiver, technische Analysen konkrete Empfehlungen für Optionen aussprechen sollte, denn eine derartige Publikation gab es damals nicht und genau eine solche hatte ich in den Wirren um den Oktober 1987 gesucht. Deshalb schrieb ich 1987 einen Grundlagenreport über den Terminhandel und startete in 1988 mit dem Optionsbrief, dem dann 1989 der Chartanalyst folgte.

Bis heute hat der Börsenverlag mehr als 40 Bücher zum Thema Börse herausgegeben und aus meiner Startbroschüre wurde 1990 das Buch „DTB-Basiswissen" und später „Eurex-Basiswissen". In 1994 habe ich „Das GROSSE Buch der Technischen Indikatoren" verfasst, das 2004 völlig überarbeitet und auf fast 800 Seiten erweitert wurde. Mit mehr als 10.000 verkauften Exemplaren handelt es sich hier mittlerweile um ein Standardwerk der Indikatoren-Analyse und ich bin immer amüsiert, wenn ich im Internet oder auch in anderen Büchern zur Indikatoren-Analyse meine Ursprungstexte und Ansichten wiederfinde.

Um 1994 wurde ich auf ein Buch aufmerksam, um das sich in den USA ein regelrechter Mythos rankte. Das Werk war erstmals 1923 unter dem Titel „Reminiscences of a Stock Operator" erschienen und beschrieb Leben, Wirken und Handelstaktiken von Jesse Livermore, des wohl größten Spekulanten aller Zeiten. Dieses Buch hat mich fasziniert und einige meiner Ansichten über die Börse geprägt bzw. forciert, denn es ist geradezu unglaublich, wieviel der heute zum Allgemeingut gewordenen Börsenregeln hier erstmals niedergeschrieben wurden. Diesen Klassiker habe ich 1995 unter dem Titel „Jesse Livermore – Das Spiel der Spiele" in deutsch veröffentlicht und wenn ich Ihnen – neben diesem – ein Buch ans Herz legen darf, dann lesen Sie bitte dieses außergewöhnliche Werk. Im September 2005 ist „Das Spiel der Spiele" nun bereits in der elften Auflage im Börsenverlag erschienen, was natürlich dem Traum eines jeden Verlegers entspricht. Noch viel mehr als die fünfstellige Auflage freut es mich aber, wenn ich in Gesprächen oder aus Zuschriften erfahre, dass viele Leser davon genauso begeistert sind wie ich. Denn dieses Buch zeigt etwas, das wir alle eigentlich nicht für möglich halten:

Es ändert sich im Endeffekt nichts – überhaupt nichts – im Börsengeschäft und der New Economy-Hype der späten 90er hatte sich letztlich überhaupt nicht von den Exzessen um Technologie-Werte vorheriger Generationen unterschieden, wie damals zunächst Eisenbahn- und später Automobilaktien. Jesse Livermore hat vieles mit der menschlichen Psyche erklärt, wie z.B.: „In der Geschichte haben die Menschen sich an der Börse stets gleich verhalten. Ihre Motive waren Gier, Angst, Unwissenheit und Hoffnung. Deshalb entstehen immer wieder die gleichen numerischen Formationen und Muster".

Deshalb „funktioniert" die technische Analyse, doch welche Möglichkeiten sich durch zyklische Muster eröffnen, wurde mir erst vor kurzem bewusst. In meinem Indikatoren-Buch hatte ich unter das Thema Zyklen noch alleine Ansätze wie Fibonacci-Studien, Elliott-Wave oder Gann-Techniken subsumiert. Doch in diesem Buch erfahren Sie von noch viel dominanteren Zyklen, die sich durch eine einfache Übereinanderlagerung der Kursveränderungen gleicher Zeiträume ergeben, also durch kalendarische Häufungen.

Nach diesen Zyklen haben wir gute Börsenjahre vor uns, möglicherweise sogar spektakulär positive, denn es könnte sich in der Hausse bis 2009/2010 die Börsenentwicklung der 20er Jahre wiederholen. Das kann sich heute niemand vorstellen, denn das Platzen einer großen Börsenblase liegt gerade erst hinter uns. Erinnern Sie sich noch?

Der Zeitraum 1999/2000 war an Absurdität eigentlich nicht mehr zu überbieten, denn es grassierte ein Virus, den ich über den Börsenverlag, wie über mein Finanzportal boerse.de, „hautnah" erleben durfte bzw. musste. In der Internet-Euphorie waren auf einmal Analysten- und Unternehmens-Prognosen völlig normal, die für die nächsten Jahre Verhundertfachungen der Umsätze erwarten ließen und Unternehmen schienen um so mehr umjubelt zu werden, je mehr Geld sie operativ verbrannten. Zu dieser Zeit vervielfachten sich Neu-Emissionen schon nach kurzer Zeit, so dass aus vielen Anlegern Zocker mit völlig überzogenen Renditeerwartungen wurden. Da erfolgreiche Transaktionen das Selbstvertrauen stärken, wuchs sowohl bei privaten Anlegern, wie bei Analysten und Fondsmanagern die Selbstsicherheit ins nahezu Unermessliche.

Doch es wurde übersehen, dass an der Börse lediglich eine Flut ausgebrochen war und die Flut letztlich alle Boote hebt.

Es kam, wie es kommen musste und die Blase platze. Dabei entwich die Luft aus dem Luftballon zunächst nur langsam, doch mit der Zeit wurde klar, dass die Kurse nicht Luft vor dem nächsten Aufwärtsschub holten, sondern die Party definitiv vorbei war.

Die Konsequenzen waren dramatisch. Die Kursverluste der weltweiten Baisse addierten sich auf etwa 12 Billionen Dollar, was eine Summe bedeutet, die niemand mehr nachvollziehen kann. Greifbar wird das Ausmaß der Baisse aber z.B. durch die Entwicklung der deutschen IPOs der Jahre 1997 bis 2004. Per März 2004 notierten lediglich 8% über ihrem Ausgabepreis, während jeder vierte Börsenneuling mit einen Minus von 95% in die Statistik einging.

Die in 2000/2001 eingeschlagene Baisse führte zu den größten Kursrückgängen, die die Generation der heute aktiven Börsianer jemals erlebt hat. Der Markt wurde nachhaltig durchgemischt und unzählige Unternehmen sind in Konkurs gegangen und damit von den Kurszetteln verschwunden. Doch dahinter steht ein „Zyklus". Denn in einem Aufschwung verdient jeder, doch ab einem bestimmten Zeitpunkt braucht es eine Marktbereinigung, in der sich die guten von den schlechten trennen. Wer eine solche Korrektur „überlebt" – ob als Firma oder Anleger – geht gestärkt daraus hervor. Erfolgsmechanismen entstehen nicht im Aufschwung, sondern im Abschwung und führen dann im nächsten Zyklus zu überdurchschnittlichen Erfolgen. Der Abschwung liegt aber längst hinter uns...

Dazu passt, dass die Deutsche Börse im Oktober 2005 das neue Handels-Segment Entry-Standard ins Leben gerufen hat. Nach den Zyklen, die Sie im Folgenden kennenlernen werden, können Sie davon ausgehen, dass dieses neue Segment in den nächsten Jahren boomen wird, dann aber in sich zusammen bricht. Meine Meinung:

Sie können mit IPOs „spielen", doch vernünftige Anlageentscheidungen sollten nur auf Basis einer Analyse der Kurshistorie (die IPOs nicht haben) getroffen werden. Dafür stehen Ihnen z.B. unsere beiden Kern-Publikationen zur Verfügung, die ich Ihnen kurz vorstellen möchte:

Der boerse.de-Aktienbrief nutzt z.B. die Grundphilosophie der technischen Analyse in ihrer Reinform. Denn letztlich macht alleine die tatsächliche Performance den Unterschied zwischen guten und schlechten Aktien aus, so dass eine statistische Analyse langfristiger Kursdaten die Spreu (Hoffnungsunternehmen) vom Weizen (Erfolgsunternehmen) trennt. Wir haben diesen Ansatz „Performance-Analyse" genannt und auf dieser Grundlage erhalten die in den letzten 10 Jahren „besten" Aktien von boerse.de den Status „Champion".

Im 18. Jahrgang erscheint nunmehr der heutige Trendbrief Chartanalyst/ Optionsbrief (TCO), der aus einer Zusammenführung der jeweiligen Spezialdienste resultiert. Dieser wöchentliche Börsenbrief für Trends & Tradings analysiert Aktien, Indizes, Devisen, Zinsen und Rohstoffe auf chart- und markttechnischer Basis. Besonderheit ist dabei unsere „Trend&Money"-Strategie, die es ermöglicht, dass wir in den jeweils stärksten Trends auch die größten Trendpositionen halten.

Sie sehen, dass das Arbeiten mit Kursdaten sowie deren Auswertung für uns das Tagesgeschäft bedeutet, zumal auch boerse.de von einer exzellenten Kursdatenbank „lebt".

Wir wissen, wie mächtig Trends sind, doch über allen Trends stehen noch viel mächtigere Zyklen, die sich durch die Übereinanderlagerungen der Kursveränderungen identischer Zeitperioden ergeben. Der Basis-Zyklus:

Zum Jahrzehntwechsel gibt es einen starken Boom, dem dann der Kater folgt. Die Trends drehen nachhaltig nach unten, die vorangegangene Übertreibung bereinigt sich und im ersten Viertel oder Drittel des neuen Jahrzehnts wird der Boden gefunden. Dann dreht der Trend wieder nach oben, was aber angesichts der vorangegangenen Rückgänge zunächst kaum wahrgenommen wird. Zur Jahrzehntmitte verstärkt sich der neue Aufwärtstrend und im letzten Drittel bzw. Viertel des Jahrzehnts gewinnt die Hausse immer mehr an Kraft, woraus sich schließlich eine Euphorie zum Jahrzehntwechsel entwickelt. Und dann beginnt alles wieder von vorne...

Diesen Zyklus habe ich seit Anfang der 80er Jahre (als Börsianer, wie als Unternehmer) hautnah erlebt, doch die Kurshistorie zeigt, dass unsere Väter und Urgroßväter genau den gleichen Zyklus durchlebt haben müssten. Unsere Vorfahren würden uns sehr gut vom Auf und Ab in „ihren" Jahrzehnten erzählen können und hätten je nach Generation doch ganz unterschiedliche Begründungen. Das zeigt, dass es um den Zyklus selbst geht und nicht um dessen geschichtliche Begleiterscheinungen. Deshalb:

Ich bin von Jesse Livermore geprägt und daher überzeugt davon, dass die Kurse alle – wirklich alle – relevanten Informationen widerspiegeln und dass nicht Nachrichten Kurse machen, sondern alleine die Kurse den Tenor der positiven oder negativen Interpretationen und Erwartungen vorgeben.

Deshalb verschone ich Sie in diesem Buch von Herleitungen, mit denen die im Folgenden dargestellten Zyklen erklärt werden könnten. Natürlich hat z.b. der Jahreszyklus seinen Hintergrund im Rhythmus der Bilanzierungspraxis (also im quartalsmäßigen Rück- und Ausblick von Unternehmen und Fonds), der zum Jahresultimo freiwerdenden Gelder (und dem Vorgriff auf diese Entwicklung), der Urlaubssaison (vor der logischerweise verkauft und nicht gekauft wird) und den erheblichen psychologischen Schwankungen im Jahresverlauf. Denn Vorsätze für die nächsten 12 Monate werden nun einmal zum Jahresende getroffen und ein jeder freut sich auf Weihnachten und den Jahreswechsel und eben nicht auf den Herbstanfang oder den Reformationstag. Dieser psychologische Faktor kommt im Jahrzehntzyklus noch stärker zum Tragen, ist aber nicht quantifizierbar und daher würde es ja dem Sinn dieses Buches widersprechen, über das „warum" nachdenken zu wollen. Sie wissen es selbst:

Wenn der Dax morgen steigt, dann lesen oder hören Sie z.B. als Begründung, dass der fallende US-Dollar zu rückläufigen Rohstoffpreisen geführt hat und damit die Inflationsbefürchtungen nach unten geschraubt wurden. Wenn der Dax aber steigt, während auch der US-Dollar nach oben zieht, wird Ihnen erklärt, dass die Kursgewinne auf die verbesserten Exportaussichten deutscher Unternehmen zurückzuführen sind. Sie sehen:

Es gibt ganz einfach keine wirkliche „Begründung" für Kursentwicklungen. Entscheidend ist einzig und allein, was die Kurse machen und die Aneinanderreihung von Kursen bzw. Kursveränderungen ergibt Trends und nur in Trends kann an der Börse Geld verdient werden (da profitable Kursveränderungen außerhalb von Trends ja lediglich Zufallstreffer sein können). Trends werden aber von Zyklen überlagert, denn die „wahrscheinlichen" Trends entwickeln sich in ganz bestimmten Zeiträumen.

In diesem Buch lernen Sie alle Zyklen kennen, die ich mit meiner Redaktion für maßgeblich halte und die wir aus der Kurshistorie objektiv herausarbeiten konnten. Es dreht sich fast alles um Dax und Dow Jones, denn das sind die Märkte, die für die meisten Leser im Mittelpunkt stehen.

Entwerfen Sie aus diesen Zyklen Ihr eigenes Bild für die Zukunft und nehmen Sie die dargestellten Zukunfts-Szenarien dafür als Anhaltspunkt.

Ich meine, dass sehr positive Jahre vor uns liegen und vielleicht sogar spektakulär positive.

Und ich bin überzeugt davon, dass dieses Buch eines Ihrer besten Investments der nächsten Jahre bedeutet.

Ich wünsche Ihnen viel Erfolg!

Rosenheim, im Oktober 2005

Thomas Müller

PS: In diesem Buch geht es um Wahrscheinlichkeiten und Sie können die Prognosen ganz einfach überprüfen, indem Sie die jeweils skizzierten Szenarien mit der tatsächlichen Entwicklung vergleichen. Das bedeutet einen minimalen Aufwand, während Ihnen die folgenden 200 Seiten zeigen, warum wirklich außergewöhnliche Gewinnmöglichkeiten auf uns warten. Demnach müssten Dax und Dow Jones in 2009 bedeutend höher als 2005 notieren und welchen „Hebel" das für Ihr Vermögen bedeutet, liegt alleine in Ihren Händen!

Danksagung

Ohne die Unterstützung eines phantastischen Teams hätte es dieses Buch nicht geben können, zumal wir jeden einzelnen Punkt intensiv verifiziert haben, also nur über zyklische Muster schreiben, die wir anhand unserer eigenen Daten bzw. Datenbank-Analysen nachweisen konnten.

Um diese Börsen-Zyklen überhaupt sichtbar zu machen, waren z.B. umfangreiche Programmierungen erforderlich. Dafür bedanke ich mich bei unseren IT-Cracks Stefan Kirchlechner, Sebastian Hempel und Markus Grießenböck sowie bei Stefan Schlichtinger und Hubert Fritz für die Erstellung der vielen Übersichten und Charts, sowie – wie immer – Sabine Reiter für das Layout und die vielen Korrekturen.

Mein besonderer Dank gilt natürlich meinem Redaktionsteam, insbesondere Karsten Kitzmann für die intensiven Datenbank-Recherchen zu den Themen Demographie sowie Internetverbreitung und Jochen Appeltauer für das Herausarbeiten der 4-Jahres-Tiefs sowie in aller erster Linie Alexander Coels, ohne dessen unermüdlichen Einsatz dieses Buch nicht möglich gewesen wäre. Alexander Coels war meine rechte Hand bei diesem Projekt und mit ihm hatte ich einen leidenschaftlichen Mitstreiter auf meiner Seite.

Ich danke auch meinem Freund Peter Horner mit dem ich – wie immer in den letzten 15 Jahren – den einen oder anderen Gedanken kurz, aber intensiv diskutieren konnte.

Und natürlich danke ich in erster Linie meiner großartigen Frau Stanislava, die mir im September eine Tochter geschenkt hat und mir dennoch den Rükken für dieses Buch frei hielt.

Natürlich hoffe ich, dass meine Kinder, Patrick und Isabelle irgendwann meine Begeisterung zum Thema Börse teilen werden. So etwa um 2022 wäre für Euch beide ein guter Zeitpunkt, dieses Buch fortzusetzen und die dann vor Euch stehende Hausse zu beschreiben. Denn zu diesem Datum dürften die Börsen abermals langfristige Aufwärtstrends starten und bis dahin müsstet Ihr in den wilden Trends des nächsten Jahrzehnts eigentlich intensive Erfahrungen mit Derivaten gesammelt haben. Aber analysiert die Vergangenheit akribisch, denn damit umgeht Ihr die wohl teuerste Einstellung der Börsengeschichte:

„Diesmal ist alles anders"...

I. GRUNDLAGEN

Die Kenntnis der Börsenzyklen ist eine mächtige Waffe im Arsenal eines jeden Anlegers oder Analysten. Natürlich dürfen Börsenzyklen nicht das alleinige Kriterium für Käufe oder Verkäufe sein, doch Zyklen helfen ganz erheblich, die Aussagen fundamentaler und technischer Analyse-Modelle richtig zu interpretieren. So neigen z.B. Dax und Dow Jones dazu, wesentliche Hochpunkte um den Jahrzehntwechsel herum (der Dow Jones etwas früher, der Dax etwas später) zu markieren. Und genauso erreichen beide Indizes die entscheidenden Tiefpunkte in der Regel in der ersten Hälfte eines Jahrzehnts und sogar am liebsten in Jahren, die mit einer 2 enden. Dieses Wissen liefert Ihnen einen substantiellen Background für Ihre grundsätzliche Börseneinschätzung und auch die Erkenntnis, dass es alle 4 Jahre zu bedeutenden Börsentiefpunkten kommt oder Jahreshochs und Jahrestiefs ganz primär zu bestimmten Zeitpunkten erreicht werden, ist eigentlich von unschätzbarem Wert. Doch:

Es geht um *Wahrscheinlichkeiten*, die sich aus der Häufung historischer Kursmuster ergeben. Natürlich kann sich die Börse auch stets vollkommen anders entwickeln, allerdings sollten Sie den *wahrscheinlichen* Verlauf immer im Kopf haben, wenn Sie über aktuelle Kauf- bzw. Verkaufssignale anderer Modelle nachdenken.

Historische Kursmuster und damit Börsenzyklen ergeben sich ganz einfach durch die Übereinanderlagerung von Kursmustern vergleichbarer Zeiträume. Wie dies funktioniert, zeigt das folgende Beispiel:

1.1 So werden Zyklen errechnet

Es werden stets Durchschnittsveränderungen gebildet und aneinander gereiht. Nehmen wir an, der Kurs notiert am ersten Handelstag eines Jahres bei 1010. Wenn der Kurs nun am ersten Handelstag des zweiten Jahres auf 1020 steigt, ergibt sich ein Perioden-Durchschnitt für den ersten Handelstag von 1015. Wenn der Kurs am zweiten Handelstag auf 1050 klettert und am gleichen Tag des zweiten Jahres auf 1070, ergibt sich ein Mittelkurs von 1060. Folglich errechnet sich für den zweiten Handelstag im Durchschnitt ein Plus von 4,4 %.

Da hier die Durchschnittsveränderungen aus lediglich zwei Tagen gebildet werden, ist das Ergebnis natürlich statistisch völlig irrelevant. Doch je mehr Datensätze in die Berechnung eingehen, desto sicherer werden die Ergebnisse. Und die Addition aller einzelnen Periodenveränderungen führt dann zu den hier dargestellten Börsenzyklen.

Zyklen-Charts und Auswertungen mit maximaler Historie

Für die Erstellung unserer Zyklen-Charts haben wir alle uns zur Verfügung stehenden Daten – d.h. den Dax ab September 1959 und den Dow Jones ab Mai 1896 – verwendet. Dementsprechend basieren die Auswertungen auf 11.507 Tagesveränderungen für den Dax und sogar 28.721 Tagesveränderungen für den Dow Jones. Wochenenden, Feiertage und sonstige Handelsaussetzungen wurden korrekterweise berücksichtigt und nur wo es aufgrund der Datenmengen unbedingt erforderlich war, haben wir mit Monatsschlusskursen gearbeitet. Doch da nicht an 365 Tagen gehandelt wird und die Aufsummierung der einzelnen Tagesveränderungen somit ein falsches (zu positives) Bild über die jeweiligen Monats- bzw. Jahresperformances vermitteln würde, haben wir mit einem Diskontierungsfaktor gerechnet.

Die in diesem Buch abgebildeten Zyklen-Charts beinhalten ein Maximum an Informationen. Da alle Charts bei 100% beginnen, können Sie die jeweiligen relativen Kursveränderungen überprüfen. Vor allem – und darauf kommt es an – können Sie die Zeitpunkte der zyklischen Hochs und Tiefs sowie die zeitliche Ausdehnung der zyklischen Trendbewegungen aus den Charts ablesen.

1.2 Sinn und Nutzen von Börsenzyklen in der Praxis

Wahrscheinlicher Verlauf der 40er Jahre aus Zyklen-Sicht
Nehmen wir an, wir befinden uns im Januar 1940 und uns liegen alle Schlusskurse des Dow Jones von 1896 bis 1939 vor. Aus 44 Jahren Börsenhistorie würde sich das untenstehende Börsenmuster ergeben.

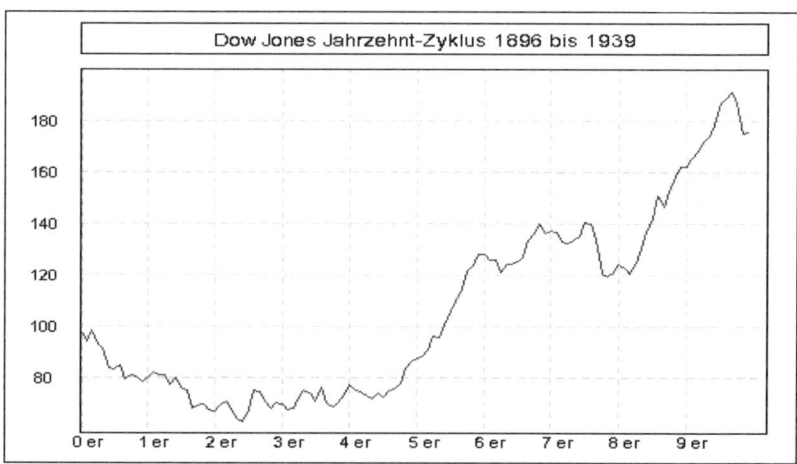

Demnach hätten wir zunächst schwache Börsenjahre vor uns. Wir würden mit fallenden Dow Jones-Kursen in 1940 und 1941 rechnen. In 1942 sollte der entscheidende Tiefpunkt entstehen und bis 1944 wäre mit einer Bodenbildung zu rechnen, so dass das Kursniveau von 1940 erst 1945 wieder erreicht werden sollte. Im Laufe von 1944 müsste eine sehr starke Hausse einsetzen, wobei ab 1946 mit einer erhöhten Volatilität und 1947 mit einer kräftigen Korrektur zu rechnen wäre.

Tatsächlicher Verlauf der 40er Jahre

Der nächste Chart zeigt, dass sich die US-Börse tatsächlich ähnlich entwickelt hat, wie es von der Historie aus dem Zeitraum 1896/1939 erwartet werden konnte.

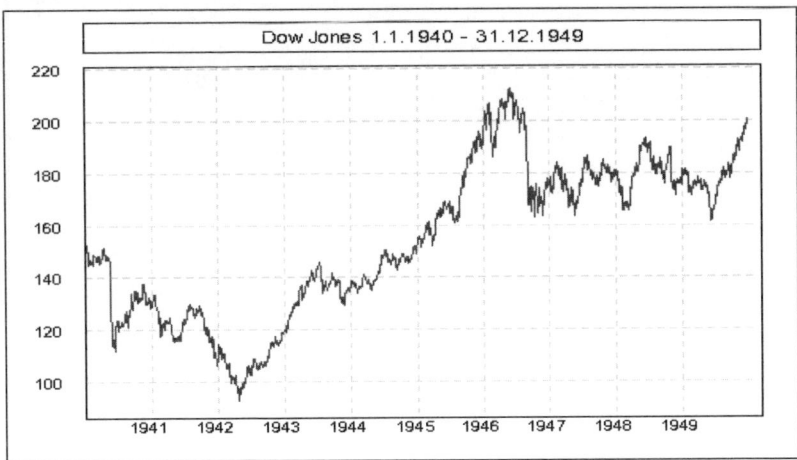

Die ersten Jahre waren von einer sehr schwachen Tendenz gekennzeichnet, denn der Dow Jones verlor 1940 12,6% und 1941 15,4%. Der Tiefpunkt des Jahrzehnts wurde in der Tat in 1942 markiert und von dort erholte sich die Börse wieder sehr massiv. Das Kursniveau von Anfang 1940 wurde erst zum Jahreswechsel 1944/1945 wieder erreicht und danach entwickelte sich eine kräftige Hausse. Ab 1946 tendierte die Börse tatsächlich sehr volatil, wobei die kräftige Korrektur nicht in 1947 einsetzte, sondern bereits in 1946. In der ersten Hälfte der 40er Jahre traten die Kurse per Saldo auf der Stelle, während die zweite Jahrzehnthälfte zu kräftigen Kursgewinnen führte.

Trotz des zweiten Weltkriegs hat also der aus der Börsenentwicklung zwischen 1896 und 1939 errechnete Börsenzyklus eine erstaunlich gute Vorlage für die Entwicklung zwischen 1940 und 1949 gegeben.

Wahrscheinlicher Verlauf der 80er Jahre aus Zyklen-Sicht

Stellen wir uns nun vor, wir sind 40 Jahre weiter, im Januar 1980. Unsere Datenbasis hat sich beträchtlich erweitert und umfasst nun alle Kursveränderungen zwischen 1896 und 1979, aus denen sich der folgende Börsenzyklus ergibt.

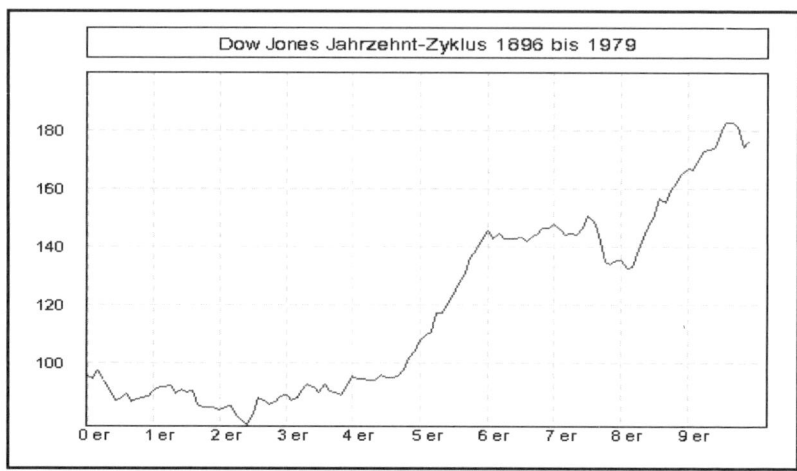

Dow Jones Jahrzehnt-Zyklus 1896 bis 1979

Wir würden nun abermals davon ausgehen, dass die zweite Hälfte des Jahrzehnts weitaus besser verläuft, als die erste. Das Jahrzehnttief sollte erneut in einem 2er Jahr herausgebildet werden, also 1982. Allerdings wäre bis zu diesem Tiefpunkt nur noch mit einer recht moderaten Abwärtsbewegung zu rechnen. Die kräftigsten Kursgewinne wären in 1985 zu erwarten, in 1987 müsste die deutlichste Korrektur des Jahrzehnts einkalkuliert werden und für 1988 und 1989 wäre dann wieder mit deutlichen Kursgewinnen zu rechnen. Als Hochpunkt der 80er Jahre wäre nach diesem Jahrzehnt-Zyklus das Jahr 1989 wahrscheinlich.

Tatsächlicher Verlauf der 80er Jahre

Obwohl in den 80er Jahren eine neue Langfrist-Hausse gestartet wurde, hat sich der Dow Jones tatsächlich sehr eng an das Drehbuch gehalten, das aus der historischen Entwicklung des Zeitraums 1896/1979 zu erwarten gewesen war.

Dow Jones 1.1.1980 – 31.12.1989

In 1982 wurde ein wichtiger Tiefpunkt markiert und damit nur knapp (genau 18 Punkte!) über dem Tief aus dem Jahr 1980. In der ersten Hälfte der 80er Jahre gewann der Dow Jones 44%, in der zweiten aber 127% Prozent. Dabei war 1985 mit einem Kursgewinn von 27,7% das erfolgreichste Jahr und in 1987 wurden die Märkte durch einen mächtigen Crash erschüttert. In 1988 verbesserte sich der Dow Jones dann um 11,8% und in 1989 um 27%. Das Jahrzehnthoch wurde schließlich am 9.10.1989 markiert.

In den 80er Jahren wurde die Computer-Revolution eingeleitet und der Kommunismus beerdigt. Die Finanzmärkte haben von einer niemals vorher bekannten Liberalisierung profitiert und dennoch ist der Dow Jones letztlich nur seinem bekannten Zyklus gefolgt.

Auch in den 90er Jahren wurden die Tiefs zu Jahrzehntbeginn, die Hochs aber zum Jahrzehntende markiert.

Sie können nun denken, dass „diesmal alles anders" ist, doch der Dow Jones hat nun auch in 2002 einen wichtigen Tiefpunkt gefunden, der höchstwahrscheinlich dem Tief des laufenden Jahrzehnts entspricht. Und dementsprechend wäre nun aus zyklischer Sicht bis 2009 wieder mit einer kräftigen Hausse zu rechnen!

Der wichtigste Aktienindex der Welt folgt also seit Jahrzehnten einem starken zyklischen Muster (genauso wie der Dax), während viele Börsenanalysten ihre Existenzberechtigung alleine daraus ziehen, irgendeinen Hoch- oder Tiefpunkt der jüngeren Vergangenheit richtig prognostiziert zu haben.

Dabei ist es aus Zyklen-Sicht so einfach, denn letztlich wiederholt sich die Geschichte. Es gibt zwar immer wieder mehr oder weniger große temporäre Abweichungen von der Börsenhistorie, doch die Märkte folgen letztlich einem hochgradig voraussehbaren Muster. Deshalb verwundert, dass die Zyklus-Analyse noch keine größere Popularität erlangt hat. Ich bin mir sicher und es ist auch mein Anliegen, dass sich das mit dem vorliegenden Buch ändern wird.

Dazu ein 80 Jahre altes Zitat von Jesse Livermore :

„DER MARKT VERÄNDERT SICH NIE".

Was sich verändert, sind Trader, Gewinner und Verlierer. Neulinge wussten nichts über vergangene Zyklen, weil sie sie nicht miterlebt haben.

Auf den nächsten 250 Seiten erfahren Sie alles über die Börsenzyklen, die sich in den letzten Jahrzehnten entwickelt haben.

Machen Sie etwas daraus!

So ist das Buch aufgebaut

In jedem der nachfolgenden Kapitel finden Sie umfangreiche Besprechungen, Charts, Übersichten sowie ein Fazit zum Ende eines jeden Kapitels, in dem Sie handfeste Ratschläge bzw. Szenarien für die Entwicklung der nächsten Börsenjahre aus zyklischer Sicht erhalten.

Nach dem Motto vom Kleinen zum Großen startet die Betrachtung mit den Jahreszyklen für Dax und Dow Jones. Hier wird jeder einzelne Monat und damit der saisonale Verlauf eines Börsenjahres analysiert. Zum Abschluss dieses Kapitels finden Sie die Jahreszyklen anderer Indizes, den Euro/Dollar, die Zinsmärkte sowie Gold und Rohöl.

Danach folgt in Kapitel 3 eine Erklärung der Wahl-Zyklen und in Kapitel 4 wird der Zyklus der 4-Jahres-Tiefs vorgestellt.

Im Kapitel 5 werden die Jahrzehntzyklen von Dax und Dow Jones betrachtet, also die typische zyklische Entwicklung innerhalb der einzelnen Jahre eines Jahrzehnts.

In Kapitel 6 folgt eine Auseinandersetzung mit den unterjährigen Zyklen, in denen gezeigt wird, wie sich Wochentage und die einzelnen Tage innerhalb eines Monats unterscheiden und zu welchen Zeitpunkten Hoch- und Tiefpunkte herausgebildet werden.

Die Erkenntnisse aus den Jahres- und den Jahrzehntenzyklen werden danach im Kapitel 7 als Zyklen-Portfolios umgesetzt. Sie finden hier Anlagemodelle, die bisher bei weitaus geringeren Anlagerisiken die Rendite von Dax und Dow Jones massiv outperformt haben.

Damit endet die Betrachtung der statistisch verifizierbaren Zyklen und es folgen mit dem Demographie-Zyklus in Kapitel 8 und dem Technologie-Zyklus in Kapitel 9 zwei Abschnitte, die einen Blick auf das Ausmaß der bevorstehenden großen Börsentrends freigeben.

Das Buch endet mit einer Börsenvision, in der alle Zyklen zusammengefasst werden und die dementsprechend wahrscheinlichste Börsenentwicklung der nächsten Jahre skizziert wird.

II. DIE JAHRESZYKLEN DER BÖRSEN

Im Sommer ist es warm und im Winter ist es kalt. Natürlich gibt es milde Winter und kühle Sommer und selbstverständlich kann es von einen Tag auf den anderen einen massiven Temperaturwechsel geben. Das ändert aber nichts daran, dass im Frühjahr die Blätter wachsen, die im Herbst wieder fallen. Im Sommer zeigt die Natur ihre ganze Kraft und im Winter sind die Blätter verschwunden.

Der Temperaturverlauf unterliegt einem Jahreszyklus und an der Börse ist es genauso. Der Jahreszyklus der Aktienmärkte ist einer der bekanntesten Zyklen, zu dem es zwar immer wieder Ausnahmen gibt, deren Existenz wir aber alle immer wieder spüren. Dezember und Januar sind sehr gute Monate, der September ist ein sehr schlechter Börsenmonat.

Es sind ganz bestimmte Phasen in denen Rallyes oder Korrekturen starten bzw. enden und um diesen Jahreszyklus geht es auf den nachfolgenden Seiten.

2.1. Der Jahreszyklus im Dax

2.1.1 Dax-Jahreszyklus auf Tages-Basis

Nachfolgende Grafik wurde durch eine Aneinanderreihung der durchschnittlichen Tagesveränderungen der letzten 45 Jahre konstruiert.

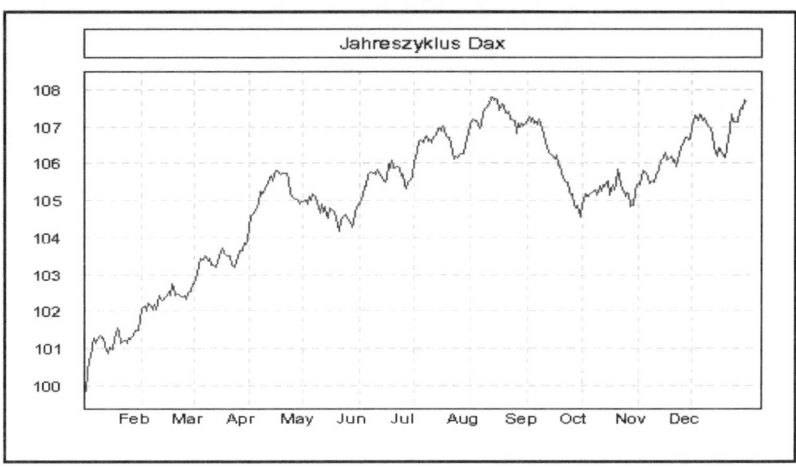

Der Chart zeigt einen recht prägnanten Dax-Zyklus. Zu Beginn eines Jahres gibt es typischerweise eine Jahresanfangs-Rallye, die sich bis ins Frühjahr fortsetzt. Danach setzt eine Konsolidierung ein, der sich dann eine Sommer-Rallye anschließt. Im Hochsommer kippt der Markt und tendiert etwa 6 Wochen sehr schwach. Danach beginnt die Herbst-Rallye und die Kurse ziehen wieder bis Jahresende nach oben. Der Dax eröffnet also sehr häufig auf Jahrestief und schließt auf Jahreshoch.

Wie sich der Dax aus statistischer Sicht in den einzelnen Monaten entwickelt, zeigen die nachfolgenden Seiten.

Januar im Dax: 1,9%

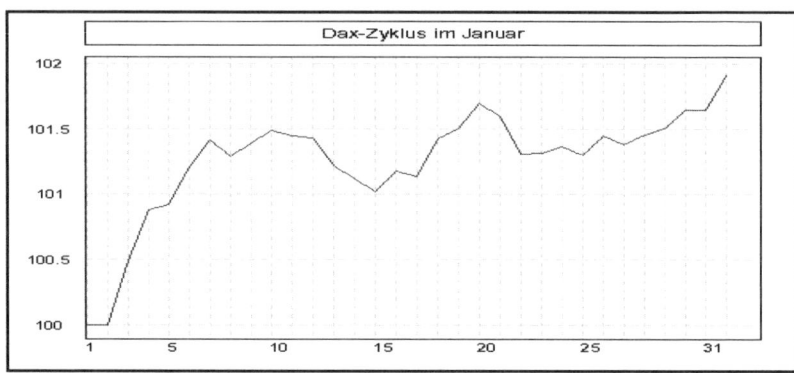

Der Dax startet das neue Börsenjahr mit kräftigen Kursgewinnen und behält die freundliche Tendenz bis Monatsende bei. Dabei tendiert der Markt vor allem in der ersten Woche sehr fest, danach folgt eine kleinere Konsolidierung und ein zyklisches Zwischenhoch um den 19. Januar. Nach einer abermaligen kurzen Pause ziehen die Kurse dann wieder konstant nach oben.

Der Januar ist der historisch erfolgreichste Dax-Monat, zumal die Monatseröffnung auf dem Tief erfolgt und der Schluss auf dem Monatshoch.

Monatsstatistik Januar	
Anzahl Monate:	46
Positive Monate:	30
durchschn. Performance:	4,6%
Negative Monate:	16
durchschn. Performance:	-3,2%
Gewinn-Wahrscheinlichkeit:	65%
Monatshoch am:	31. Januar
Monatstief am:	01. Januar

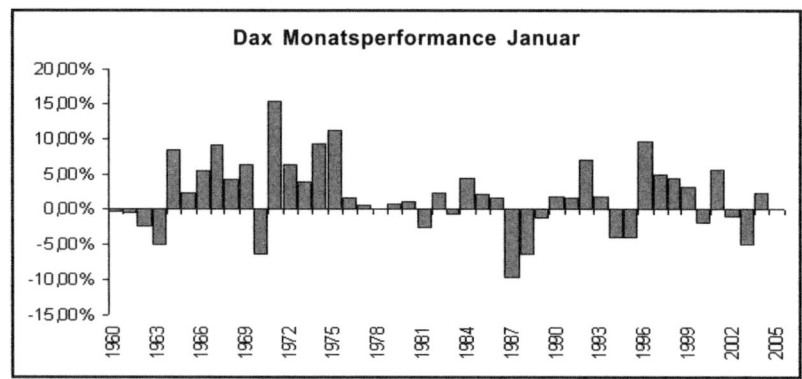

Februar im Dax: 0,9%

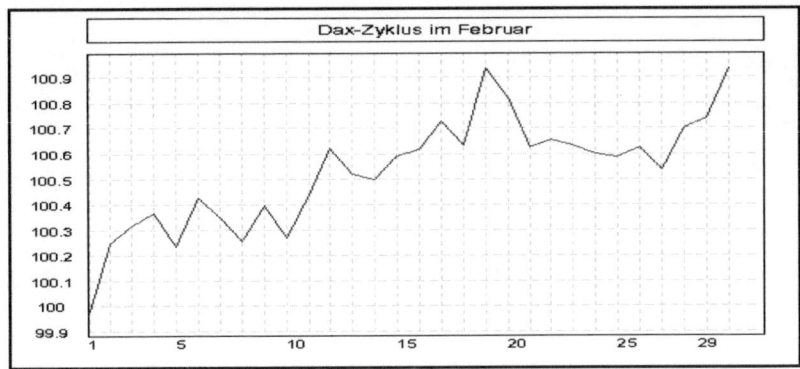

Die positive Schlusstendenz aus dem Januar kommt im Februar zunächst zum Erliegen, denn die Kurse treten in den ersten 10 Tagen mit erhöhten Schwankungen auf der Stelle. Dann entwickelt sich eine neue Aufwärtsbewegung, die zu einem zyklischen Hoch um den 18. führt. Darauf folgt abermals eine kleine Konsolidierung, bevor in den letzten Februar-Tagen wieder ein neuer Aufschwung einsetzt. Nach der Performance gehört der Februar zwar zu den besseren Monaten, doch die Gewinn-Wahrscheinlichkeit von nur 50% zeigt, dass es hier auch häufig zu Verlusten kommt.

Monatsstatistik Februar	
Anzahl Monate:	46
Positive Monate:	23
durchschn. Performance:	5,0%
Negative Monate:	23
durchschn. Performance:	-3,3%
Gewinn-Wahrscheinlichkeit:	50%
Monatshoch am:	18. Februar
Monatstief am:	01. Februar

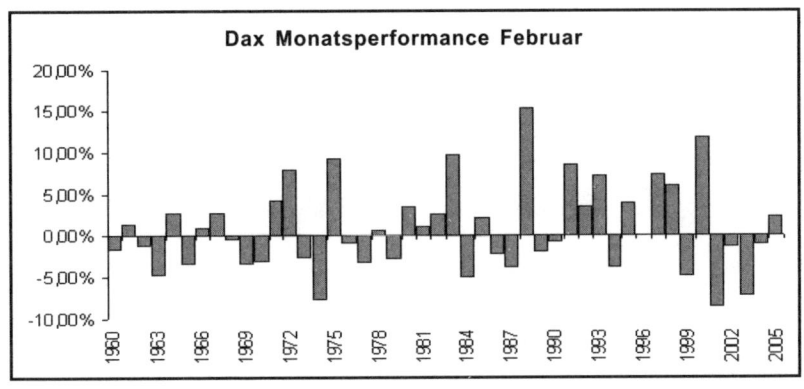

März im Dax: 1,1%

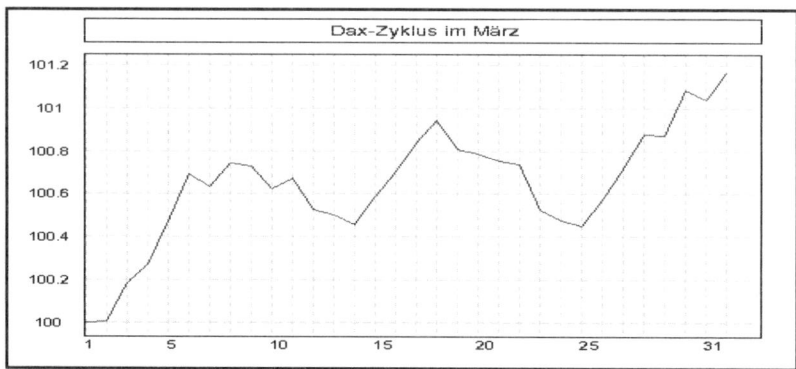

Der März zeigt eine starke Ähnlichkeit zum Januar, denn die Kurse starten ebenfalls auf Monatstief und enden auf Monatshoch. Dabei setzt sich die positive Entwicklung von Ende Februar gleich zu März-Beginn fort. Dem Zyklushoch in der ersten Handelswoche folgen eine kurze Konsolidierung in der zweiten und dann ein weiterer Hochpunkt um den 17. März. Danach setzen die Kurse nochmal kurz zurück, um dann in den letzten 7 Tagen wieder fester zu tendieren.

Monatsstatistik März	
Anzahl Monate:	46
Positive Monate:	27
durchschn. Performance:	3,7%
Negative Monate:	19
durchschn. Performance:	-2,7%
Gewinn-Wahrscheinlichkeit:	59%
Monatshoch am:	31. März
Monatstief am:	01. März

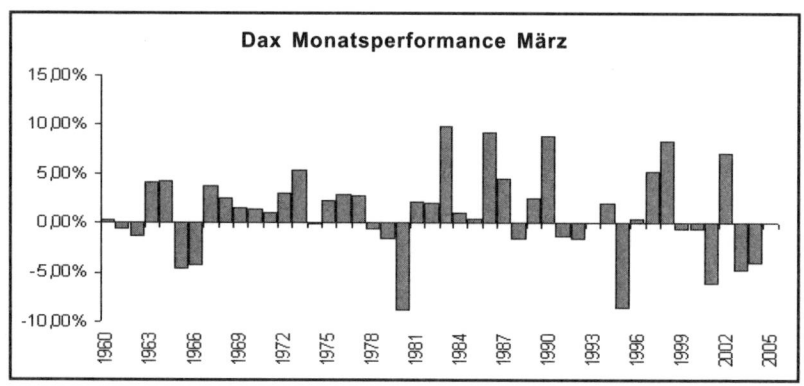

April im Dax: 1,0%

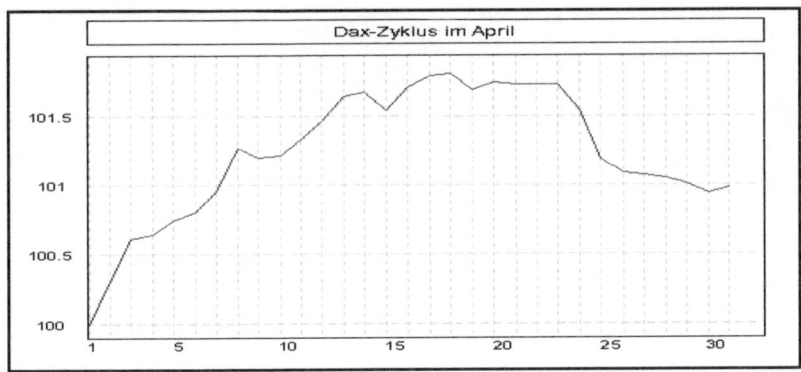

Die in der letzten März-Woche eingeschlagene Aufwärtsreaktion setzt sich in den ersten beiden April-Wochen nahtlos fort, womit das Monatstief gleich am ersten Handelstag markiert wird und 17 Tage später ein bedeutender zyklischer Hochpunkt entsteht. Denn nach dem Top zur Monatsmitte schlägt der Dax eine breitere Konsolidierung ein, die den Verlauf bis Monatsende dominiert.

Monatsstatistik April

Anzahl Monate:	46
Positive Monate:	27
durchschn. Performance:	4,4%
Negative Monate:	19
durchschn. Performance:	-3,8%
Gewinn-Wahrscheinlichkeit:	59%
Monatshoch am:	17. April
Monatstief am:	01. April

Für den April errechnet sich seit 1960 eine Gewinn-Wahrscheinlichkeit von 59%, wobei von den letzten 25 Jahren sogar 18 Jahre (= 72%) mit einem Plus abgeschlossen wurden.

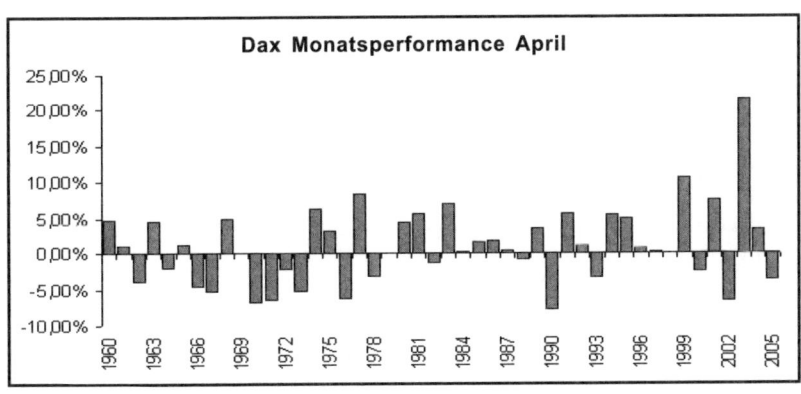

Mai im Dax: 0,0%

Der sog. Wonnemonat ist für Börsianer recht schwierig, da hier häufig die Kursrichtung wechselt. Das Monatshoch entsteht um den 6. Mai und in den beiden folgenden Wochen geht es unter erhöhten Schwankungen im Trend nach unten. In den letzten Handelstagen tendieren die Kurse dann wieder etwas fester, so dass der Monat mit einem ausgeglichenen Ergebnis beendet wird. Damit ist der Mai allerdings der statistisch zweitschlechteste Dax-Monat, obwohl zwischen 1987 und 1998 lediglich 1995 mit einer negativen Mai-Performance beendet wurde.

Monatsstatistik Mai	
Anzahl Monate:	46
Positive Monate:	24
durchschn. Performance:	4,2%
Negative Monate:	22
durchschn. Performance:	-4,5%
Gewinn-Wahrscheinlichkeit:	52%
Monatshoch am:	06. Mai
Monatstief am:	21. Mai

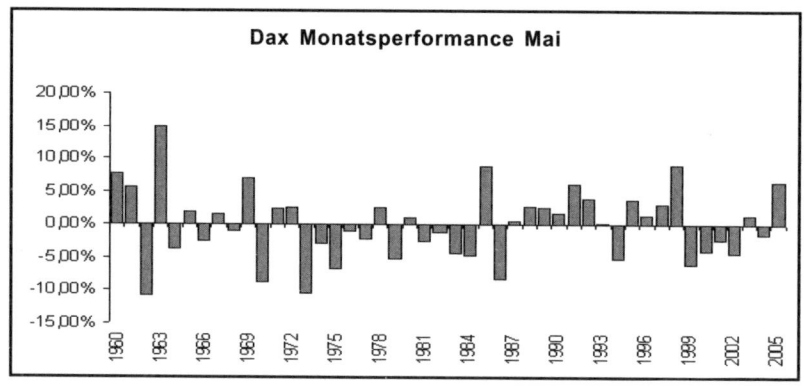

Dax Monatsperformance Mai

Juni im Dax: 0,4%

Nach 6 schwierigen Börsenwochen startet der Dax im Juni häufig eine Sommer-Rallye. Die Kurse eröffnen auf dem Monatstief, klettern bis zum 11., korrigieren kurz und ziehen dann weiter nach oben, so dass um den 19. Juni das zyklische Monatshoch entsteht. Danach dominiert bis zum Monatsende eine rückläufige Tendenz. Bis Mitte der 70er Jahre kam es im Juni häufig zu Kursverlusten im Dax, woraus sich die niedrige Gewinn-Wahrscheinlichkeit von lediglich 48% erklärt.

Monatsstatistik Juni	
Anzahl Monate:	46
Positive Monate:	22
durchschn. Performance:	4,8%
Negative Monate:	24
durchschn. Performance:	-3,6%
Gewinn-Wahrscheinlichkeit:	48%
Monatshoch am:	19. Juni
Monatstief am:	02. Juni

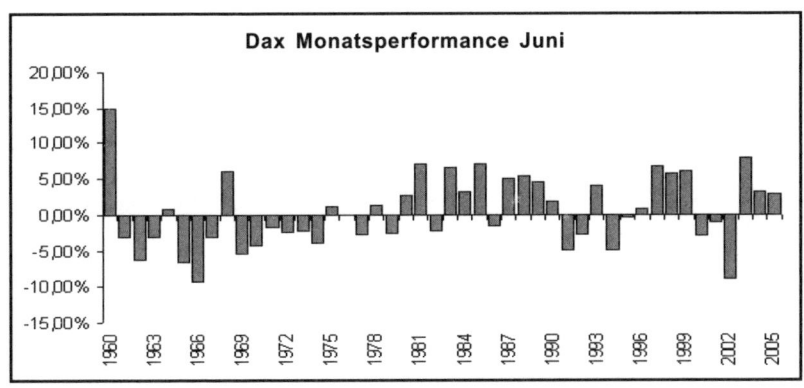

Juli im Dax: 1,2%

Die im Juni eingeschlagene Sommer-Rallye setzt sich hier in der Regel weiter fort, so dass das Monatstief dem Juli-Startkurs entspricht. Die ersten drei Wochen sind von steigenden Kursen geprägt, wobei zur Monatsmitte das zyklische Hoch herausgebildet wird. Danach setzt eine Korrektur ein, der zum Monatsende wieder eine freundliche Tendenz folgt. Der Juli zählt zu den besten Dax-Monaten und liegt in der Gewinn-Wahrscheinlichkeit gleichauf mit März, April sowie August. Damit gilt lediglich für Januar und November eine höhere Gewinn-Wahrscheinlichkeit.

Monatsstatistik Juli	
Anzahl Monate:	46
Positive Monate:	27
durchschn. Performance:	5,1%
Negative Monate:	19
durchschn. Performance:	-4,3%
Gewinn-Wahrscheinlichkeit:	59%
Monatshoch am:	17. Juli
Monatstief am:	01. Juli

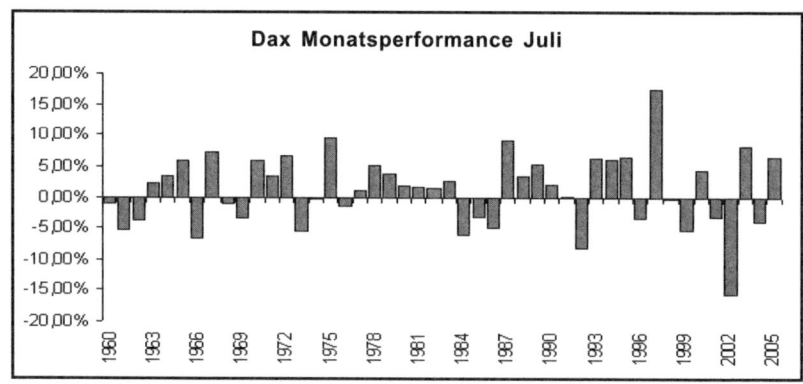

August im Dax: 0,3%

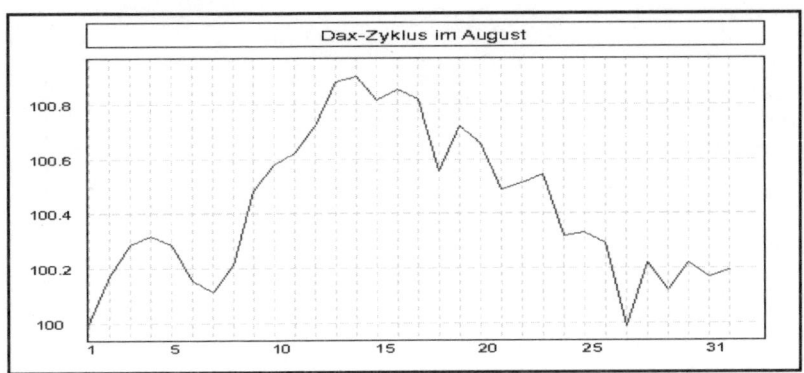

Im August endet normalerweise die Sommer-Rallye, wobei der Monat zwei Gesichter hat. Vor allem in der zweiten August-Woche zieht der Dax kräftig an, um am 13. August einen bedeutenden zyklischen Hochpunkt herauszubilden, denn

Monatsstatistik August	
Anzahl Monate:	46
Positive Monate:	27
durchschn. Performance:	4,1%
Negative Monate:	19
durchschn. Performance:	-5,2%
Gewinn-Wahrscheinlichkeit:	59%
Monatshoch am:	13. August
Monatstief am:	26. August

in den nachfolgenden 6 Wochen schlagen die Kurse wieder den Rückwärtsgang ein. Durch die Abwärtsbewegung der zweiten Monatshälfte, die den Dax nochmal zum Anfangstief zurück führt, errechnet sich für den August nur noch ein geringfügiger Kursgewinn, bei einer dafür überdurchschnittlichen Gewinn-Wahrscheinlichkeit.

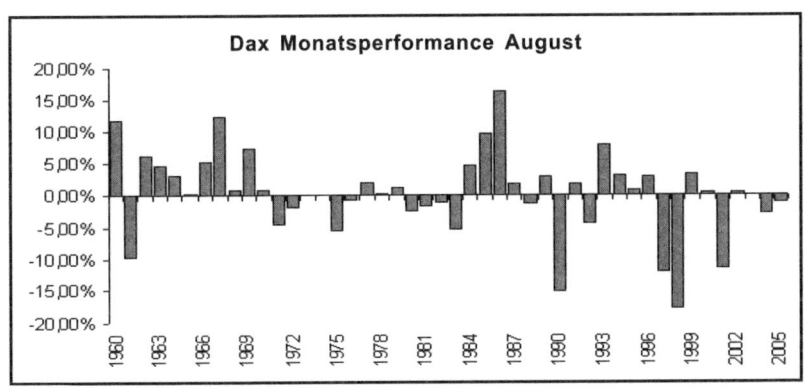

September im Dax: -2,4%

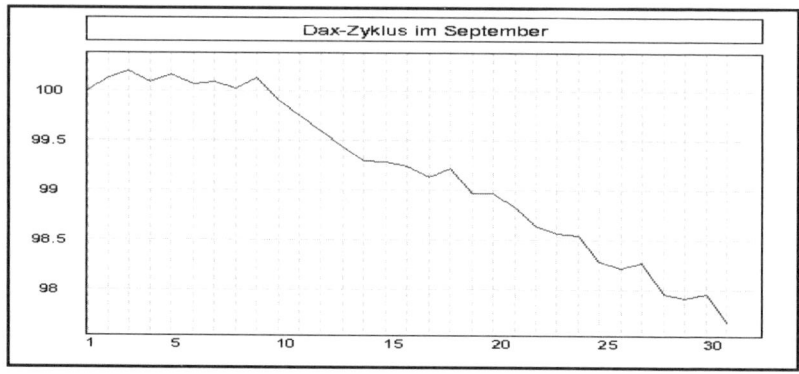

Der September ist für den Dax der mit Abstand schlechteste Monat des Jahres und auch der einzige für den aus historischer Sicht Verluste wahrscheinlich sind. Die Kurse eröffnen auf dem Monatshoch und kennen den ganzen September über nur den Weg nach unten, wobei es keine zählbaren Gegenbewegungen gibt und der Monat auf Tief beendet wird. Im Mittel errechnet sich für den Dax im September ein kräftiges Minus von 2,4% bei einer Gewinn-Wahrscheinlichkeit von lediglich 35%, d.h. es ist hier mit Kursrückgängen zu rechnen.

Monatsstatistik September	
Anzahl Monate:	46
Positive Monate:	16
durchschn. Performance:	3,4%
Negative Monate:	30
durchschn. Performance:	-5,4%
Gewinn-Wahrscheinlichkeit:	35%
Monatshoch am:	02. September
Monatstief am:	30. September

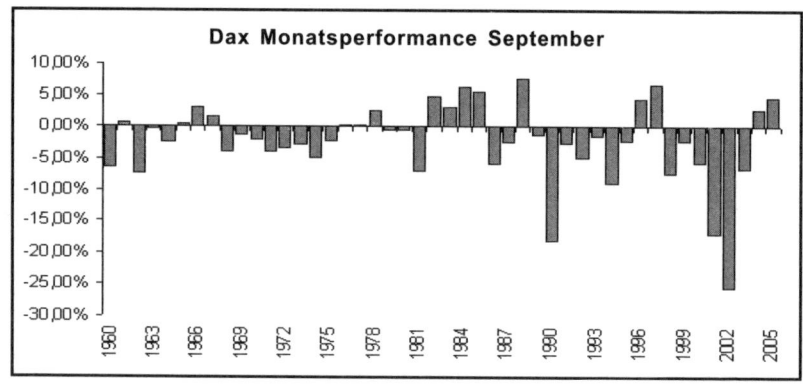

Oktober im Dax: 0,7%

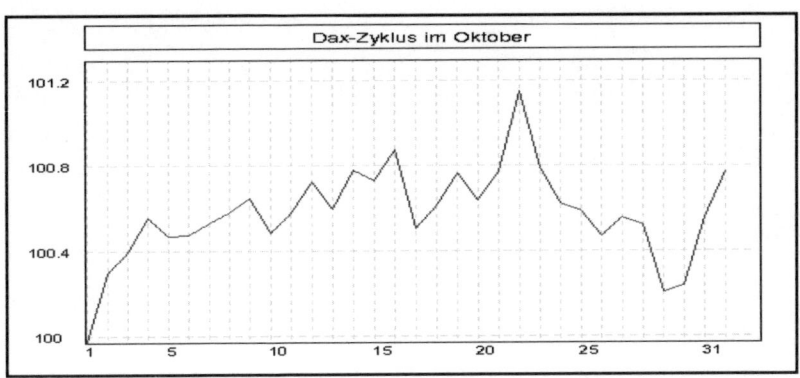

Obwohl dem Oktober wegen 1987 (und 1929) der Nimbus eines Crash-Monats anhaftet, ist hier aus historischer Sicht mit kleinen Gewinnen zu rechnen. Die Kurse starten fester und arbeiten sich unter erhöhten Schwankungen nach oben.

Monatsstatistik Oktober	
Anzahl Monate:	46
Positive Monate:	26
durchschn. Performance:	5,1%
Negative Monate:	20
durchschn. Performance:	-5,0%
Gewinn-Wahrscheinlichkeit:	57%
Monatshoch am:	21. Oktober
Monatstief am:	01. Oktober

Das Monatshoch entsteht um den 21. Oktober, danach setzt häufig eine kräftigere Korrektur ein, die zu einem wichtigen zyklischen Tiefpunkt um den 28. Oktober führt. Denn von dort startet dann wieder eine mehrmonatige Aufwärtsbewegung. Im Zeitraum 1992 bis 2004 wurde der Oktober zehn Mal im Plus beendet.

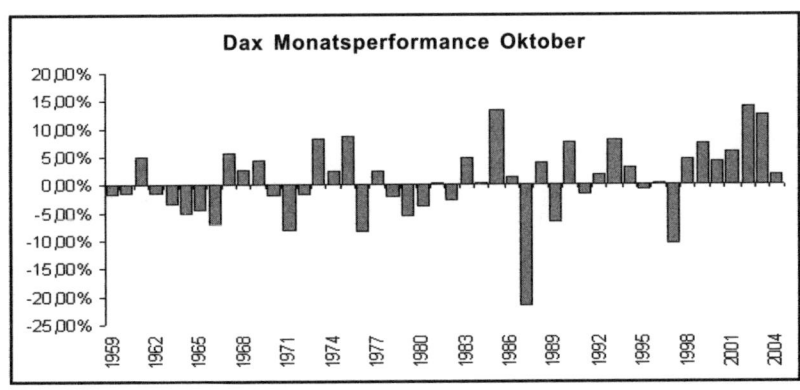

November im Dax: 1,2%

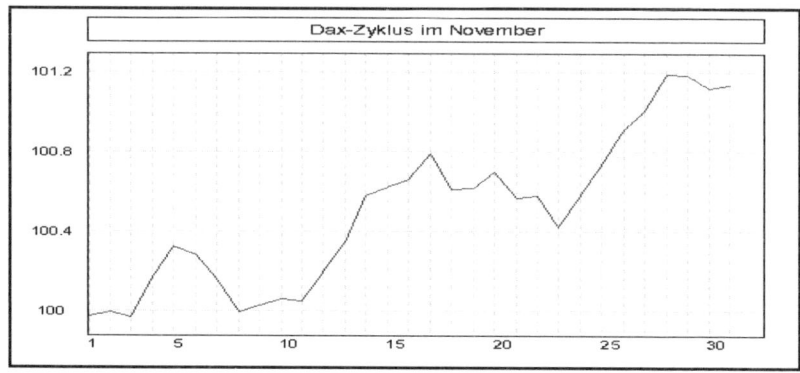

Der November ist einer der besten Monate für den Dax. Die Kurse eröffnen auf Monatstief, kommen aber in der ersten Woche nicht von der Stelle. Um den 10. startet dann eine Aufwärtsbewegung bis zum 16., der eine kleinere Konsolidierung folgt. Danach ziehen die Kurse wieder deutlich nach oben und schließen nahe dem Monatshoch. Neben dem Monatsgewinn überzeugt der November vor allem durch eine hohe Gewinn-Wahrscheinlichkeit von 65%. Zwischen 1995 und 2004 ist der Dax sogar neunmal mit Kursgewinnen aus dem November gegangen.

Monatsstatistik November	
Anzahl Monate:	46
Positive Monate:	30
durchschn. Performance:	4,0%
Negative Monate:	16
durchschn. Performance:	-3,8%
Gewinn-Wahrscheinlichkeit:	65%
Monatshoch am:	27. November
Monatstief am:	02. November

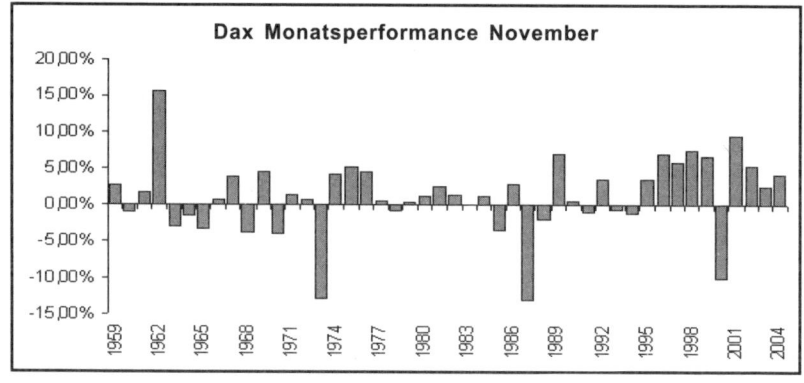

Dezember im Dax: 1,2%

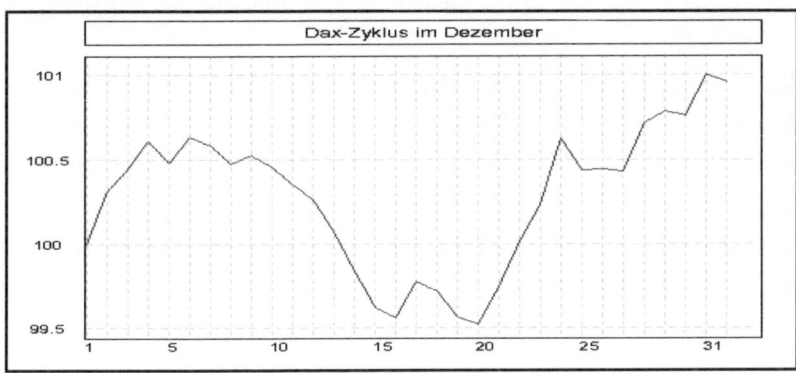

Der Dezember startet mit freundlichen Dax-Notierungen, worauf in der zweiten Handelswoche eine Konsolidierung folgt. Die Kurse bilden ihr Tief zur Monatsmitte zwischen dem 15. und dem 20. und danach setzt eine Schlussrallye ein, die bis Jahresende anhält. Das Monatshoch entsteht somit am 30. oder 31. Dezember und entspricht in der Regel dem Jahreshoch.

Monatsstatistik Dezember	
Anzahl Monate:	46
Positive Monate:	25
durchschn. Performance:	4,7%
Negative Monate:	21
durchschn. Performance:	-2,9%
Gewinn-Wahrscheinlichkeit:	54%
Monatshoch am:	30. Dezember
Monatstief am:	19. Dezember

Mit Blick auf die Performance ist der Dezember zusammen mit dem November der erfolgreichste Dax-Monat nach dem Januar.

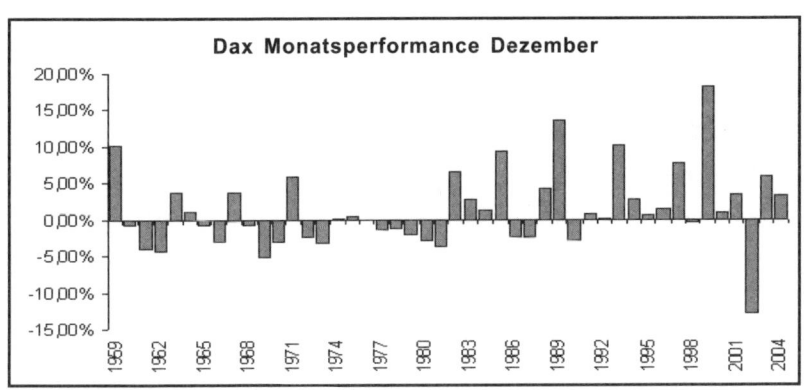

Zusammenfassung

Auf Basis aller täglichen Dax-Veränderungen seit 1959 ergeben sich folgende Erkenntnisse:

Für den Dax bedeutet der erste Handelstag des Jahres das Monatstief für den Januar. Auch im Februar, im März, im April, im Juli sowie im Oktober eröffnet der Markt auf dem späteren Monatstief und im Juni sowie im November steht der zweite Handelstag für den Tiefpunkt.

Dabei werden Januar und März auf Monatshoch beendet, im Dezember wird am 30. und im November am 27. der höchste Kurs des Monats markiert.

Der September entwickelt sich völlig anders, denn hier entsteht das Monatshoch am 2. und das Tief am 30. Der Mai verläuft mit einem Hoch um den 6. und einem Tief um den 21. ähnlich, aber nicht ganz so ausgeprägt.

Der Dax erzielt in 11 von 12 Monaten Kursgewinne. Der einzige Verlierer-Monat ist der September, während der Januar als bester Dax-Monat identifiziert werden kann.

Die höchsten Kursgewinne werden nach dem Januar im November und im Dezember erzielt. Danach folgt der Juli vor März und April.

Nach dem Verlust-Monat September weisen Mai und Juni die niedrigsten Kursgewinne aus.

Die höchste Gewinn-Wahrscheinlichkeit errechnet sich für Januar und November, vor März und April sowie Juli und August, die niedrigste für die Monate September, Juni und Februar.

Wenn Monate mit Gewinn abgeschlossen werden, errechnet sich der höchste Zuwachs für Oktober und Juli sowie Februar.

Wenn Monate mit Verlust abgeschlossen werden, errechnet sich das größte Minus für den September, vor dem August und dem Oktober.

Um das historische Chance/Risiko-Verhältnis der einzelnen Monate zu errechnen, wird die durchschnittliche Monats-Performance mit der Gewinn-Wahrscheinlichkeit multipliziert. Demnach ist der Januar der mit großem Abstand beste Dax-Monat, vor dem November und dem Juli. Der September ist dagegen der eindeutig schlechteste Börsenmonat, vor Mai und August.

Die nachfolgende Tabelle fasst alle Ergebnisse noch einmal zusammen.

	Anzahl Monate	durchschn. Performance	Positive Monate	durchschn. Performance	Negative Monate	durchschn. Performance	Gewinn-Wahr-scheinlichkeit	Monatshoch	Monatstief
Januar	46	1,93%	30	4,64%	16	-3,16%	65%	31. Jan	01. Jan
Februar	46	0,87%	23	5,01%	23	-3,27%	50%	18. Feb	01. Feb
März	46	1,05%	27	3,67%	19	-2,68%	59%	31. Mrz	01. Mrz
April	46	1,02%	27	4,41%	19	-3,80%	59%	17. Apr	01. Apr
Mai	46	0,00%	24	4,16%	22	-4,54%	52%	06. Mai	21. Mai
Juni	46	0,41%	22	4,80%	24	-3,61%	48%	19. Jun	02. Jun
Juli	46	1,20%	27	5,09%	19	-4,33%	59%	17. Jul	01. Jul
August	46	0,27%	27	4,13%	19	-5,22%	59%	13. Aug	26. Aug
September	46	-2,36%	16	3,36%	30	-5,41%	35%	02. Sep	30. Sep
Oktober	46	0,71%	26	5,10%	20	-4,99%	57%	21. Okt	28. Okt
November	46	1,24%	30	3,95%	16	-3,82%	65%	27. Nov	02. Nov
Dezember	46	1,24%	25	4,68%	21	-2,86%	54%	30. Dez	19. Dez

Zyklischer Jahresverlauf im Dax

Der Dax startet am ersten Handelstag des neuen Jahres eine Jahresanfangs-Rallye. Diese Aufwärtsbewegung läuft typischerweise bis Mitte April, wobei das zyklische Hoch um den 17. April herum gebildet wird. Darauf folgt bis Ende Mai eine Frühsommer-Konsolidierung, die zu einem zyklischen Tief um den 28. Mai führt. Danach beginnt eine gut 10-wöchige Sommer-Rallye mit einem bedeutenden Zyklus-Hoch, das um den 13. August herausgebildet wird. Mitte August setzt eine Spätsommer-Korrektur ein und damit beginnt die schlechteste Börsenphase des Jahres, wobei der zyklische Tiefpunkt – und damit das Tief des zweiten Halbjahres – erst um den 30. September entsteht. Gegen Ende Oktober fällt der Dax noch einmal in die Nähe der September-Tiefpunkte zurück, um von dort eine deutliche Herbst-Rallye einzuschlagen. Es folgen ein fester November und ein fester Dezember, wobei das Zyklus-Hoch häufig zum Schluss des Jahres entsteht.

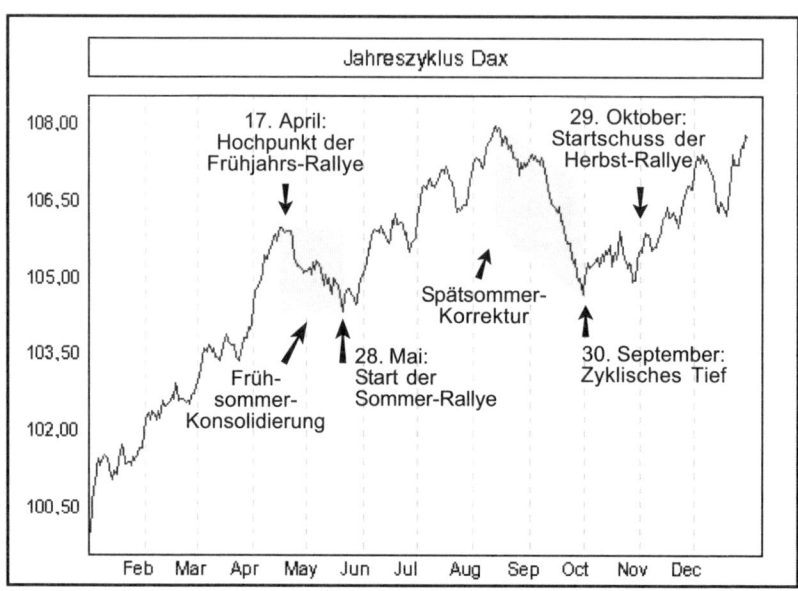

Jahreszyklus Dax

17. April:
Hochpunkt der
Frühjahrs-Rallye

29. Oktober:
Startschuss der
Herbst-Rallye

Spätsommer-
Korrektur

28. Mai:
Start der
Sommer-Rallye

Früh-
sommer-
Konsolidierung

30. September:
Zyklisches Tief

Fazit

Aus zyklischer Sicht sind Anfang Januar, Ende Mai und Ende September die denkbar schlechtesten Verkaufszeitpunkte, Mitte April und Mitte August die schlimmstmöglichen Zeitpunkte zum Kauf.

Die besten Kaufzeitpunkte sind Ende September, Ende Oktober und – wenn diese Gelegenheiten verpasst wurden – Anfang Januar. Über Gewinnmitnahmen sollte Mitte April nachgedacht werden und in jedem Fall Mitte August.

Dabei ist diesen zyklischen Wendepunkten vor allem dann eine hohe Aufmerksamkeit zu schenken, wenn sich die Börse in Stimmungsextremen befindet. Gerade wenn die Börsianer im März/April euphorisch werden, sollten Sie verkaufen und genauso kaufen, wenn die Investoren zwischen Ende September und Ende Oktober panisch reagieren.

2.2. Der Jahreszyklus im Dow Jones

2.2.1 Dow Jones Jahreszyklus auf Tages-Basis

Die Abbildung zeigt die zyklische Tendenz im Dow Jones auf Basis der einzelnen Tagesveränderungen in den letzten 109 Jahren.

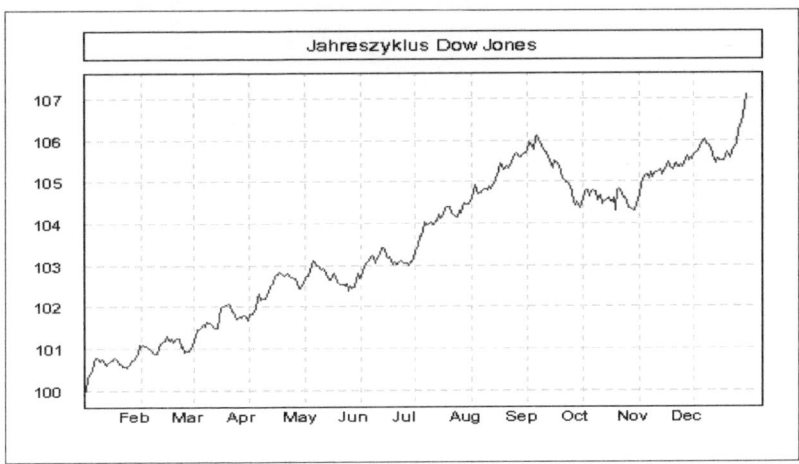

Der Dow Jones zeigt einen deutlich ruhigeren Verlauf, aber eine ähnliche Zyklik wie der Dax. Nach einem festen Jahresanfang ziehen die Kurse unter Schwankungen nach oben, wobei die Aufwärtsdynamik im Februar und im April/Mai erlahmt. Dann folgt eine kräftige Sommer-Rallye und auch hier ist der Hochsommer von einer sehr schwachen Tendenz gekennzeichnet. Nach dem Herbst-Tief startet eine neue Rallye, die zum Schluss kurz pausiert, aber ganz am Ende in eine sehr kräftige Aufwärtsbewegung mündet. Dadurch schließt der Dow Jones sehr häufig auf Jahreshoch, während der Jahresbeginn das Jahrestief bedeutet.

Der zyklische Verlauf der einzelnen Monate wird auf den folgenden Seiten dargestellet.

Januar im Dow Jones: 1,1%

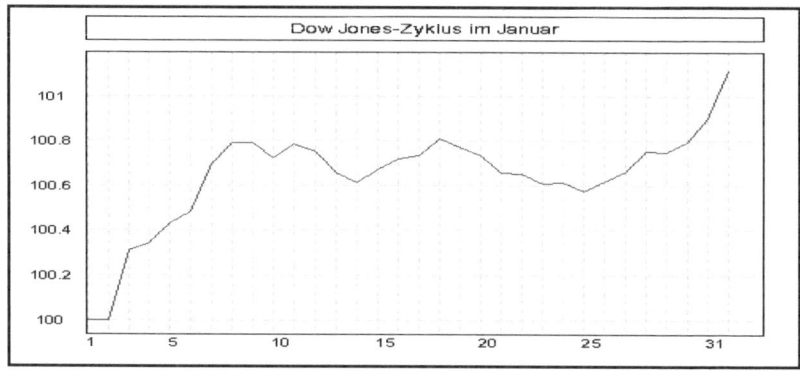

Der Dow Jones startet mit einer festen Tendenz in das neue Börsenjahr. Der erste Aufwärtsschub dauert etwa bis zum 6., dann treten die Kurse auf der Stelle und konsolidieren leicht. Um den 16. gibt es den nächsten Hochpunkt, dem wieder eine kleinere Konsolidierung folgt. Danach tendiert die Börse abermals fester, so dass der Januar auf Monatstief eröffnet und auf Monatshoch beendet wird. Besonders hervorzuheben ist die hohe Wahrscheinlichkeit für Kursgewinne, denn bisher wurden 70 von 109 Monaten im Gewinn beendet.

Monatsstatistik Januar	
Anzahl Monate:	109
Positive Monate:	70
durchschn. Performance:	3,7%
Negative Monate:	39
durchschn. Performance:	-3,5%
Gewinn-Wahrscheinlichkeit:	64%
Monatshoch am:	31. Januar
Monatstief am:	01. Januar

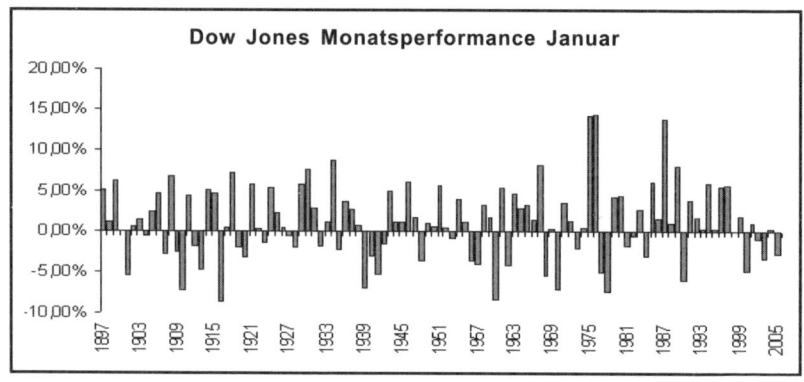

Februar im Dow Jones: -0,2%

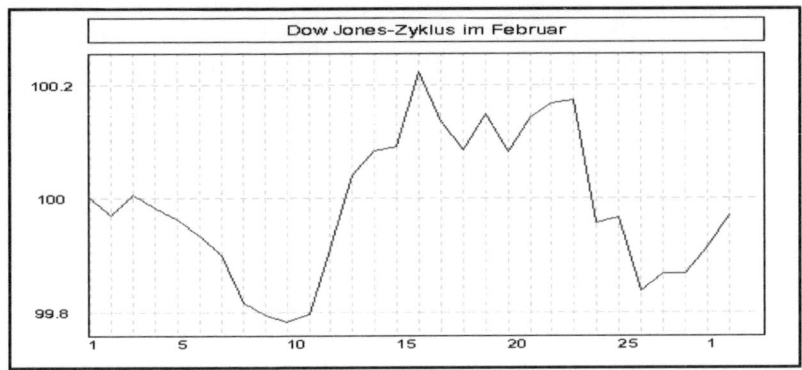

Im Februar eröffnet der Dow Jones zunächst unverändert, um dann in eine Korrektur überzugehen. Das zyklische Monatstief entsteht um den 09./10., das zyklische Monatshoch etwa am 15., worauf eine Seitwärtsbewegung bis zum 23.

Monatsstatistik Februar	
Anzahl Monate:	109
Positive Monate:	55
durchschn. Performance:	2,9%
Negative Monate:	54
durchschn. Performance:	-3,3%
Gewinn-Wahrscheinlichkeit:	50%
Monatshoch am:	15. Februar
Monatstief am:	09. Februar

folgt. In der letzten Februar-Woche tendiert die Börse dann wieder schwächer mit einer marginalen Befestigung zum Monatsende. Für den Februar errechnet sich, bei einer Gewinn-Wahrscheinlichkeit von lediglich 50%, im Mittel eine leicht negative Performance, so dass nur der September im historischen Vergleich noch schlechter abschneidet.

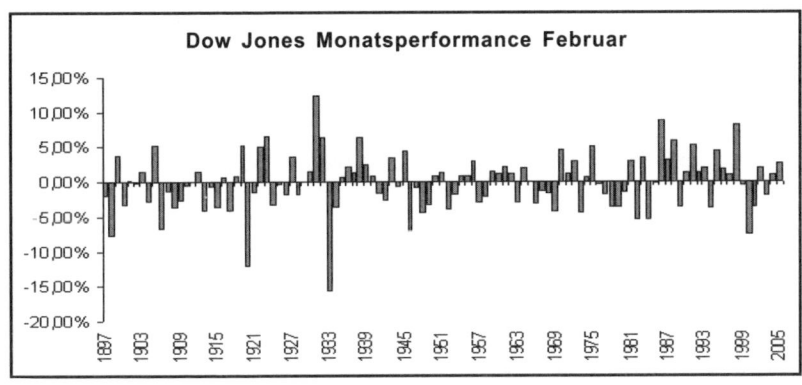

März im Dow Jones: 0,7%

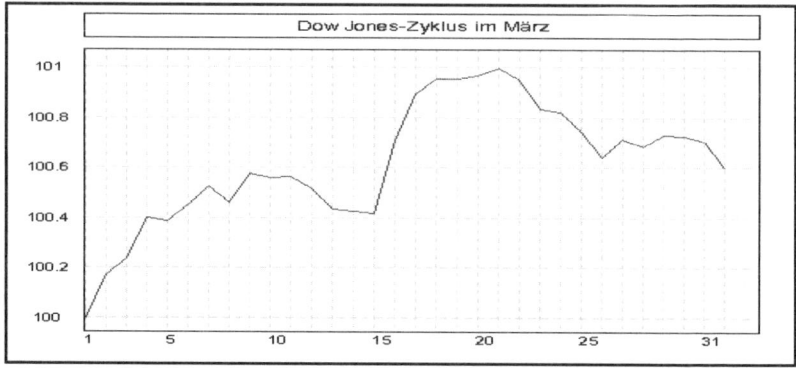

Dow Jones-Zyklus im März

Nach dem leichten Rückgang vom Februar startet der Dow Jones fester in den März. Die ersten 10 Handelstage sind von steigenden Kursen geprägt, danach tendiert der Index bis zur Monatsmitte seitwärts, um am 15. eine weitere Aufwärtsreaktion zu starten. Nach dem Monatstief am ersten Handelstag bildet der Dow Jones damit sein zyklisches Hoch um den 20. März herum heraus. Im Anschluss setzt abermals eine Konsolidierung ein.

Monatsstatistik März	
Anzahl Monate:	109
Positive Monate:	65
durchschn. Performance:	3,8%
Negative Monate:	44
durchschn. Performance:	-4,0%
Gewinn-Wahrscheinlichkeit:	60%
Monatshoch am:	20. März
Monatstief am:	01. März

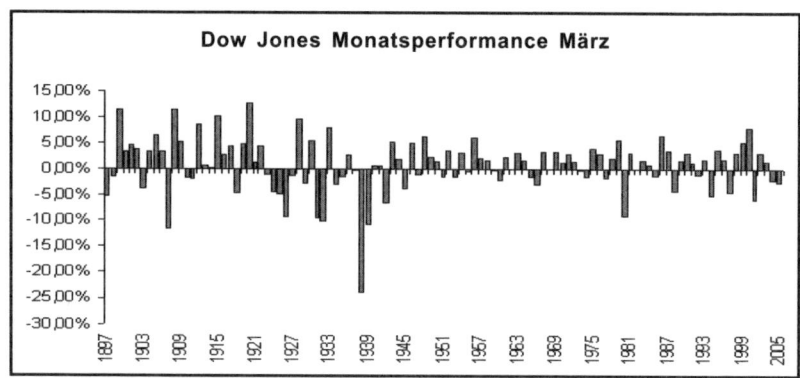

Dow Jones Monatsperformance März

April im Dow Jones: 1,0%

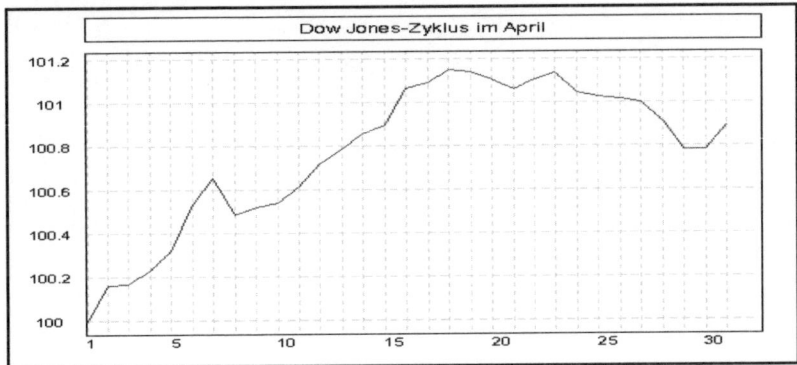

Der April ist von einer festeren Tendenz bis zur Monatsmitte gekennzeichnet. Die Kurse steigen in den ersten beiden Wochen ohne spürbare Gegenreaktionen kräftig an, womit der Monatsanfang zumeist das Monatstief bedeutet. Das Monatshoch entsteht um den 17. und damit kommt die Aufwärtstendenz zum Stillstand. Der Dow Jones tendiert in der dritten Handelswoche seitwärts und in der letzten abermals etwas schwächer. Sofern der April mit einem Plus abgeschlossen wird, werden in diesem Monat die höchsten Gewinne erzielt.

Monatsstatistik April	
Anzahl Monate:	109
Positive Monate:	60
durchschn. Performance:	4,7%
Negative Monate:	49
durchschn. Performance:	-3,5%
Gewinn-Wahrscheinlichkeit:	55%
Monatshoch am:	17. April
Monatstief am:	01. April

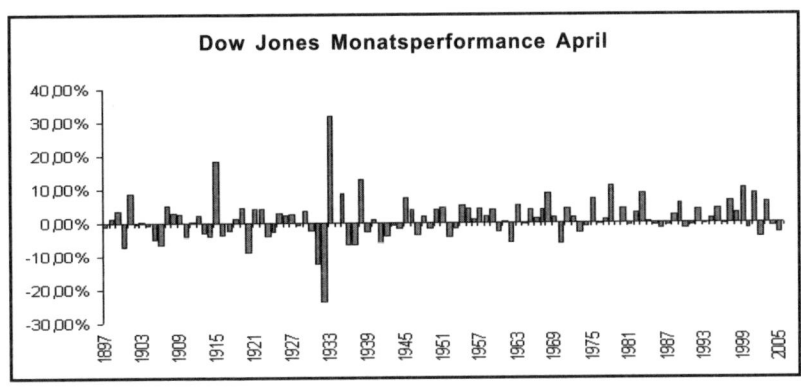

Mai im Dow Jones: 0,1%

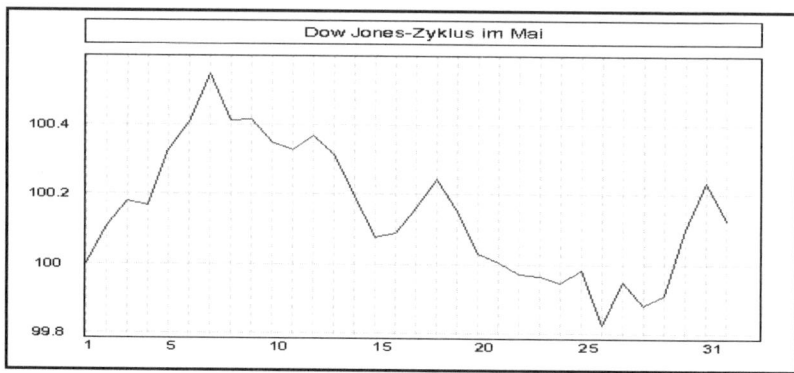

Im Mai kommt es zu größeren Kursausschlägen. Der Dow Jones startet zunächst fester, so dass um den 6. ein zyklischer Hochpunkt entsteht. Danach setzt sich unter erhöhten Schwankungen eine schwächere Tendenz durch, die zum Monatstief um den 25. führt, bevor sich der Markt wieder etwas erholen kann. Zwischen 1965 und 1984 war der Mai ein sehr schlechter Monat, zwischen 1985 und 1997 ein sehr guter. Unter dem Strich kommen die Kurse im Mai nicht von der Stelle, wobei die niedrige Gewinn-Wahrscheinlichkeit von 52% jede Richtung erlaubt.

Monatsstatistik Mai	
Anzahl Monate:	109
Positive Monate:	57
durchschn. Performance:	3,8%
Negative Monate:	52
durchschn. Performance:	-4,1%
Gewinn-Wahrscheinlichkeit:	52%
Monatshoch am:	06. Mai
Monatstief am:	25. Mai

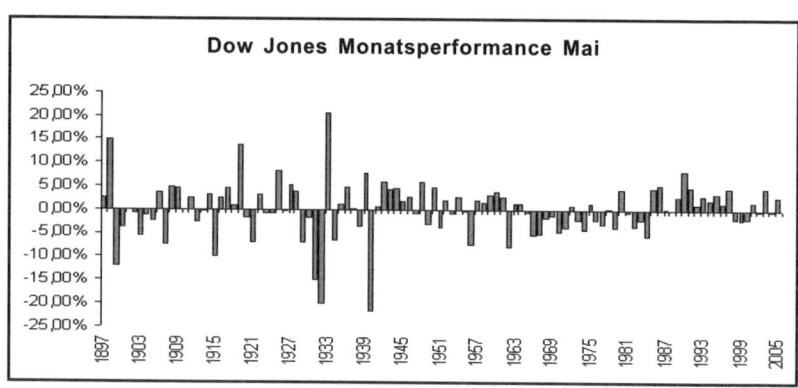

Juni im Dow Jones: 0,4%

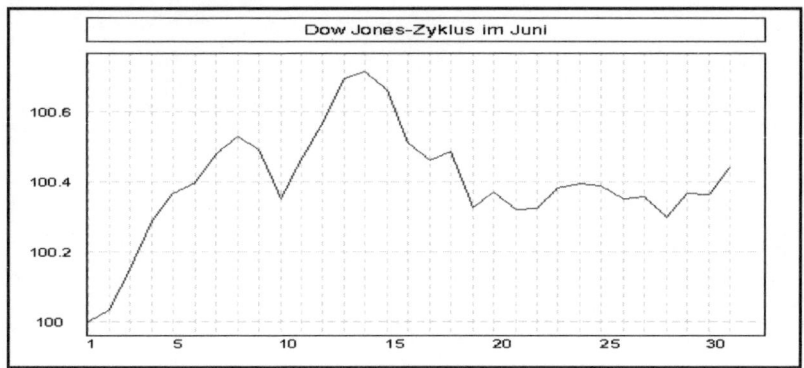

Die Ende Mai eingeschlagene Erholung setzt sich in den ersten beiden Juni-Wochen fort. Die Börse startet mit Kursgewinnen, so dass das Monatstief zumeist zu Monatsbeginn markiert wird. Das Hoch entsteht dann Mitte Juni und danach folgt wieder eine Konsolidierung, in der das Anfangsniveau aber nicht mehr unterschritten wird. Der Juni war vor allem in den 20er und 30er Jahren von heftigen Kursausschlägen geprägt, doch insgesamt handelt es sich um einen recht ruhigen Monat mit einer niedrigen Gewinn-Wahrscheinlichkeit, so dass hier historisch keine klare Tendenz auszumachen ist.

Monatsstatistik Juni	
Anzahl Monate:	110
Positive Monate:	56
durchschn. Performance:	4,2%
Negative Monate:	54
durchschn. Performance:	-3,5%
Gewinn-Wahrscheinlichkeit:	51%
Monatshoch am:	13. Juni
Monatstief am:	01. Juni

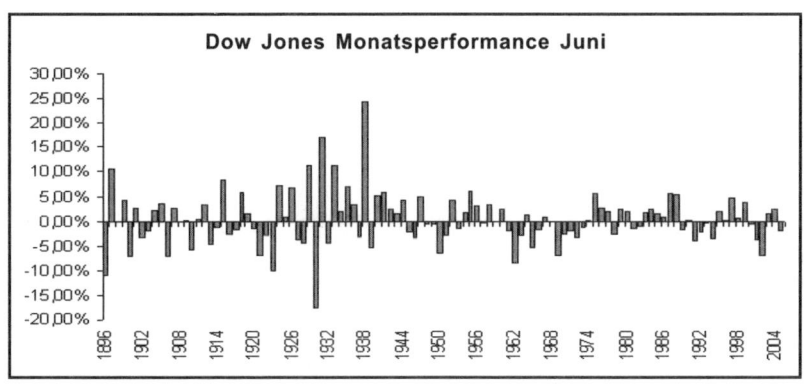

Juli im Dow Jones: 1,3%

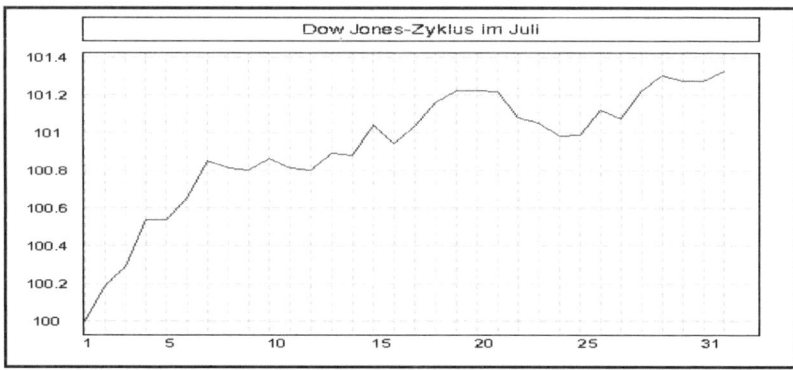

Im Juli kommt die Sommer-Rallye zur Entfaltung, denn der Index startet auf Monatstief und endet auf Monatshoch. In der ersten Handelswoche tendiert der Dow Jones fester, danach lässt die Aufwärtsdynamik zwar nach, doch die Kurse streben weiter sukzessive nach oben. Der durchschnittliche Kursgewinn qualifiziert den Juli nach dem Dezember als zweiterfolgreichsten Monat für den Dow Jones, wobei die Gewinn-Wahrscheinlichkeit allerdings vom August noch knapp übertroffen wird.

Monatsstatistik Juli	
Anzahl Monate:	110
Positive Monate:	68
durchschn. Performance:	4,6%
Negative Monate:	42
durchschn. Performance:	-4,0%
Gewinn-Wahrscheinlichkeit:	62%
Monatshoch am:	31. Juli
Monatstief am:	01. Juli

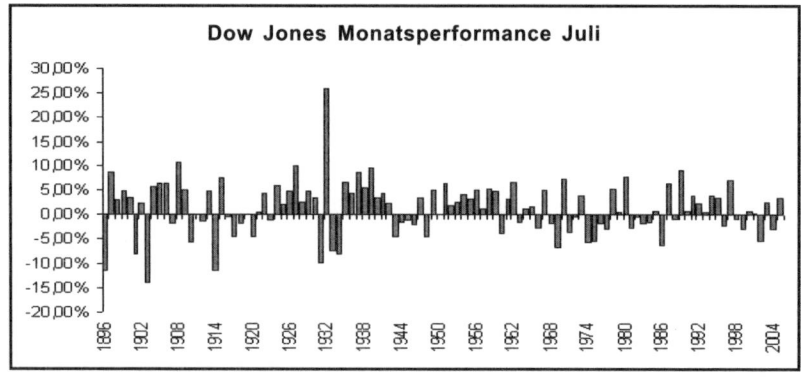

August im Dow Jones: 1,3%

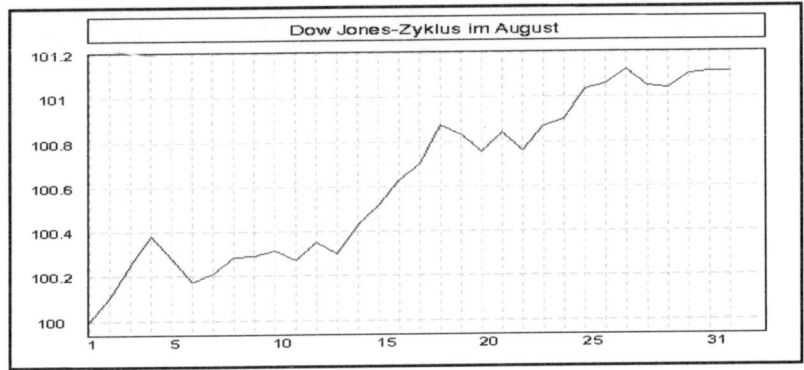

Nach dem erfolgreichen Juli setzt sich die Sommer-Rallye im August nahtlos fort. Die Kurse starten auf Monatstief und finden ihr Hoch erst kurz vor Monatsende. Nach einer in der Regel festeren Eröffnung tendiert der Dow Jones etwa bis zum 13. seitwärts. Danach setzt bis zum 18. ein neuer Aufwärtsschub ein und nach einer kurzen Pause ein weiterer, wobei zählbare Gegenbewegungen ausbleiben. In Punkto Gewinn-Wahrscheinlichkeit liegt der August knapp hinter dem Januar und wird nur noch vom Dezember übertroffen.

Monatsstatistik August	
Anzahl Monate:	109
Positive Monate:	69
durchschn. Performance:	4,3%
Negative Monate:	40
durchschn. Performance:	-4,0%
Gewinn-Wahrscheinlichkeit:	63%
Monatshoch am:	26. August
Monatstief am:	01. August

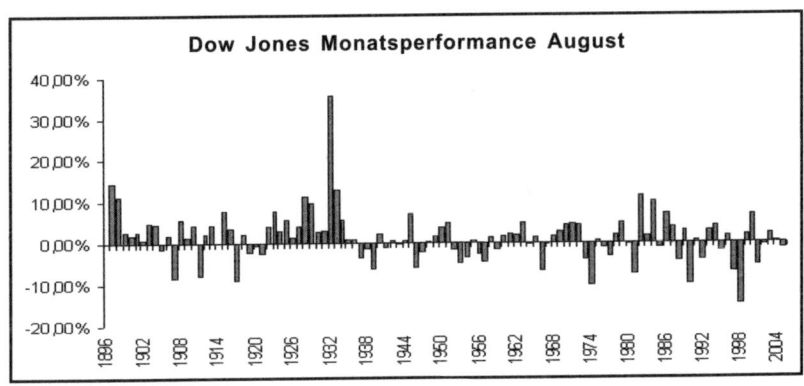

September im Dow Jones: -1,3%

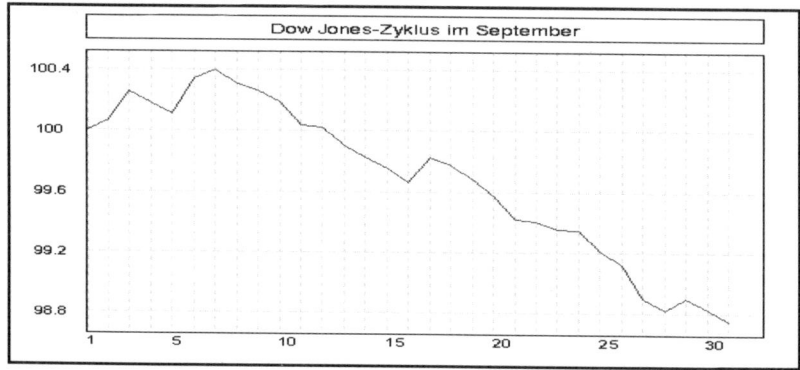

Der September eröffnet zunächst freundlich, doch dann findet die Sommer-Rallye ihr Ende. Der Dow Jones bildet um den 6. seinen zyklischen Hochpunkt und geht von dort in eine massive Korrekturphase über. Die folgenden drei Wochen sind von rückläufigen Kursen geprägt, so dass der Markt erst zum Monatsende sein Tief findet. Der September ist der mit Abstand schlechteste Monat für den Dow Jones, wobei auch aufgrund der Gewinn-Wahrscheinlichkeit von nur 40% mit fallenden Kursen zu rechnen ist.

Monatsstatistik September	
Anzahl Monate:	109
Positive Monate:	44
durchschn. Performance:	3,8%
Negative Monate:	65
durchschn. Performance:	-4,7%
Gewinn-Wahrscheinlichkeit:	40%
Monatshoch am:	06. September
Monatstief am:	30. September

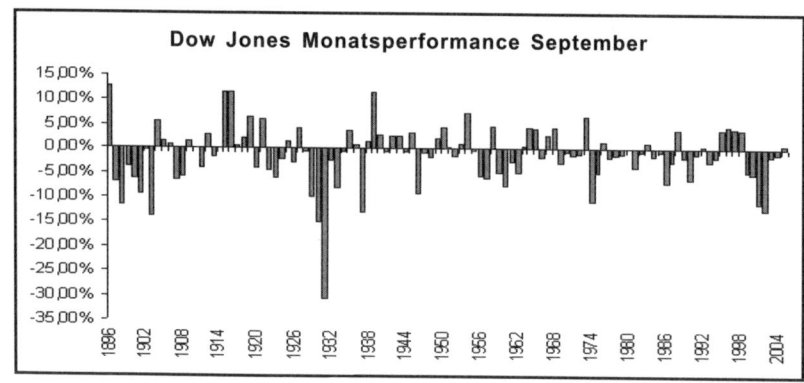

Oktober im Dow Jones: 0,3%

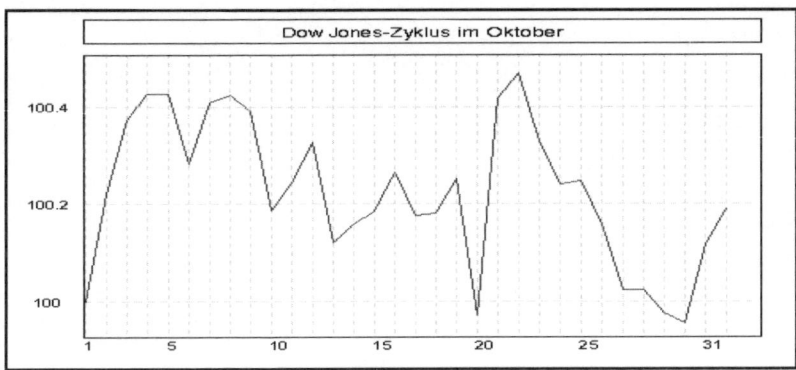

Der Oktober ist von einem besonders volatilen Verlauf gekennzeichnet, was nicht nur auf die beiden Crash-Phasen von 1929 und 1987 zurückzuführen ist. Im Allgemeinen startet der Monat mit einer festen Tendenz, so dass zwei Hochpunkte in den ersten 8 Tagen entstehen. Danach fällt die Börse unter kräftigen Schwankungen, wobei es zwischen dem 19. und dem 22. schon zu extremen Ausrissen gekommen ist. Vom Monatstop um den 21. geht es dann bis zum Tiefpunkt gegen Monatsende wieder deutlich nach unten.

Monatsstatistik Oktober	
Anzahl Monate:	108
Positive Monate:	63
durchschn. Performance:	3,9%
Negative Monate:	45
durchschn. Performance:	-4,7%
Gewinn-Wahrscheinlichkeit:	58%
Monatshoch am:	21. Oktober
Monatstief am:	29. Oktober

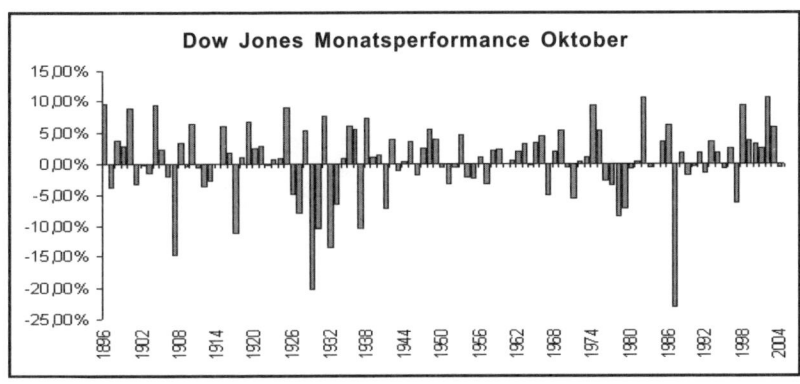

November im Dow Jones: 1,0%

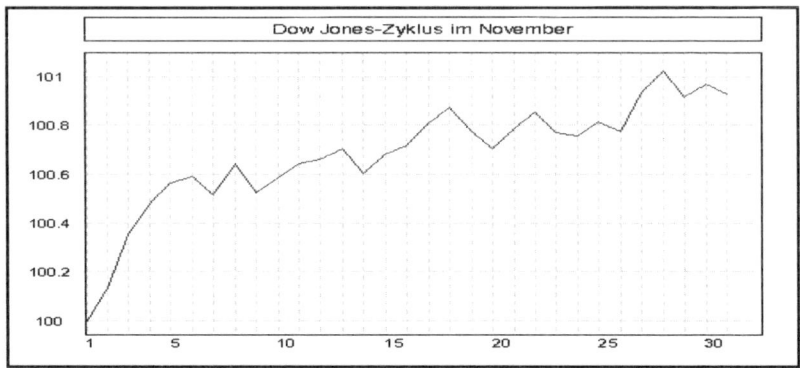

Der November ist von deutlich steigenden Notierungen gekennzeichnet, wobei der Dow Jones auf Monatstief startet und kurz vor Monatsende sein Hoch erreicht. Der Beginn ist recht fest, danach lässt die Aufwärtsdynamik nach, aber die Tendenz zeigt – ohne zählbare Korrekturen – klar nach oben. Für den November errechnet sich seit 1896 zwar nur eine mittelmäßige Gewinn-Wahrscheinlichkeit von 61%, doch seit 1977 wurden lediglich 6 November-Monate mit einer negativen Performance beendet.

Monatsstatistik November	
Anzahl Monate:	108
Positive Monate:	66
durchschn. Performance:	4,5%
Negative Monate:	42
durchschn. Performance:	-4,5%
Gewinn-Wahrscheinlichkeit:	61%
Monatshoch am:	27. November
Monatstief am:	01. November

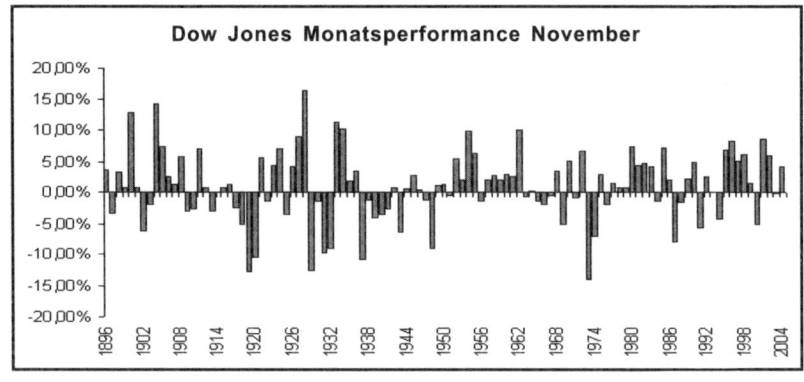

Dezember im Dow Jones: 1,5%

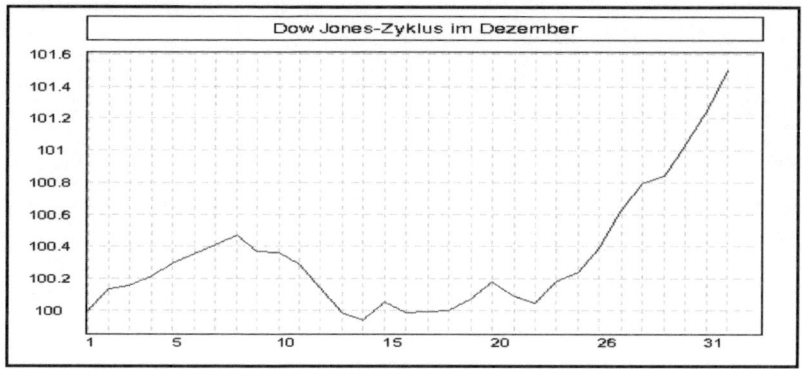

Der Dezember ist der mit Abstand beste Monat für den Dow Jones, denn hier werden mit der höchsten Gewinn-Wahrscheinlichkeit die größten Kursgewinne erzielt. Nach dem Monatsauftakt klettern die Kurse bis zum 8. Darauf folgt eine leichte Konsolidierung bis unter das Anfangsniveau, womit der Dow Jones sein Monatstief herausbildet. Danach startet um den 22. eine überaus kräftige Schluss-Rallye, die in der Regel dazu führt, dass das Jahr auf einem Jahreshoch beendet wird.

Monatsstatistik Dezember	
Anzahl Monate:	109
Positive Monate:	79
durchschn. Performance:	3,3%
Negative Monate:	30
durchschn. Performance:	-3,3%
Gewinn-Wahrscheinlichkeit:	72%
Monatshoch am:	31. Dezember
Monatstief am:	13. Dezember

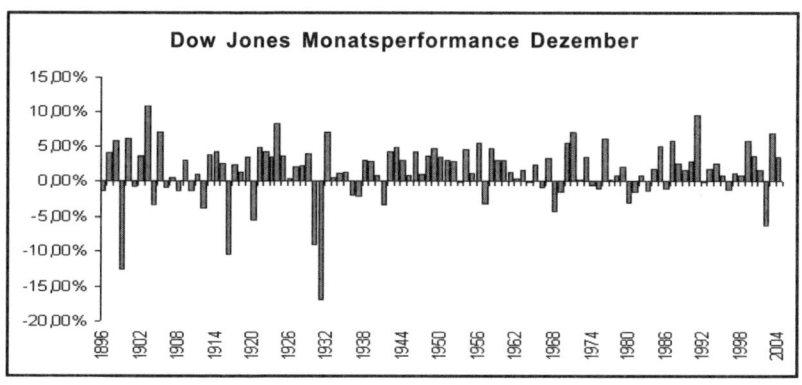

Zusammenfassung

Auf Grundlage der täglichen Dow Jones-Veränderungen seit 1896 lassen sich die folgenden Auffälligkeiten festhalten:

Im Dow Jones ist der erste Handelstag des neuen Jahres gleichbedeutend mit dem Monatstief für den Januar. In den Monaten März, April, Juni, Juli, August und November eröffnet der Index ebenfalls auf dem späteren Monatstief.

Januar, Juli und Dezember schließen auf Monatshoch. Im November wird am 27. und im August am 26. der höchste Punkt des Monats erreicht.

Der September ist der einzige Monat, der auf Monatstief beendet wird, wobei der Hochpunkt um den 6. entsteht. Ähnlich verläuft der Mai, in dem ebenfalls am 6. das Monatshoch und am 25. das Monatstief herausgebildet wird.

Der Dow Jones erzielt in 10 Monaten Kursgewinne und verliert im September deutlich, im Februar geringfügig. Der mit Abstand beste Monat ist der Dezember.

Die höchsten Kursgewinne werden im Dezember vor Juli und August erzielt. Danach folgen der Januar, sowie April und November.

Nach den Verlust-Monaten September und Februar werden die geringsten Kursgewinne im Mai sowie im Juni und im Oktober erzielt.

Die höchste Gewinn-Wahrscheinlichkeit errechnet sich für den Dezember, gefolgt von Januar und August, knapp vor Juli und November. Die niedrigste Gewinn-Wahrscheinlichkeit gilt für September, Februar und Juni.

Wenn Monate mit Gewinn abgeschlossen werden, wird der höchste Anstieg in den Monaten April, Juli und November verzeichnet.

Wenn Monate im Verlust enden, kommt es zu den größten Abschlägen im Oktober und September sowie im November.

Eine Multiplikation der durchschnittlichen Monats-Performance mit der Gewinn-Wahrscheinlichkeit ergibt das historische Chance/Risiko-Verhältnis der einzelnen Monate. Dementsprechend ist der Dezember der mit Abstand beste Monat für den Dow Jones, gefolgt von Juli und August. Der September ist dagegen der mit Abstand schlechteste Monat, vor dem Februar und dem Mai.

In der nachfolgenden Übersicht werden die Ergebnisse noch einmal zusammengefasst:

	Anzahl Monate	durchschn. Performance	Positive Monate	durchschn. Performance	Negative Monate	durchschn. Performance	Gewinn-Wahrscheinlichkeit	Monatshoch	Monatstief
Januar	109	1,12%	70	3,71%	39	-3,53%	64%	31. Jan	01. Jan
Februar	109	-0,16%	55	2,89%	54	-3,26%	50%	15. Feb	09. Feb
März	109	0,68%	65	3,81%	44	-3,95%	60%	20. Mrz	01. Mrz
April	109	1,00%	60	4,65%	49	-3,47%	55%	17. Apr	01. Apr
Mai	109	0,06%	57	3,82%	52	-4,05%	52%	06. Mai	25. Mai
Juni	110	0,39%	56	4,15%	54	-3,50%	51%	13. Jun	01. Jun
Juli	110	1,29%	68	4,55%	42	-3,99%	62%	31. Jul	01. Jul
August	109	1,25%	69	4,29%	40	-3,98%	63%	26. Aug	01. Aug
September	109	-1,25%	44	3,78%	65	-4,66%	40%	06. Sep	30. Sep
Oktober	108	0,33%	63	3,90%	45	-4,67%	58%	21. Okt	29. Okt
November	108	0,97%	66	4,45%	42	-4,50%	61%	27. Nov	01. Nov
Dezember	109	1,48%	79	3,30%	30	-3,33%	72%	31. Dez	13. Dez

Zyklischer Jahresverlauf im Dow Jones

Auch der Dow Jones startet am ersten Handelstag des neuen Jahres eine Jahresanfangs-Rallye, die allerdings bereits um den 15. Februar endet. Insgesamt ist für den Februar eine Seitwärtskonsolidierung zu unterstellen, wobei am 26. Februar eine Frühjahrs-Rallye einsetzt. Das zyklische Hoch des ersten Quartals entsteht um den 20. März. Mitte April beginnt eine 6-wöchige Seitwärtskonsolidierung mit einem wichtigen zyklischen Hochpunkt um den 6. Mai. Ende Juni startet eine etwa 9-wöchige Sommer-Rallye, die zu kräftigen Kursgewinnen im Juli und August führt. Das entscheidende zyklische Hoch entsteht um den 6. September. Danach setzt eine heftige Spätsommer-Korrektur ein, die auch für den Dow Jones die schlechteste Börsenphase des Jahres bedeutet. Der September endet mit deutlichen Kursverlusten und einem zyklischen Tiefpunkt per Ende September. Der Oktober ist von einem volatilen Verlauf gekennzeich-

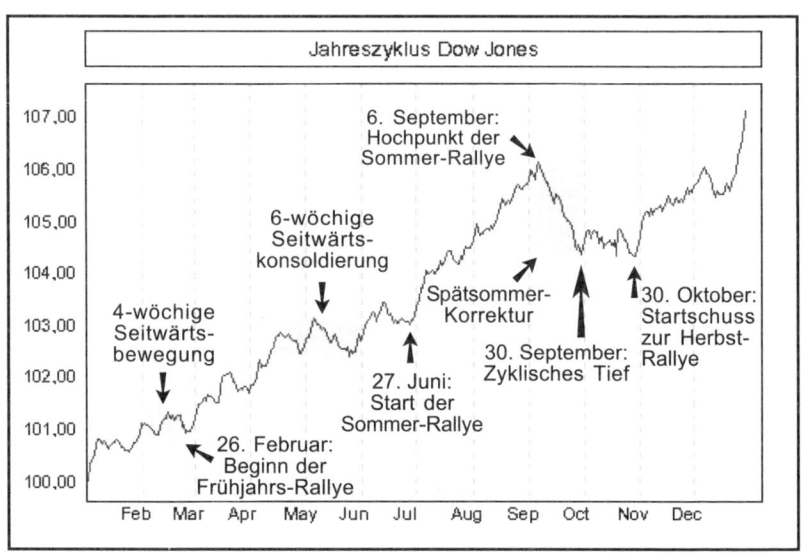

net, wobei der Dow Jones Ende Oktober noch einmal auf die September-Tiefs zurückfällt, so dass der Tiefpunkt des zweiten Halbjahres entweder um den 30. September oder den 29. Oktober entsteht. Der zyklische Oktober-Tiefpunkt ist aber zugleich Anfangspunkt der Herbst-Rallye, die zu einem mächtigen Anstieg bis zum 8. Dezember führt. Danach konsolidieren die Kurse kurz, um ab dem 22. Dezember noch einmal eine heftige Jahresend-Rallye zu vollziehen. Dank dieser Schlussbewegung beendet der Dow Jones das Jahr dann häufig auf dem absoluten Hochpunkt.

Fazit

Aus zyklischer Sicht sollte Ende Februar, Ende Juni, Ende September und Ende Oktober nicht verkauft werden und die erste September-Woche ist der denkbar ungünstigste Zeitpunkt zum Kauf.

Die besten Kaufzeitpunkte sind Ende September und Ende Oktober, der 20. Dezember sowie – falls vorher keine Liquidität besteht – Anfang Januar. Der entscheidende Zeitpunkt für Gewinnmitnahmen ist aus zyklischer Sicht Anfang September.

2.3. Sonstige Jahreszyklen

2.3.1 Der Jahreszyklus im S&P 500

Der Jahreszyklus des Standard & Poors 500 basiert auf den täglichen Schlusskursen seit 1950.

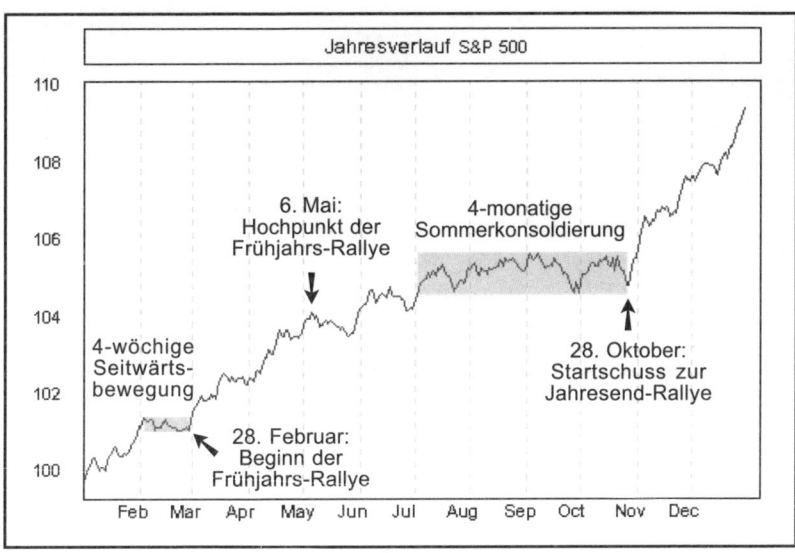

Der S&P startet mit der typischen Jahresanfangs-Rallye, der Anfang Februar eine vierwöchige Seitwärtskonsolidierung folgt. Ende Februar entwickelt sich dann eine Frühjahrs-Rallye, die zu einem zyklischen Hochpunkt um den 6. Mai führt. Statt einer Sommer-Rallye beginnt im Juli eine gut viermonatige Seitwärtskonsolidierung, die bis Ende Oktober anhält. Dann fällt der Startschuss zur Jahresend-Rallye, in der es zu keinen nennenswerte Korrekturen mehr kommt. Das Jahr wird somit häufig auf Jahreshoch beendet.

2.3.2 Der Jahreszyklus im Nasdaq Composite

Die Abbildung zeigt den Nasdaq-Jahreszyklus anhand aller täglichen Schlusskurse seit 1971.

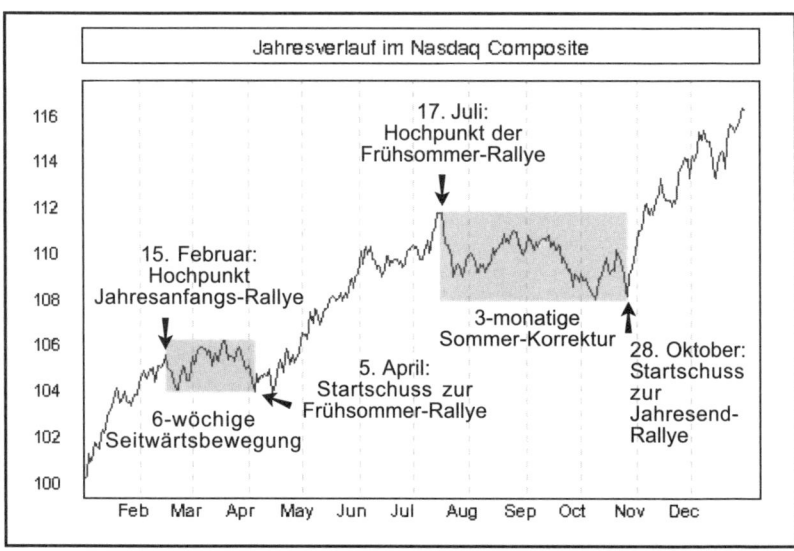

Der Nasdaq beginnt mit einer heftigen Jahresanfangs-Rallye, die bis Mitte Februar anhält. Dem zyklischen Hochpunkt um den 15. Februar folgt eine 6-wöchige Konsolidierung. Im Gegensatz zu Dow Jones und S&P startet bereits um den 5. April eine kräftige Frühsommer-Rallye über einen Zeitraum von gut 14 Wochen. Um den 17. Juli entsteht ein zyklischer Hochpunkt, der eine 3-monatige Sommer-Korrektur einleitet. Das zyklische Tief wird Ende Oktober gefunden, worauf die typische Jahresend-Rallye einsetzt, die aber erhöhten Schwankungen unterliegt. Der Jahresanfang kennzeichnet in der Regel das Jahrestief und das Jahresende das Jahreshoch.

2.3.3 Der Jahreszyklus im Nikkei

Der Jahreszyklus im japanischen Nikkei-Index basiert auf den täglichen Schlusskursen seit 1985.

Der Nikkei-Zyklus unterscheidet sich grundlegend von den Jahreszyklen anderer Aktien-Indizes. Nach einer freundlicheren Jahreseröffnung tendiert der Markt in der zweiten Januar-Woche schwächer. Um den 13. Januar startet dann eine kräftige Rallye, die bis Anfang Mai anhält. Um den 8. Mai entsteht ein zyklischer Hochpunkt, der eine etwa 8-wöchige Konsolidierung folgt. Um den 15. Juli entsteht ein zweites Zyklus-Hoch, das dann zumeist bereits das Jahreshoch bedeutet. Denn der Nikkei startet damit eine sehr kräftige Sommer-Korrektur, die den Index bis zum zyklischen Tief um den 11. November zurückführt. Von dort erholen sich die Kurse zwar wieder, doch die anschließende Rallye ist nur geringfügig ausgeprägt.

2.3.4 Der Jahreszyklus im Rohöl

Die Abbildung zeigt den Jahreszyklus im Rohöl auf Basis der täglichen Schlusskurse seit 1992.

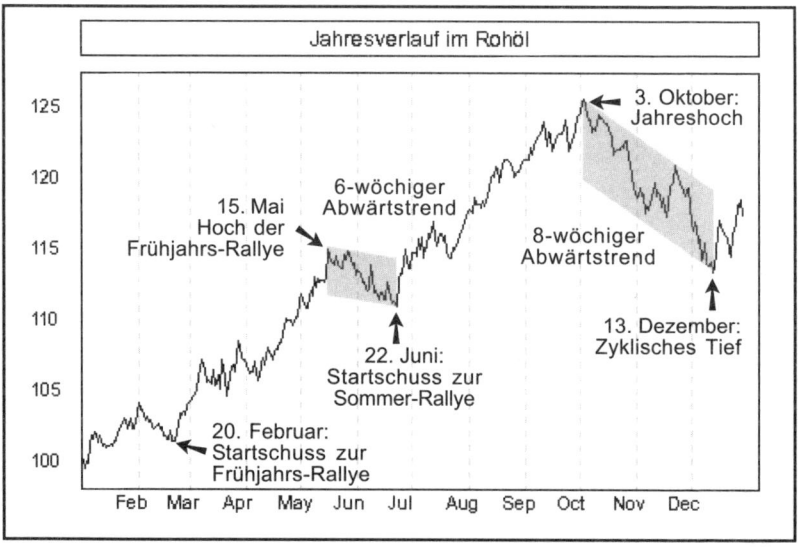

Der Ölpreis startet etwas fester in ein neues Jahr, wobei Anfang Februar eine leichte Korrektur einsetzt, die bis zum 20. Februar anhält. Von diesem zyklischen Tief beginnt eine kräftige Rallye bis Mitte Mai. Nach einer rund 6-wöchigen Konsolidierung wird um den 22. Juni ein zyklischer Tiefpunkt herausgebildet, der den Startschuss für eine massive Sommer-Rallye bedeutet. Diese Aufwärtsbewegung endet um den 3. Oktober, womit zugleich das Jahreshoch im Ölpreis entsteht. Danach fallen die Ölnotierungen deutlich, bis zu einem zyklischen Tiefpunkt um den 13. Dezember.

2.3.5 Der Jahreszyklus im Gold

Der Jahreszyklus im Gold basiert auf allen täglichen Schlusskursen seit 1973.

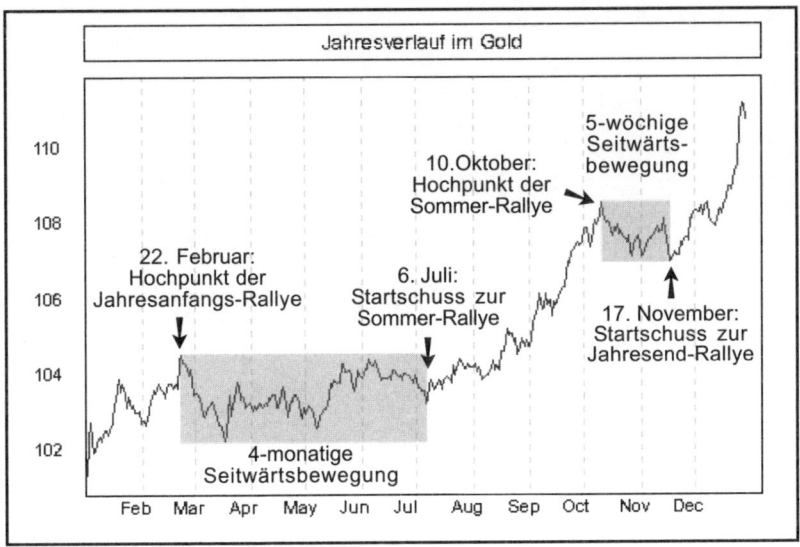

Der Goldpreis startet fester in ein neues Jahr und zeigt dabei erhöhte Schwankungen in beiden Richtungen. Die freundliche Tendenz hält bis zum zyklischen Hochpunkt um den 22. Februar an, worauf eine etwa 4-monatige Seitwärtsbewegung einsetzt, die ebenfalls von einer hohen Volatilität gekennzeichnet ist. Der Startschuss zur Sommer-Rallye erfolgt um den 6. Juli und danach ziehen die Goldpreise bis zum 10. Oktober massiv nach oben. Im Anschluss setzt abermals eine Seitwärtskonsolidierung bis Ende November ein. Nach dem zyklischen Tief am 17. November entwickelt sich eine Jahresend-Rallye, so dass der Goldpreis häufig nahe dem Jahreshoch schließt.

2.3.6 Der Jahreszyklus im Euro/Dollar

Die Abbildung zeigt den Jahreszyklus im Euro/Dollar auf Basis der täglichen Schlusskurse seit 1971.

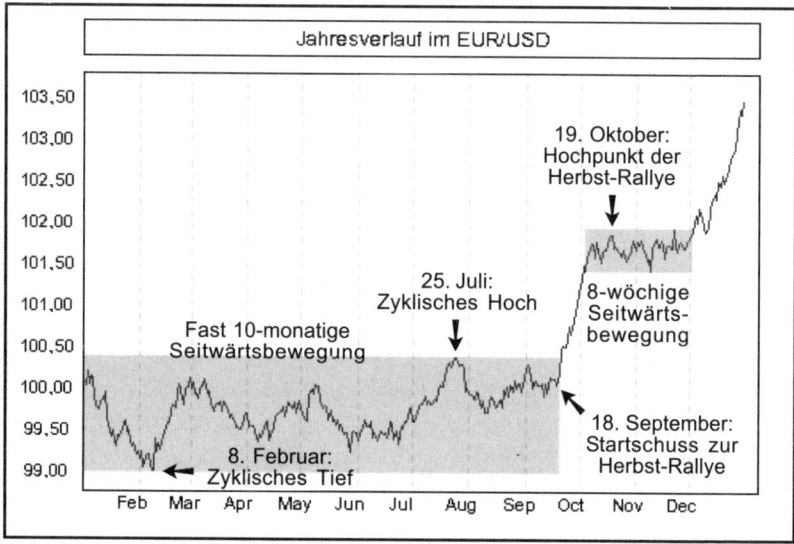

Der Zyklus-Chart zeigt, dass der Verlauf des Euro/Dollar die meiste Zeit des Jahres von einer Seitwärtsbewegung gekennzeichnet ist. Der Euro startet schwach und bildet sein zyklisches Tief um den 8. Februar heraus, das dann zumeist auch dem Jahrestief entspricht. Bis Mitte September ist die Tendenz von sehr kurzfristigen Trends gekennzeichnet, wobei der Euro ein ums andere Mal die Richtung wechselt. Insgesamt gilt für die ersten neuneinhalb Monate eine sehr nachhaltige Seitwärtsphase, bevor dann am 18. September eine kräftige, etwa 4-wöchige Herbst-Rallye startet. Zwischen 05. Oktober und 04. Dezember tendiert der Euro/Dollar dann nochmal in einer engen Range seitwärts, um dann eine kräftige Jahresend-Rallye einzuschlagen.

2.3.7   Der Jahreszyklus der Bund-Renditen

Das Chartbild zeigt den Jahreszyklus für die Rendite 10-jähriger Bundesanleihen auf Grundlage der Schlusskurse seit 1987.

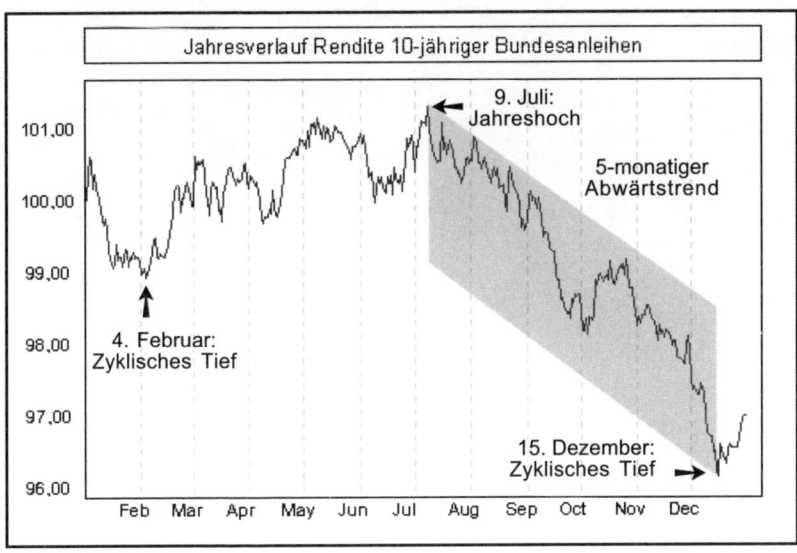

Nach einem ganz kurzen Anstieg zu Jahresbeginn gehen die Renditen der 10-jährigen Bundesanleihen auf Talfahrt (d.h. die Anleihe-Kurse steigen), wobei um den 4. Februar ein zyklischer Tiefpunkt herausgebildet wird. Danach entwickelt sich eine breite, leicht aufwärtsgerichtete Seitwärtsphase, in der um den 9. Juli das Jahreshoch der Renditen (also das Tief der Anleihen) herausgebildet wird. Im Anschluss entwickeln sich sehr nachhaltige Abwärtstrends, die – unterbrochen von einer Gegenreaktion im Oktober – bis Mitte Dezember zu deutlich fallenden Renditen und damit den Jahrestiefs führen.

2.3.8 Der Jahreszyklus der T-Bond-Rendite (30 Jahre)

Die Abbildung zeigt den Jahreszyklus der T-Bond-Renditen (= Rendite der 30-jährigen amerikanischen Staatsanleihen) auf Basis der täglichen Schlusskurse seit 1977.

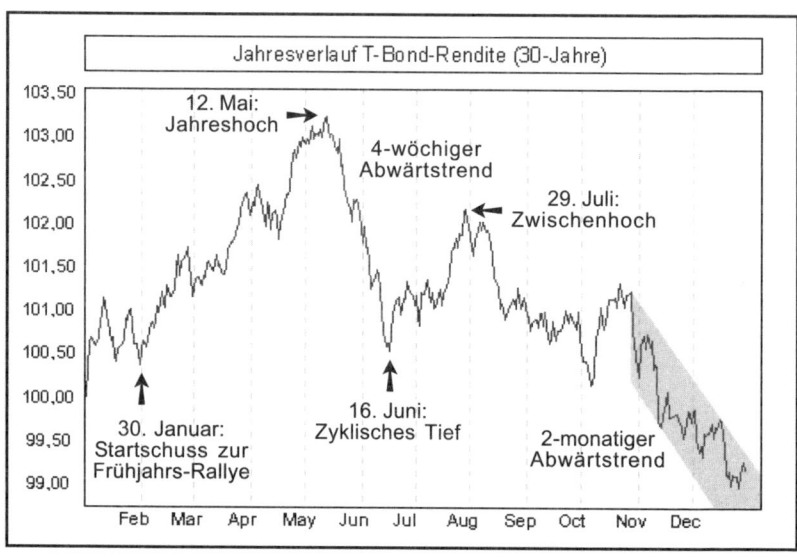

Die T-Bond-Rendite startet in der ersten Handelswoche fester in ein neues Jahr und tendiert dann mit erhöhten Ausschlägen seitwärts. Um den 30. Januar entsteht ein zyklisches Tief, dem eine sehr kräftige Rallye (d.h. die Anleihe-Kurse sinken) bis zum 12. Mai folgt, wobei hier in der Regel das Jahreshoch herausgebildet wird. Zwischen Mitte Mai und Mitte Juni vollzieht die Rendite der T-Bonds eine steile Abwärtskorrektur, die zu einem zyklischen Tiefpunkt um den 16. Juni führt. Von dort zieht die T-Bond-Rendite wieder bis Ende Juli nach oben, womit das Zyklus-Hoch des zweiten Halbjahres entsteht. Danach schlägt die Rendite der T-Bonds eine neue Abwärtsbewegung ein (d.h. die Anleihe-Kurse steigen), die bis Jahresende anhält. Damit werden kurz vor Jahresende zumeist die Jahrestiefs herausgebildet.

III. DER WAHL-ZYKLUS

Nach einem bekannten Sprichtwort haben politische Börsen kurze Beine. Doch tatsächlich hat die Politik einen ganz erheblichen Einfluss auf die Börsenentwicklung.

Rund um den Globus machen Politiker vor den Wahlen große Versprechungen, von denen nach den Wahlen nicht mehr viel übrig bleibt. Daher sind Anleger im Vorfeld der Wahlen optimistisch, worauf nach den Wahlen wieder die Ernüchterung folgt.

Eine Unterteilung der Kurshistorien in die einzelnen Regierungsjahre zeigt ein klares 4-jähriges zyklisches Muster, sowohl für den Dax, wie für den Dow Jones.

Für die Börsen in den USA verlaufen Vorwahljahre und Wahljahre sehr erfolgreich, in Deutschland sind es die beiden Jahre vor den Neu-Wahlen.

In diesem Kapitel werden die Wahl-Zyklen für den Dax und den Dow Jones untersucht, wobei auch die Unterschiede zum üblichen Jahreszyklus der Börsen dargestellt werden.

3.1 Der Regierungs-Zyklus in Deutschland

Seit 1949 fanden insgesamt 16 Abstimmungen über die Zusammensetzung des Bundestags statt, wobei sich die Betrachtung aufgrund der nur bis 1959 zurückreichenden Dax-Historie auf den Zeitraum seit 1961 beschränkt.

3.1.1 Dax-Entwicklung um den Wahltermin

Die Wochen vor der Bundestagswahl sind in der Regel von einer schwachen Börsentendenz gekennzeichnet. Dabei entwickelt sich etwa fünf Wochen vor der Wahl eine Abwärtsbewegung, die erst in den letzten beiden Wochen vor dem Wahltermin zum Stillstand kommt. Unmittelbar nach der Wahl macht sich dann Ernüchterung breit, so dass der Dax in den ersten beiden Wochen deutlich verliert. Danach gehen die Börsen allmählich wieder zur Tagesordnung über.

3.1.2 Dax-Performance nach Regierungspartei

Im Schnitt errechnet sich für die zwölf bisherigen Legislaturperioden ein Dax-Anstieg von 28%, wobei die Ergebnisse der einzelnen Amtszeiten ganz erheblich um diesen Mittelwert schwanken. Denn für die jeweiligen Regierungen errechnen sich stark differierende Performances.

Die Historie zeigt, dass CDU/CSU und SPD seit 1961 zwar über eine fast gleichlange Regierungserfahrung verfügen, aber eine vollkommen unterschiedliche Börsen-Bilanz. Während sich der Deutsche Aktienindex in den 21 Jahren unter einer bürgerlichen Regierung um insgesamt 478% bzw. 8,7% jährlich verbessern konnte, verbuchte der Dax in den 20 Jahren mit einem Kanzler aus den Reihen der SPD ein Minus von 10% bzw. -0,6% p.a!

Die vorgezogenen Wahlen von 2005 führten zu einer

Regierungs- partei	Regierungs- dauer	Dax-Performance gesamt	p.a.
CDU	21 Jahre	478,49%	8,72%
SPD	20 Jahre	-10,40%	-0,55%
CDU/SPD	3 Jahre	78,09%	21,21%

großen Koalition, die einiges an Phantasie eröffnet. Denn nach dem Ende des schwarz/gelben Bündnisses im Oktober 66 hatte es bis 1969 schon einmal eine CDU/CSU/SPD-Regierung gegeben, die auf eine exzellente Dax-Bilanz gekommen war. Der Dax gewann in diesen drei Jahren 51%, 10% sowie 12% und damit insgesamt 78%!

Die Übersicht zeigt Ihnen die Dax-Performances der einzelnen Bundeskanzler. Eindeutiger Liebling der Börsianer war Helmut Kohl unter dessen Ägide die mit Abstand höchsten Dax-Gewinne erzielt wurden. Insgesamt errechnet sich für die 16 Regierungsjahre Helmut Kohls ein Dax-Plus von 790% und damit ein jährlicher Anstieg von im Mittel 14,6%.

Amtszeit	Kanzler	Regierungs-partei	Performance:	Perf. p. a.:
1994 - 1997	Kohl	CDU	121,84%	22,04%
1983 - 1986	Kohl	CDU	96,46%	18,39%
2002 - 2004	Schröder	SPD	57,51%	16,35%
1990 - 1993	Kohl	CDU	48,37%	10,37%
1965 - 1968	Erhardt / Kiesinger	CDU	37,99%	8,38%
1980 - 1982	Schmidt	SPD	29,02%	8,86%
1987 - 1989	Kohl	CDU	13,50%	4,31%
1976 - 1979	Schmidt	SPD	-2,15%	-0,54%
1972 - 1975	Brandt / Schmidt	SPD	-5,14%	-1,31%
1961 - 1964	Adenauer / Erhardt	CDU	-14,29%	-3,78%
1969 - 1971	Brandt	SPD	-14,70%	-5,16%
1998 - 2001	Schröder	SPD	-32,60%	-9,39%
			Schnitt: 27,98%	**5,71%**

3.1.3 Dax-Regierungs-Zyklus auf Monatsbasis

In der nachfolgenden Tabelle wurde die Dax-Historie nach den einzelnen Jahren der Amtsperioden seit 1961 unterteilt.

Völlig unabhängig davon, welcher Partei der jeweilige Bundeskanzler angehörte, lässt sich ein zyklisches Verlaufsmuster erkennen.

4-Jahres-Zyklus	Wahljahr	Nachwahl-jahr	Zweites Nach-wahljahr	Vorwahl-jahr	Kanzler
1961	-8,3%	-21,1%	13,6%	8,9%	Adenauer / Erhardt
1965	-11,6%	-21,1%	51,0%	10,4%	Erhardt / Kiesinger
1969	12,0%	-28,7%	6,7%	–	Brandt
1972	13,3%	-26,1%	1,4%	40,2%	Brandt / Schmidt
1976	-9,6%	7,9%	4,7%	-13,5%	Schmidt
1980	-3,4%	2,0%	12,7%	–	Schmidt / Kohl
1983	40,0%	6,1%	66,4%	4,8%	Kohl
1987	-30,2%	32,8%	34,8%	–	Kohl
1990	-21,9%	12,9%	-2,1%	46,7%	Kohl
1994	-7,1%	7,0%	28,2%	47,1%	Kohl
1998	17,7%	39,1%	-7,5%	-19,8%	Schröder
2002	-43,9%	37,1%	7,3%	–	Schröder
Schnitt	**-4,4%**	**4,0%**	**18,1%**	**15,6%**	

Wahljahre

Für Wahljahre errechnet sich im Schnitt ein Dax-Rückgang um 4,4%, wobei 8 der 12 Wahljahre mit einem Minus beendet wurden. Das bedeutet eine Gewinn-Wahrscheinlichkeit von lediglich 33%, so dass auf Basis der Kurshistorie für Wahljahre Verluste wahrscheinlich sind. Doch es gibt Ausnahmen von diesem Zyklus:

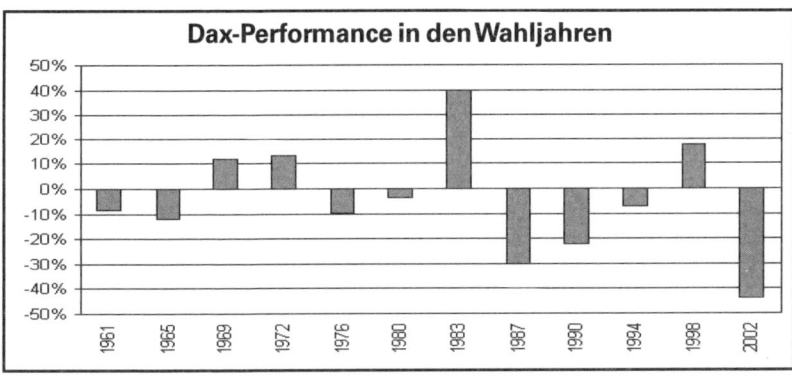

Die Jahre, in denen es „überraschend" zu vorgezogenen Bundestagswahlen kam, glänzen durch kräftige Kursgewinne. Eine solche Ausnahme ist 2005, genauso wie 1972 (konstruktives Misstrauensvotum) und 1983 (gescheiterte Vertrauensfrage).

Nachwahljahre

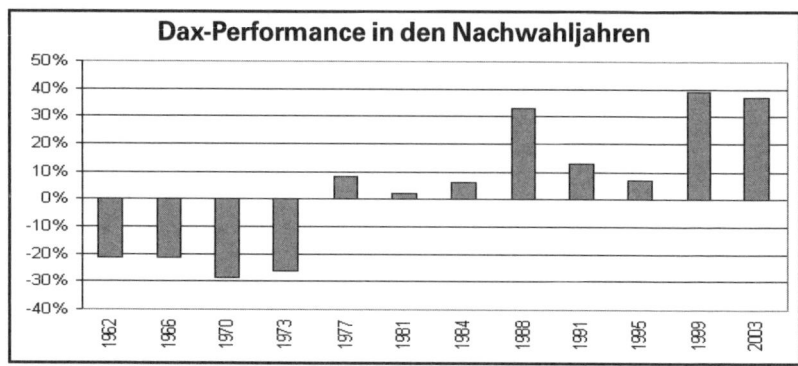

In Nachwahljahren steigt der Dax um durchschnittlich 4,0%. Seit 1962 stehen 8 positive Nachwahljahre 4 negative gegenüber. Das ergibt eine Gewinn-Wahrscheinlichkeit von 67%, wobei zwischen 1962 und 1973 jedes Nachwahljahr mit einem kräftigen Minus, seit 1977 aber jedes Nachwahljahr mit einem Dax-Plus abgeschlossen wurde.

Zweites Nachwahljahr

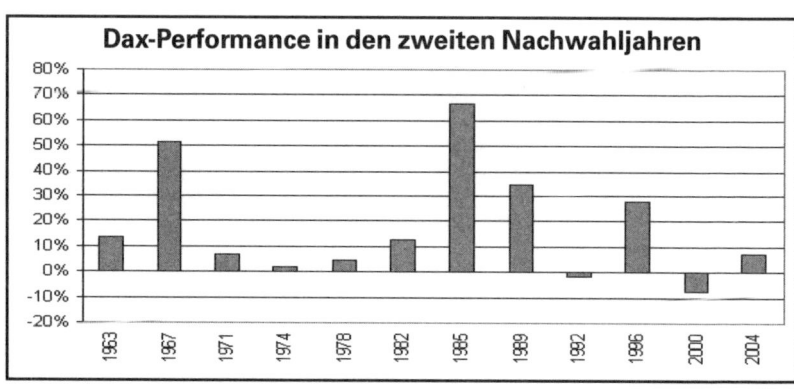

Am erfolgreichsten schneidet im Regierungs-Zyklus das zweite Nachwahljahr ab. Hier überzeugt sowohl die hohe Gewinn-Wahrscheinlichkeit von 83% (10 von 12 Jahren wurden mit einem Anstieg beendet), wie der beachtliche Gewinn von im Schnitt 18,1%.

Vorwahljahre

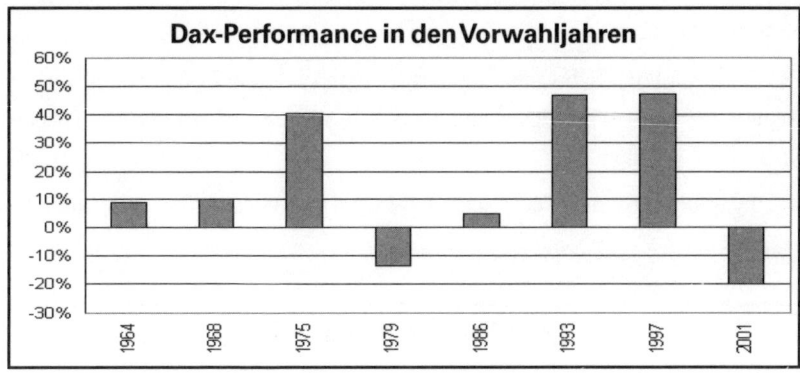

Dax-Performance in den Vorwahljahren

Für Vorwahljahre ergibt sich ebenfalls eine gute Bilanz, da sich hier bei einer Gewinn-Wahrscheinlichkeit von 75% ein Anstieg von durchschnittlich 15,6% errechnet, wobei lediglich 1979 und 2001 mit Verlusten abgeschlossen wurden.

3.1.4 Dax-Regierungs-Zyklus auf Tagesbasis

Der deutsche Regierungs-Zyklus lässt sich also in zwei Phasen unterteilen. Wahljahre enden unter dem Strich im Minus (sofern es sich nicht um überraschend vorgezogene Neuwahlen handelt), wobei diese Verluste in Nachwahljahren lediglich aufgeholt werden können. Die bessere Börsenzeit beginnt danach, denn im zweiten Nachwahljahr sowie im Vorwahljahr glänzt der Dax wieder mit kräftigen Kursgewinnen.

Regierungs-Zyklus im Dax seit 1961

Die Grafik wurde durch eine Aneinanderreihung der einzelnen Tagesveränderungen seit 1961, getrennt nach den jeweiligen Jahren einer Regierungsperiode, konstruiert.

Der Chart zeigt eine schwache Tendenz vor dem Wahltermin, das Zyklus-Tief im
Nachwahljahr, eine kräftige Rallye im zweiten Nachwahljahr und das Zyklus-
Hoch im Vorwahljahr.

Im Folgenden werden die einzelnen Jahre im Regierungs-Zyklus betrachtet.

Dax-Regierungs-Zyklus in Wahljahren

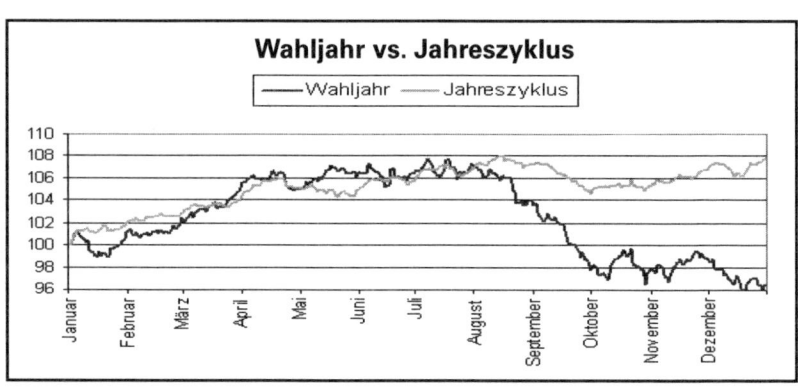

In Wahljahren entwickelt sich der Januar deutlich schwächer, der Mai aber
deutlich stärker als üblicherweise. Im Großen und Ganzen orientiert sich der
Dax bis Ende Juli an seinem Jahreszyklus, um dann eine vollkommen andere
Entwicklung einzuschlagen. Die Spätsommer-Korrektur beginnt bereits Anfang
August und die Herbst-Rallye fällt aus, so dass die zyklischen Jahrestiefs erst
im Dezember markiert werden.

Dax-Regierungs-Zyklus in Nachwahljahren
Der Start in das erste Jahr nach der Wahl erscheint vielversprechend, denn der
Dax beginnt mit einer festen Tendenz. Nach der ersten Handelswoche kippen
die Aufwärtstrends jedoch, worauf bis Ende März eine Abwärtsbewegung
folgt. Der April verläuft freundlich, doch im Mai setzt eine kräftige Abwärtsbewegung ein, so dass Ende Mai der Tiefpunkt im Regierungs-Zyklus erreicht wird.
Danach klettert der Dax unter erhöhten Schwankungen, wobei die typische Spätsommer-Korrektur entfällt und die freundliche Tendenz bis Jahresende anhält.

Dax-Regierungs-Zyklus im zweiten Nachwahljahr

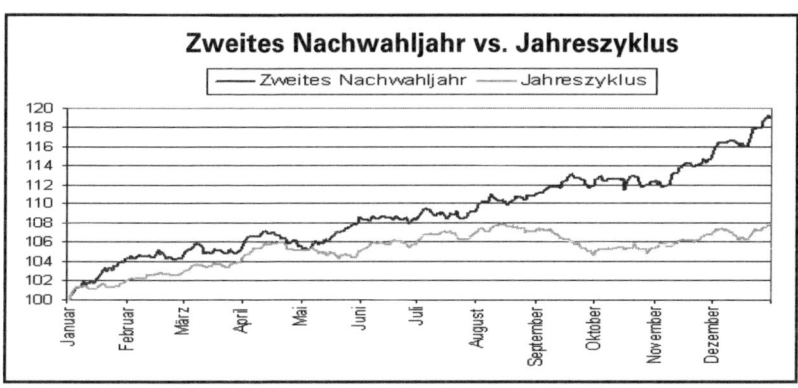

Im zweiten Jahr nach der Wahl deutet sich die gute Jahresentwicklung bereits durch einen überaus starken Januar und Februar an. Die Januar-Eröffnung bedeutet das Jahrestief und der Dax entwickelt sich die meiste Zeit entsprechend des Jahreszyklus. Die typische Spätsommer-Korrektur fällt allerdings aus und die Kurse ziehen bis Jahresende sukzessiv nach oben, so dass die zweiten Nachwahljahre typischerweise auf Jahreshoch beendet werden.

Dax-Regierungs-Zyklus in Vorwahljahren

Jahre vor den Wahlen beginnen mit einer sehr festen Eröffnung, wobei sich der Dax recht eng an seinem Jahreszyklus orientiert. Die Frühjahrs-Rallye endet wie gewohnt Mitte April und auch die Sommer-Rallye startet pünktlich. Die Spätsommer-Korrektur beginnt etwas später, doch auch im vierten Quartal hält sich der Dax an das Drehbuch seines Jahreszyklus. Dadurch werden Vorwahljahre auf Jahrestief eröffnet und auf Jahreshoch beendet.

Fazit

Der Dax wird 2005 mit einem deutlichen Plus abschließen, was dem typischen Regierungs-Zyklus widerspricht, aber im Einklang mit der Dax-Entwicklung bei vorgezogenen Neu-Wahlen steht.

Da es keine rein SPD-geführte Regierung geben wird, sind bis 2009 in der Tendenz steigende Kurse wahrscheinlich.

2006 könnte als Nachwahljahr holprig verlaufen, wobei hier der zyklische Tiefpunkt entstehen dürfte. Nach dem Regierungs-Zyklus sollte der Dax im Anschluss vom zweiten Nachwahljahr 2007 und vom Vorwahljahr 2008 profitieren, so dass nach dem Tief von 2006 bis zum Sommer 2009 grünes Licht für den Dax besteht.

Allerdings kann niemand sagen, wie lange die große Koalition hält. Da die Bundestagswahlen in der Vergangenheit mehrfach vorgezogen wurden, ist dem Regierungs-Zyklus hierzulande eine weitaus geringere Bedeutung beizumessen als in den USA.

Falls die neue Bundesregierung tatsächlich bis 2009 im Amt bleibt, ist im Nachwahljahr 2010 mit einem zyklischen Tiefpunkt zu rechnen sowie 2011 und 2012 mit einer Erholung. In 2013 würde dann wieder gewählt werden, so dass im Nachwahljahr 2014 abermals mit dem Zyklus-Tief zu rechnen wäre. Doch dafür müsste der vierjährige Wahltermin beibehalten werden, was per heute absolut offen steht.

3.2. Der US-Präsidentschafts-Zyklus

In 2003 hatte der Dow Jones nach der dreijährigen Super-Baisse wieder einen Gewinn von stattlichen 25,3% erzielt. Dies war ein Vorwahljahr, denn im Jahr darauf wurde George W. Bush als Präsident bestätigt. 1999, also vier Jahre davor, hatte der Dow Jones unter der Ägide von Bill Clinton 25,2% gewonnen und nochmals 4 Jahre vorher kam der Dow auf ein sensationelles Plus von 33,5%. Diese herausragenden Index-Gewinne sind kein Zufall, denn der Blick in die Dow-Historie zeigt, dass sogar seit 1939 kein einziges Vorwahljahr mit einem Verlust abgeschlossen wurde!

3.2.1 Dow Jones-Entwicklung um den Wahltermin

Auch in den USA führen die Wahlen zu fallenden Notierungen. Die Abwärtsbewegung beginnt rund vier Wochen vor dem Wahltermin und beschleunigt sich unmittelbar vor den Wahlen. Auch die ersten Sitzungen nach den Präsidentschaftswahlen sind von einer schwächeren Tendenz gekennzeichnet.

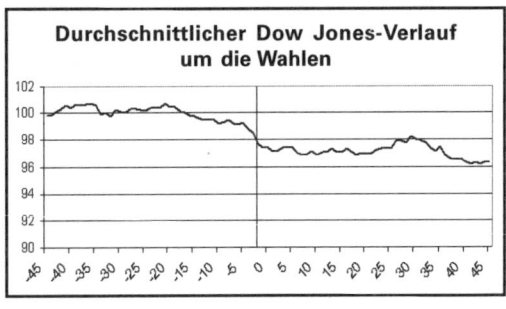

Durchschnittlicher Dow Jones-Verlauf um die Wahlen

3.2.2 Dow Jones-Performance nach Präsidentschaftspartei

Seit Start des Dow Jones in 1896 gab es 28 vierjährige Amtszeiten, die im Mittel zu einem Gewinn von 32% führten. Dabei beendeten 8 Präsidenten ihre vierjährige Amtszeit mit einer negativen Dow Jones-Bilanz, während unter Calvin Coolidge und Bill Clinton sogar jedes einzelne Präsidentschaftsjahr mit einem Plus abgeschlossen werden konnte.

Der US-Präsident wurde in 61 Jahren von den Republikanern gestellt und in 48 Jahren von den Demokraten. Für republikanische Präsidenten errechnet sich ein Kursgewinn von insgesamt 1275%, also ein Plus von 4,39% jährlich. Unter der Ägide demokratischer Präsidenten verbesserte sich der Dow Jones um insgesamt 2502%, also um 7,02% jährlich.

Die beste Performance erzielte der Dow Jones in der zweiten Regierungsperiode von Bill Clinton mit einem Anstieg um bemerkenswerte 125%! In seiner gesamten achtjährigen Amtszeit konnte sich der Dow sogar insgesamt nahezu vervierfachen!

Amtszeit	Präsident	Partei	Performance	Perf. p.a.
1996 - 1999	Clinton	Demokraten	124,68%	22,43%
1924 - 1927	Coolidge	Republikaner	111,89%	20,65%
1932 - 1936	F. Roosevelt	Demokraten	85,02%	16,63%
1952 - 1955	Eisenhower	Republikaner	81,41%	16,05%
1912 - 1915	Wilson	Demokraten	65,69%	13,46%
1988 - 1991	Bush sen.	Republikaner	63,44%	13,07%
1992 - 1995	Clinton	Demokraten	61,48%	12,73%
1896 - 1899	McKinley	Republikaner	61,42%	12,72%
1984 - 1987	Reagan	Republikaner	54,04%	11,41%
1980 - 1983	Reagan	Republikaner	50,06%	10,68%
1948 - 1951	Truman	Demokraten	48,61%	10,41%
1956 - 1959	Eisenhower	Republikaner	39,10%	8,60%
1908 - 1911	Taft	Republikaner	39,03%	8,59%
1944 - 1947	F. Roosevelt	Demokraten	33,31%	7,45%
1904 - 1907	T. Roosevelt	Republikaner	19,62%	4,58%
1964 - 1967	Johnson	Demokraten	18,63%	4,36%
1960 - 1963	Kennedy	Demokraten	12,30%	2,94%
1916 - 1919	Wilson	Demokraten	8,15%	1,98%
1936 - 1939	F. Roosevelt	Demokraten	4,07%	1,00%
1976 - 1979	Carter	Demokraten	-1,60%	-0,40%
1968 - 1971	Nixon	Republikaner	-1,65%	-0,41%
1972 - 1975	Nixon	Republikaner	-4,25%	-1,08%
2000 - 2003	Bush jr.	Republikaner	-9,07%	-2,35%
1940 - 1943	F. Roosevelt	Demokraten	-9,40%	-2,44%
1920 - 1923	Harding	Republikaner	-10,92%	-2,85%
1900 - 1903	McKinley	Republikaner	-25,68%	-7,15%
1928 - 1931	Hoover	Republikaner	-61,51%	-21,24%
	Schnitt		**31,77%**	**5,99%**

3.2.3 US-Präsidentschafts-Zyklus auf Monatsbasis

In der untenstehenden Übersicht wurde die Performance des Dow-Jones seit 1896 in die einzelnen Phasen der jeweiligen Regierungsperioden unterteilt. Das Ergebnis ist ein sehr auffälliger US-Präsidentschafts-Zyklus, der sich deutlich vom Dax-Regierungs-Zyklus unterscheidet.

4-Jahres-Zyklus	Wahljahr	Nachwahljahr	Zweites Nachwahljahr	Vorwahljahr	Präsident
1896	-1,7%	21,30%	22,50%	9,20%	McKinley
1900	7,0%	-8,70%	-0,40%	-23,60%	McKinley
1904	41,7%	38,2%	-1,9%	-37,7%	T. Roosevelt
1908	46,6%	15,0%	-18,0%	0,5%	Taft
1912	7,6%	-10,3%	-5,1%	81,7%	Wilson
1916	-4,2%	-21,7%	10,5%	30,5%	Wilson
1920	-32,9%	12,7%	21,7%	-3,3%	Harding
1924	26,2%	30,0%	0,3%	28,8%	Coolidge
1928	48,2%	-17,2%	-33,8%	-52,7%	Hoover
1932	-23,1%	66,7%	4,1%	38,5%	F. Roosevelt
1936	24,8%	-32,8%	28,1%	-2,9%	F. Roosevelt
1940	-12,7%	-15,4%	7,6%	13,8%	F. Roosevelt
1944	12,1%	26,6%	-8,1%	2,2%	F. Roosevelt
1948	-2,1%	12,9%	17,6%	14,4%	Truman
1952	8,4%	-3,8%	44,0%	20,8%	Eisenhower
1956	2,3%	-12,8%	34,0%	16,4%	Eisenhower
1960	-9,3%	18,7%	-10,8%	17,0%	Kennedy
1964	14,6%	0,9%	-18,9%	15,2%	Johnson
1968	4,3%	-15,2%	4,8%	6,1%	Nixon
1972	14,6%	-16,6%	-27,6%	38,3%	Nixon
1976	17,9%	-17,3%	-3,1%	4,2%	Carter
1980	14,9%	-9,2%	19,6%	20,3%	Reagan
1984	-3,7%	27,7%	22,6%	2,3%	Reagan
1988	11,8%	27,0%	-4,3%	20,3%	Bush sen.
1992	4,2%	13,7%	2,1%	33,5%	Clinton
1996	26,0%	22,6%	16,1%	25,2%	Clinton
2000	-6,2%	-7,1%	-16,8%	25,3%	Bush jr.
2004	3,1%	–	–	–	Bush jr.
Schnitt	**6,7%**	**1,6%**	**3,7%**	**10,7%**	

Nachwahljahr

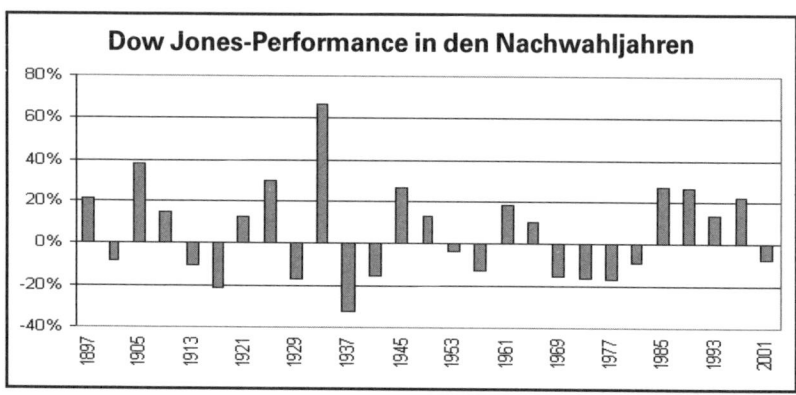

Im Nachwahljahr, also dem ersten Jahr nach der Präsidentschaftswahl, kommt der Dow Jones im Mittel auf ein Plus von lediglich 1,6%. Dabei stehen 14 positiven 13 negative Jahre gegenüber, was für Nachwahljahre eine Gewinn-Wahrscheinlichkeit von lediglich 52% ergibt.

Zweites Nachwahljahr

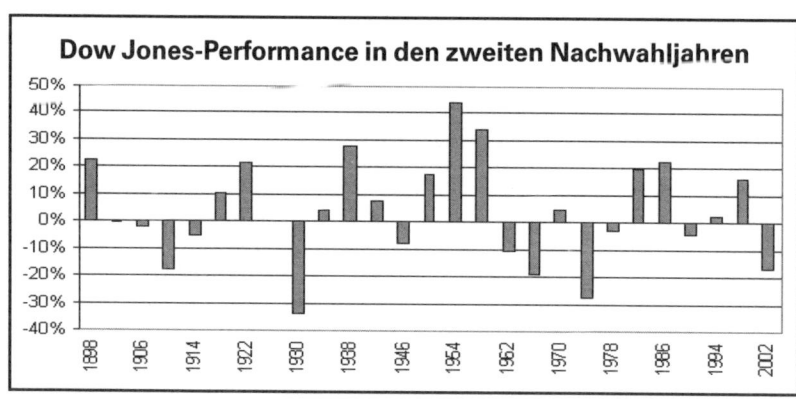

Im zweiten Nachwahljahr beträgt der durchschnittliche Gewinn nur 3,7%, wobei es ebenfalls in 14 Jahren zu Kursgewinnen und in 13 Jahren zu Kursrückgängen gekommen ist.

Vorwahljahre

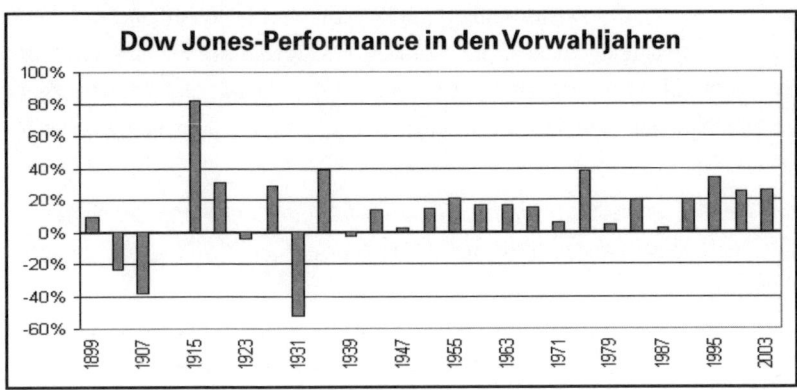

Danach dreht sich das Bild erheblich zum Positiven, denn Vorwahljahre kommen seit 1899 im Mittel auf einen Gewinn von 10,78%! Insgesamt wurden lediglich 5 Vorwahljahre mit einem Minus abgeschlossen (zuletzt 1939), aber 27 mit Kursgewinnen (6 der 8 Vorwahljahre seit 1972 sogar mit einem Plus von mehr als 20%), was eine sehr hohe Gewinn-Wahrscheinlichkeit von 82% bedeutet.

Wahljahre

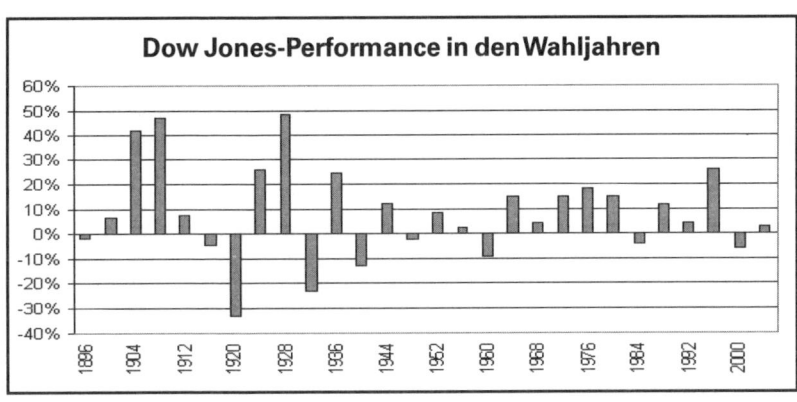

Für Wahljahre errechnet sich ein durchschnittlicher Gewinn von 6,7%, wobei seit 1964 lediglich 1984 und 2000 mit einem Minus endeten. Hier stehen 19 Gewinn-Jahren 9 Verlierer-Jahre gegenüber, was eine Gewinn-Wahrscheinlichkeit von 68% ergibt.

3.2.4 US-Präsidentschafts-Zyklus auf Tagesbasis

Im Präsidentschafts-Zyklus tendiert der Dow Jones im Vorwahljahr auffallend fest und danach flacht sich der Auftrieb sukzessive ab. Für das Wahljahr errechnet sich die zweitbeste Performance, für das Nachwahljahr die drittbeste (zweitschlechteste) und das zweite Nachwahljahr bringt die niedrigste Performance.

Der nachfolgende Chart wurde durch die Aneinanderreihung der einzelnen Tagesveränderungen seit 1896, getrennt nach den vier Präsidentschaftsjahren, konstruiert.

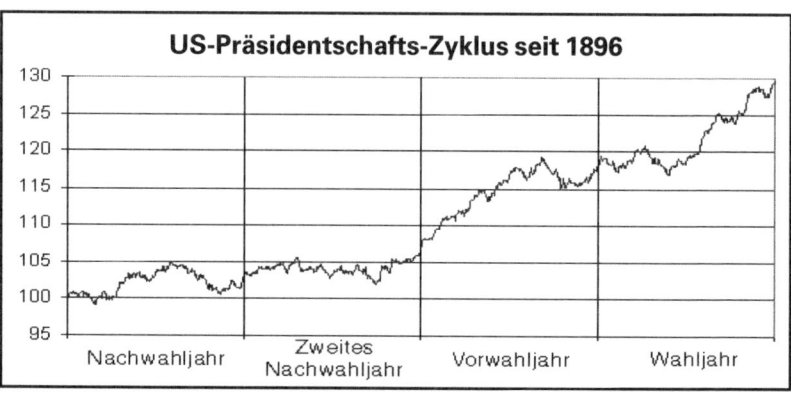

Der Chart zeigt das Zyklus-Tief des Dow Jones im Nachwahljahr, die Hängepartie der Kurse im zweiten Nachwahljahr, die massive Aufwärtsbewegung im Vorwahljahr und die freundliche Tendenz im Wahljahr, in der auch das Zyklus-Hoch des Präsidentschafts-Zyklus markiert wird.

Im Folgenden werden die einzelnen Jahre im Präsidentschafts-Zyklus betrachtet.

US-Präsidentschafts-Zyklus in Nachwahljahren

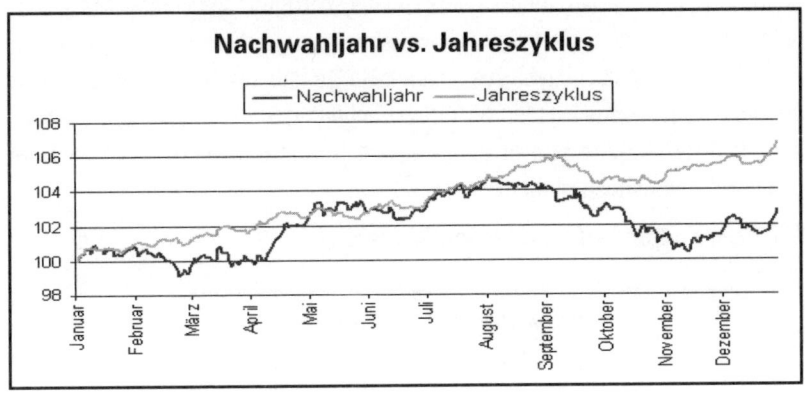

Nachwahljahr vs. Jahreszyklus

— Nachwahljahr — Jahreszyklus

In das erste Jahr nach der Präsidentschaftswahl startet der Dow Jones mit einem erwartungsgemäß festen Januar. Im Februar und März tendiert der Markt jedoch schwächer und schert damit aus dem typischen Jahreszyklus aus, wobei das Tief Ende Februar/Anfang März das Zyklus-Tief im vierjährigen Präsidentschafts-Zyklus bedeutet. Durch die überaus feste April-Tendenz entwickelt sich der Index dann wieder bis Ende Juli im gewohnten Zyklus. Im Juli wird ein zyklischer Hochpunkt herausgebildet, womit der Markt vorzeitig in die gewohnte Spätsommer-Korrektur übergeht. Der zyklische Tiefpunkt des zweiten Halbjahres entsteht erst im November und danach geht der Dow Jones in eine wenig ausgeprägte Jahresend-Rallye über.

US-Präsidentschafts-Zyklus im zweiten Nachwahljahr

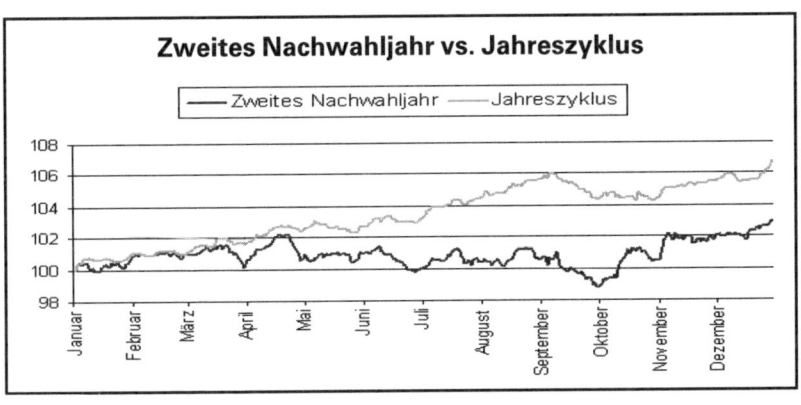

Zweites Nachwahljahr vs. Jahreszyklus

— Zweites Nachwahljahr — Jahreszyklus

Im zweiten Nachwahljahr entwickelt sich der Dow Jones in den ersten 10 Wochen entsprechend seines Jahreszyklus, korrigiert aber Ende März sehr deutlich. Danach dominiert eine Seitwärtsbewegung mit erhöhten Ausschlägen in beide Richtungen. Die typische Sommer-Rallye fällt aus und der Markt erfährt ab Ende August eine ausgeprägte Schwächephase, die bis Anfang Oktober anhält. Anschließend startet eine kräftige Herbst-Rallye, so dass der Dow Jones auf Jahreshoch schließt.

US-Präsidentschafts-Zyklus im Vorwahljahr

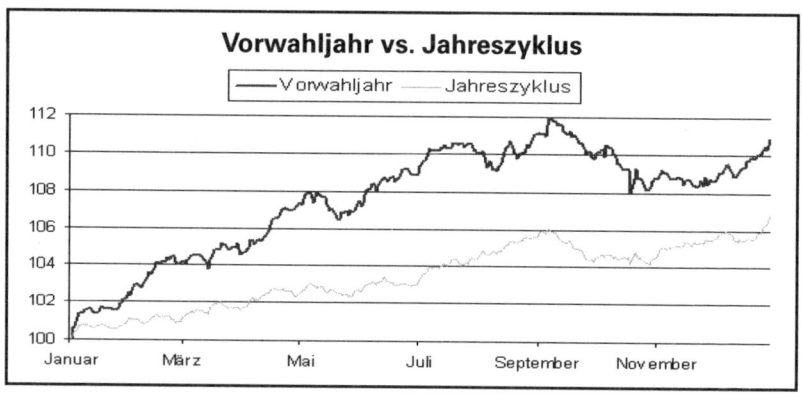

Das Vorwahljahr ist der beste Zeitraum im Präsidentschafts-Zyklus. Der Dow Jones eröffnet auf dem späteren Jahrestief und startet mit einer kräftigen Jahresanfangsrallye. Auch in den folgenden Monaten entwickelt sich die US-Börse deutlich besser als im gewöhnlichen Jahreszyklus, um dann im September auch eine etwas heftigere Spätsommer-Korrektur zu vollziehen. Die Herbst-Rallye erfolgt programmgemäß und der Dow Jones schließt mit einem deutlichen Jahresgewinn leicht unter den zyklischen September-Hochs.

US-Präsidentschafts-Zyklus im Wahljahr

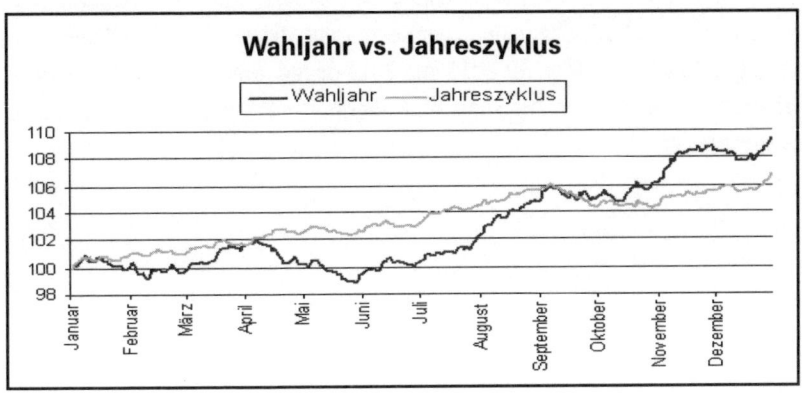

Wahljahr vs. Jahreszyklus

Im Wahljahr schlägt der Dow Jones Mitte Januar eine etwas schwächere Tendenz ein, findet dann aber wieder in den Jahreszyklus zurück. Im Gegensatz zum typischen Verlauf folgt jedoch eine schwache Tendenz zwischen Anfang April und Ende Mai, wobei im Mai die Jahrestiefs herausgebildet werden. Von dort startet eine Rallye, die im September lediglich kurz pausiert. Ende Oktober beginnt die gewohnte Herbst-Rallye, die zu einem Dezember-Schluss auf Jahreshoch führt. Dieses Top entspricht dann auch dem zyklischen Hochpunkt im gesamten Präsidentschafts-Zyklus.

Fazit

2005 ist ein Nachwahljahr und sofern es nach Redaktionsschluss zu keinem überraschenden Einbruch mehr kommt, bestehen gute Chancen, dass die 10.012 Dow Jones-Punkte aus dem April 2005 dem Zyklus-Tief im vierjährigen US-Präsidentschafts-Zyklus entsprechen.

Demnach dürfte 2006 nach den zyklischen Hochs vom März oder April ein schwieriges Börsenjahr werden, vor allem auf Grund der ausgeprägten Korrektur im dritten Quartal 2006. Nach dem Präsidentschafts-Zyklus eröffnet sich damit im Herbst 2006 eine exzellente Einstiegsmöglichkeit, denn danach kommt es zunächst zu einer ausgeprägten Herbst- und Jahresend-Rallye, bevor der Dow Jones in 2007 (Vorwahljahr) und 2008 (Wahljahr) erheblichen Rückenwind bekommt.

2009 ist ein Nachwahljahr, so dass hier ab Mitte August fallende Kurse wahrscheinlich sind. 2010 wird dann das zweite Nachwahljahr sein, weshalb hier lediglich eine Seitwärtsbewegung der Kurse zu erwarten ist. Aus dem Blickwinkel dieses Zyklus ist dann für 2011 und 2012 wieder eine freundliche Tendenz wahrscheinlich, bevor in 2013 und 2014 abermals mit erheblichem Gegenwind zu rechnen ist.

IV. DER ZYKLUS DER 4-JAHRES-TIEFS

In diesem Kurz-Kapitel geht es um einen Börsenzyklus, der eine geradezu atemberaubende Treffsicherheit aufweist. Denken wir zurück:

Der Dow Jones hatte das Tief der riesigen Baisse im Oktober 2002 gefunden. Wahrscheinlich erinnern Sie sich auch noch an den vorangegangenen wesentlichen Tiefpunkt von 1998 im Zuge der Hedgefonds- und Asien-Turbulenzen. Dass beide Tiefs 4 Jahre auseinander liegen ist kein Zufall, sondern ein ganz erstaunlicher Zyklus, der sich über mehr als 100 Jahre zurückverfolgen lässt.

Natürlich kann auch dieser Zyklus keine 100%ige Trefferquote haben, doch es ist erstaunlich, wie viele bedeutende Index-Tiefs in den Jahren entstanden sind, in denen ein solches 4-Jahres-Tief zu erwarten war.

4.1. Zyklus der 4-Jahres-Tiefs im Dow Jones

Der Dow Jones bildet in einem 4-Jahres-Rhythmus sehr häufig wesentliche Tiefpunkte heraus. Bewegen wir uns zur Veranschaulichung Schritt für Schritt bis 1898 zurück, wobei im nachfolgenden Chart alle 4-Jahres-Tiefs markiert wurden:

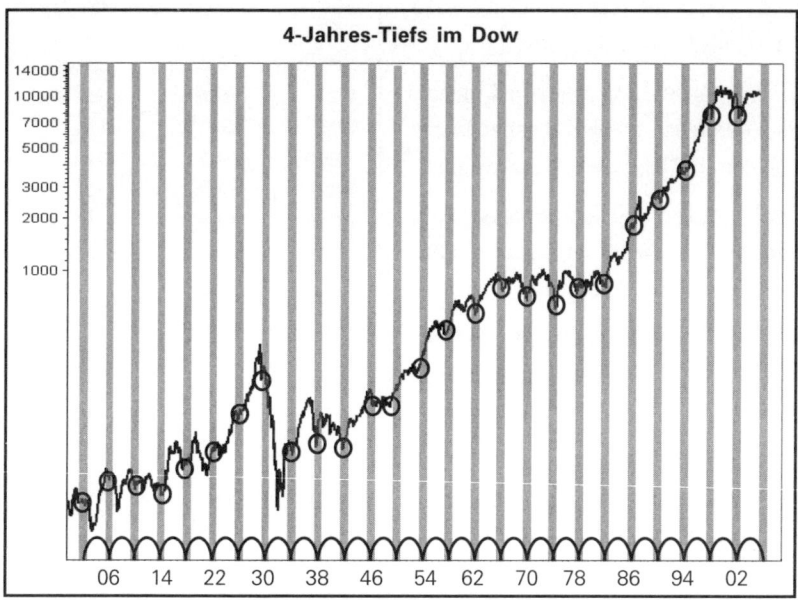

Rückblick

Vom All-Time-High bei 11.723 in 2000 hatte der Dow Jones bis Oktober *2002* 38% verloren, danach bis März 2005 aber wieder 50% gewonnen.

In *1998* ging es von Juli bis August um 19% zurück und im Anschluss explodierte der Index in 19 Monaten um 55%.

1994 hatte der Dow Jones von der Spitze 10% abgegeben, worauf die Hausse bis 1997 einen Gewinn von 130% brachte.

In *1990* setzte der Index um 21% zurück und gewann darauf bis 1994 68%.

Für *1986* ist kein wesentlicher Tiefpunkt auszumachen, aber der Dow Jones verlor im Juli 7%, worauf eine 12-Monats-Rallye von 53% folgte.

1982 hatte der Dow Jones gegenüber dem 81er Hoch 24% verloren und haussierte dann um 250% bis 1987.

Das Tief von *1978* lag 27% unter dem Hoch von 1976 und danach folgte ein Anstieg um 17% bis Juni 1978.

Das Jahrestief *1974* befand sich 45% unter dem 73er Top, worauf bis 1976 eine Rallye von 76% folgte.

1970 hatte der Dow Jones 36% gegenüber den Tops von 1968 abgegeben und dann bis 1971 wieder 51% gewonnen.

Der Rücksetzer von *1966* umfasste 25% gegenüber den Februar-Hochs, worauf ein Anstieg um 27% bis 1967 folgte.

1962 war der Dow Jones von März bis Juni um 26% gefallen, um anschließend um 75% bis 1965 zu haussieren.

Auf den 16%-Rückgang in *1958* nach den Hochs von 1957 folgte eine kräftige Aufwärtsbewegung von 57% bis 1960.

1954 wurde zwar kein wesentliches Tief markiert – der Dow hatte vom 53er Hoch nur 5% verloren – doch hier startete eine kräftige Rallye um 85% bis 1956.

Jahr	Zyklus-Tief	im Monat
2002	7286,27	Oktober
1998	7539,07	August
1994	3593,55	April
1990	2365,10	Oktober
1986	1502,29	Januar
1982	776,92	August
1978	742,12	Februar
1974	577,60	Dezember
1970	631,16	Mai
1966	744,32	Oktober
1962	535,76	Juni
1958	436,89	Februar
1954	279,87	Januar
1950	196,81	Januar
1946	163,12	Oktober
1942	92,92	April
1938	98,95	März
1934	85,51	Juli
1930	157,51	Dezember
1926	135,20	März
1922	78,59	Januar
1918	73,38	Januar
1914	52,32	Juli
1910	53,93	Juli
1906	62,40	Juli
1902	50,14	April
1898	44,66	August

In *1950* ist ebenfalls kein wirkliches Tief auszumachen, da der Dow Jones schon Anfang Januar eine Aufwärtsbewegung einschlug, die bis 1953 anhielt und zu einem Plus von 50% führte.

1946 hatte der Index von Mai bis Oktober 23% nachgegeben und anschließend bis Februar 1947 wieder 13% gewonnen.

Auf den Rücksetzer um 29% gegenüber den Hochs aus 1941 folgte von *1942* bis 1946 eine beeindruckende Rallye von 122%!

In *1938* kam es nach dem Einbruch von den August-Hochs aus 1937 um 48% zu einem Kursschub von 60%.

1934 setzte der Dow Jones vom Hoch aus dem Februar bis Juli um 23% zurück, worauf eine Erholung um 89% bis 1936 folgte.

Vier Jahre zuvor, in *1930*, betrug der Rückschlag von den April-Tops sogar 46%, ehe der Index bis Februar 1931 wieder 23% zulegen konnte.

In *1926* war das US-Barometer von Februar bis Ende März um 17% gefallen und erholte sich danach wieder um 23% bis August.

1922 gab es kein richtiges Zyklus-Tief. Denn von den Dezember-Tops 1921 betrug das Minus gerade einmal 4%, worauf aber ein Dow Jones-Anstieg um 34% bis 1923 folgte.

Auch *1918* hatte der Index Anfang Januar lediglich um 4% nachgegeben, um dann bis November 1919 eine Aufwärtsbewegung von 63% zu starten.

In *1914* war der Dow von der März-Spitze bis Juli um 14% gefallen. Darauf folgte eine heftige Rallye mit einem Kursplus von 90% bis Dezember 1915.

1910 hatte das Wall Street-Barometer 27% seit den Tops von 1909 verloren und konnte sich von Juli bis Oktober um 17% erholen.

1906 folgte auf ein Minus von 17% gegenüber Januar ein Anstieg um 13% in vier Wochen.

In *1902* war der Dow Jones von September bis Dezember 12% gefallen, ehe der Index bis Februar 1903 wieder 14% zulegte.

1898 kam es zu einem Einbruch von 25% seit den Tops von 1897, dem sich eine fünfmonatige Rallye um 45% anschloss.

Fazit

Der Dow Jones bildet alle 4 Jahre einen bedeutenden Tiefpunkt heraus. Bis zu diesem Tief verliert der Index im Mittel rund 22% und danach folgt eine kräftige Rallye, in der die davor markierten Hochs überboten werden.

Damit eröffnen sich alle 4 Jahre bedeutende Kaufgelegenheiten.

Das nächste Zyklustief im Dow Jones ist dementsprechend in 2006 zu erwarten und wird nach dem Jahreszyklus höchstwahrscheinlich zwischen Juli und Okto-

ber markiert werden. Diese Sommer-Korrektur von 2006 dürfte daher die beste
große Kaufgelegenheit der nächsten Jahre bedeuten.

Mit den nächstfolgenden Zyklus-Tiefs ist dann 2010 und 2014 zu rechnen. Da die
laufende Hausse aus dem Blickwinkel einiger anderer Zyklen in 2009/2010
enden wird, wäre das Tief der daran anschließenden Baisse für das Jahr 2014 zu
erwarten.

4.2 Zyklus der 12-Jahres-Tiefs im Dow Jones

Aus dem 4-Jahres-Zyklus generiert sich aber auch noch ein wirklich erstaunlicher 12-Jahres-Zyklus, der seit 1942 festgestellt werden kann.

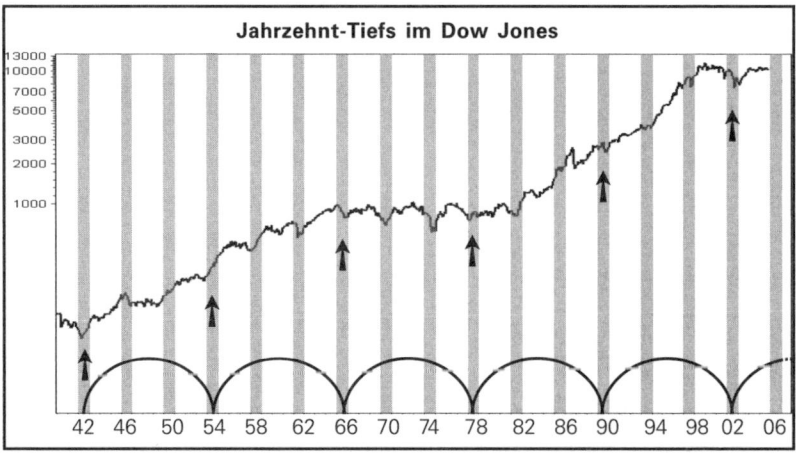

- In *1942* markierte der Dow Jones ein zyklisches Tief, das danach nicht mehr
  unterboten wurde.

- 12 Jahre später war *1954* und auch dieses Kursniveau hat der Dow Jones
  dann niemals wieder unterschritten.

- 12 Jahre danach kam es zum Tiefpunkt von *1966*. Dieses Tief bedeutete
  allerdings einen Ausreißer aus diesem 12-Jahres-Zyklus, da die Kurse (in den
  anschließenden 4-Jahres-Tiefs von) 1970 und 1974 auf ein tieferes Niveau
  gefallen waren.

– 12 Jahre später kam *1978* und die hier erreichten Tiefs wurden tatsächlich nicht mehr unterschritten.

– Wiederum 12 Jahre später wurde in *1990* das Tief der 90er Jahre markiert, das nicht mehr unterboten wurde.

– Abermals 12 Jahre später hat der Dow Jones in *2002* den Tiefpunkt der in 2000 eingeschlagenen Baisse erreicht.

Fazit

Die 12-Jahres-Tiefs im Dow Jones haben eine hohe Bedeutung.

Dementsprechend sollte das Tief von 2002 im laufenden Jahrzehnt nicht mehr unterboten werden. Der nächste große Tiefpunkt ist dann 12 Jahre später für 2014 zu erwarten. Hier sollte die Baisse, die vermutlich in 2010 startet, ihren Boden finden.

4.3 Zyklus der 4-Jahres-Tiefs im Dax

Auch im Dax-Verlauf ist ein vierjähriger Rhythmus wesentlicher Tiefpunkte zu beobachten. Im untenstehenden Chart wurden alle 4-Jahres-Tiefs für den Deutschen Aktienindex markiert:

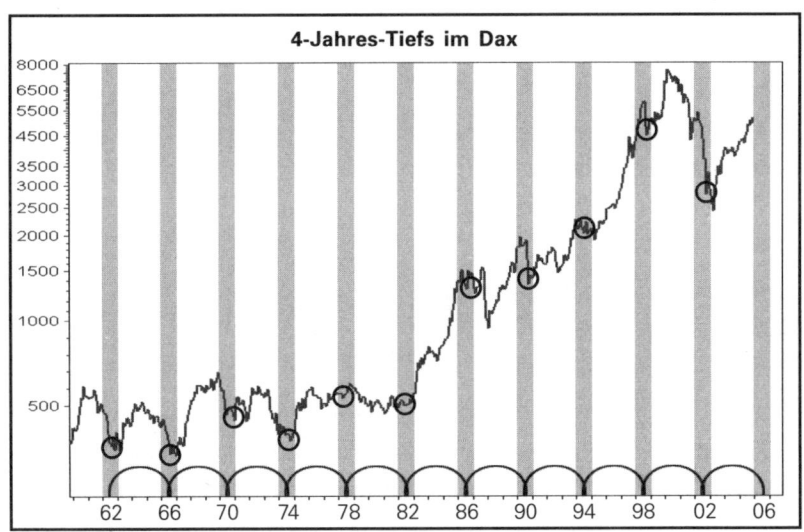

Rückblick

In *2002* war der Dax von seinem März-Hoch bis Oktober um rund 52% eingebrochen, worauf bis November eine Erholung um 29% folgte.

Vier Jahre zuvor, in *1998*, hatte der Index von seinen Juli-Tops 37% bis Oktober verloren, bevor sich der Dax bis zu seinem All-Time-High im März 2000 um 107% nach oben katapultierte.

In *1994* war der Dax von den Januar-Hochs bis Oktober um 14% eingebrochen und erholte sich dann bis Februar 1995 um 9%.

1990 hatte der Dax von Juli bis September 32% zurückgesetzt, um sich anschließend bis Juni 1991 wieder um 29% zu verbessern.

1986 war der Index von April bis Juli um 21% eingebrochen, worauf eine Rallye von 21% bis September folgte.

1982 verlor der Dax von April bis August 11% und explodierte danach bis Februar 1984 um 72%.

Das Tief von *1978* lag im Mai 7% unter den Februar-Hochs, worauf eine Erholung um 17% bis zum Oktober folgte.

Nachdem der Dax von den 73er Tops bis November *1974* um 36% eingebrochen war, betrug das anschließende Plus bis April 1975 wieder 42%.

Im Dezember *1970* war der Dax 33% unter die 69er Hochs gefallen, um dann bis Februar 1971 wieder 22% zu gewinnen.

Bis November *1966* hatte das deutsche Marktbarometer gegenüber den Tops aus 1964 38% verloren, worauf eine Rallye von 83% bis Juli 1968 folgte.

Jahr	Zyklus-Tief	im Monat
2002	7286,27	Oktober
2002	2597,88	Oktober
1998	3896,08	Oktober
1994	1960,59	Oktober
1990	1334,89	September
1986	1248,58	Juli
1982	476,65	August
1978	525,01	Mai
1974	372,26	November
1970	443,86	Dezember
1966	324,99	November
1962	316,62	Oktober

In *1962* hatte der Dax gegenüber September 1960 48% abgegeben und im Anschluss vom Oktober-Tief ausgehend in nur einem Monat wieder 28% gewonnen.

Fazit

Der Dax hat eine zu kurze Historie um einen wirksamen 12-Jahres-Zyklus unterstellen zu können, doch in jedem Fall entstehen auch hier in einem 4-Jahres-Zyklus wichtige Tiefpunkte. Bis zu diesen Tiefs errechnet sich im Mittel ein Rückgang von rund 30% und danach folgt eine sehr kräftige Rallye.

Allerdings neigt der Dax dazu, die absoluten Tiefpunkte etwas später als der Dow Jones herauszubilden. Das Dekaden-Tief der 90er Jahre wurde z.b. im Dax erst im Januar *1991* anstatt 1990 markiert. Daher war der Dax im Januar aber lediglich 12 Punkte unter das 1990er September Niveau gefallen. Und auch dem Tief vom Oktober 2002 bei 2597 Punkten folgte erst im März *2003* der absolute Tiefpunkt von 2203 Zählern.

Doch auch im Dax eröffnen sich alle 4 Jahre bedeutende Kaufgelegenheiten.

Damit stehen die nächsten 4-Jahres-Tiefs ebenfalls in den Jahren 2006, 2010 und 2014 an.

Das Tief von 2006 dürfte die nächste bedeutendste Kaufgelegenheit des laufenden Jahrzehnts bedeuten. Da mit einer Fortsetzung der laufenden Hausse bis 2009/2010 zu rechnen ist, sollte der Tiefpunkt der anschließenden Baisse im Jahr 2014 gefunden werden.

V. DIE JAHRZEHNTZYKLEN DER BÖRSEN

Die Wirksamkeit der Jahreszyklen können wir alle Monat für Monat überprüfen. Es gibt aber genauso einen übergelagerten Jahrzehntzyklus der Börsen, der weitaus schwieriger zu „fühlen" ist. Denn hier muss die Entwicklung einzelner Jahre betrachtet werden, woraus sich dann erst über Jahrzehnte hinweg ein zyklisches Muster erkennen lässt.

Viele Leser dieses Buches können sich noch an die Börsenentwicklung in den 90er Jahren erinnern, manche auch an die 80er, aber wohl die allerwenigsten an die 70er Jahre. In allen drei Jahrzehnten verlief die zweite Jahrzehnthälfte deutlich besser, als die erste. Und in den 20ern, den 30ern und zwischen 1910 und 1919 war es genauso!

Wenn wir an einzelne Jahre denken, wird den meisten noch das schwierige Jahr 2000 bewusst sein, in dem sich die breite Börseneuphorie zunächst fortgesetzt hatte, der Dax aber bis Jahresende um 7,5 % gefallen war. 10 Jahre vorher war der Dax in 1990 sogar um 21,9 % eingebrochen, 1980 gab es ein Minus von 3,4 % und 1970 einen krassen Abschlag um 28,7 %. Diese herausragend schlechte Entwicklung in Jahren, die mit „0" enden, spricht für die Existenz eines Musters das nun in diesem Kapitel genauer untersucht werden soll.

5.1 Der Jahrzehntzyklus im Dax

5.1.1 Dax-Jahrzehntzyklus auf Monats-Basis

Nachfolgende Grafik wurde durch eine Aneinanderreihung der einzelnen Monatsveränderungen seit Mai 1959 getrennt nach den verschiedenen Endjahren eines Jahrzehnts konstruiert.

Sie erkennen ein zyklisches Verlaufsmuster. Denn im ersten Jahr eines neuen Jahrzehnts entwickelt sich eine Baisse, die sich auch in den beiden folgenden Jahren fortsetzt. In der zweiten Hälfte der Jahre, die mit einer 2 enden, wird dann in der Regel der Tiefpunkt im Jahrzehntzyklus herausgebildet. Von dort geht es drei Jahre mit den Kursen nach oben, bevor in 6er Jahren eine breitere Konsolidierung einsetzt. In der zweiten Hälfte der 7er Jahre gibt es dann größere Kursausschläge und schließlich einen steilen Anstieg in der ersten Hälfte der 8er und der zweiten Hälfte der 9er Jahre. Somit wird das Jahrzehnt häufig auf einem Hoch beendet.

Wie sich der Dax aus statistischer Sicht in den einzelnen Jahren entwickelt, zeigen die nachfolgenden Seiten.

0er Jahre im Dax: -6,7%

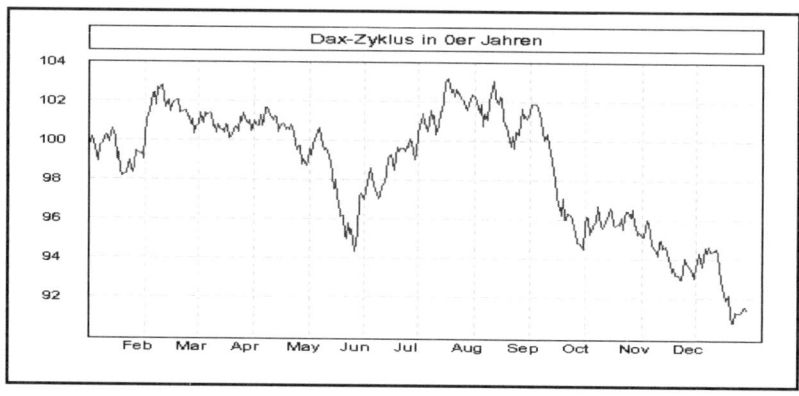

In 0er Jahren zeigt der Dax einen recht wechselhaften Verlauf mit einer per Saldo deutlich schwächeren Tendenz. Das Zyklus-Hoch des ersten Halbjahres wird oft Anfang Februar herausgebildet. Dann folgt eine nachhaltige Seitwärtsbewegung mit rückläufiger Tendenz, die in einem scharfen Einbruch im Mai mündet. Dem zyklischen Tief des ersten Semesters folgt dann eine kräftigere Erholung bis Juli/August. Danach drehen die Kurse wieder nachhaltig nach unten, wobei dem sehr schwachen September im Oktober lediglich eine Stabilisierung folgt. Die Jahresend-Rallye fällt aus, der Dax verliert sogar im Dezember und beendet das 0er Jahr nahezu auf Jahrestief.

Performance nach Quartalen:
Q1: 0,42%   Q2: -1,19%   Q3: -4,94%   Q4: -3,07%
Jahreshoch: (+/-) 10.02.   Jahrestief: (+/-) 22.12.

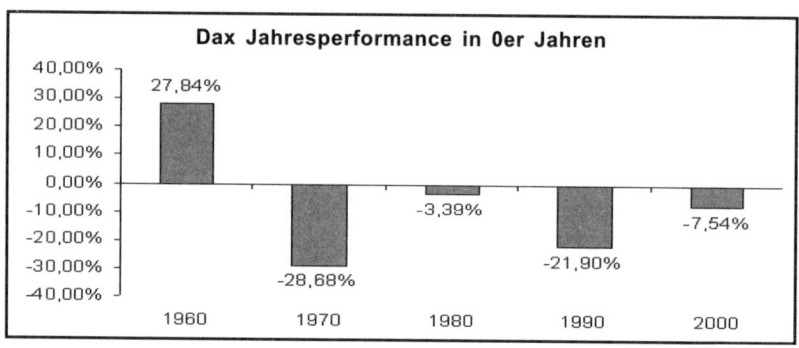

1er Jahre im Dax: -1,3%

Dax-Zyklus in 1er Jahren

Der Dax beendet 1er Jahre durch die ausgeprägte Schwäche im dritten Quartal mit einem leichten Minus. Die Jahresanfangs-Rallye endet mit einem scharfen Einbruch im März. Von diesem Tiefpunkt ziehen die Kurse dann aber nochmal nach oben, wobei die Aufwärtstendenz bis Juni anhält, was indes zumeist das Jahreshoch bedeutet. Von dort schlagen die Kurse eine Abwärtsbewegung ein, die sich nach einem kurzen Zwischenhoch Anfang August deutlich verschärft. August und September sind von rasant fallenden Kursen geprägt, wobei Ende September das Jahrestief entsteht. Danach erholt sich der Dax wieder, so dass das Börsenjahr knapp unter dem Anfangsniveau beendet wird.

Performance nach Quartalen:

Q1: 3,93%   Q2: 3,64%   Q3: -10,52%   Q4: 4,28%

Jahreshoch: (+/-) 05.06.   Jahrestief: (+/-) 22.09.

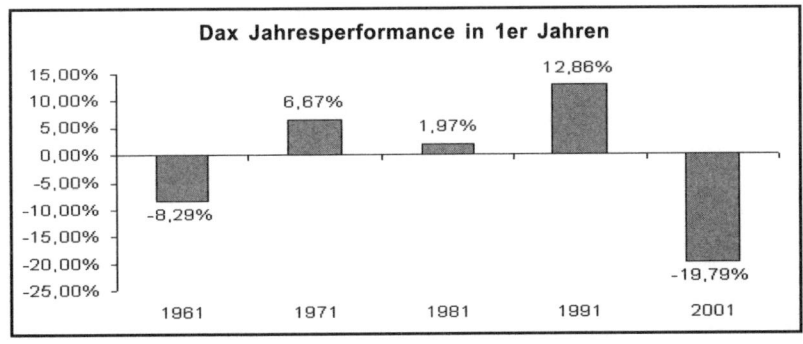

Dax Jahresperformance in 1er Jahren

2er Jahre im Dax: -8,2%

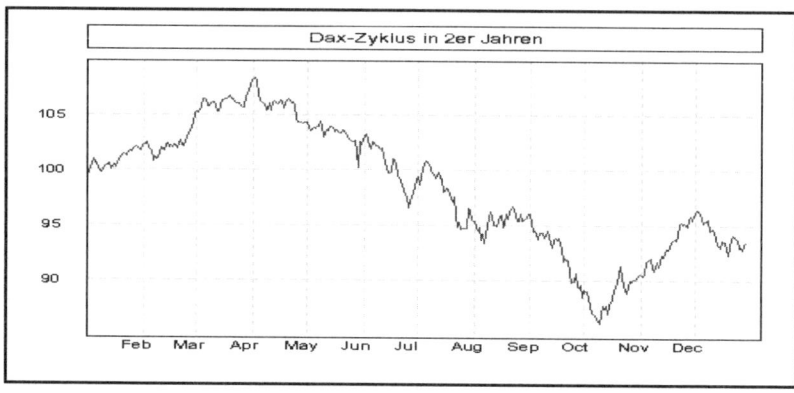

Für den Dax sind 2er Jahre die schlechteste Phase im Jahrzehntzyklus. Dabei startet der Markt mit der üblichen Jahresanfangs-Rallye, die bis Anfang April anhält. Das hier herausgebildete Top bedeutet aber zumeist bereits das Jahreshoch, denn es setzt von dort eine 6-monatige äußerst nachhaltige Abwärtsbewegung ein. Dabei fallen die Kurse vor allem im Juni, Juli und im September rasant, wobei das zyklische Jahrestief im Oktober herausgebildet wird. Dem Rückgang vom Jahreshoch zum Jahrestief von rund 20% folgt bis Anfang Dezember wieder eine kräftige technische Erholung, durch die das deutliche Jahresminus wieder etwas reduziert wird.

Performance nach Quartalen:

Q1: 7,73%   Q2: -8,40%   Q3: -10,79%   Q4: 5,45%

Jahreshoch: (+/-) 02.04.   Jahrestief: (+/-) 09.10.

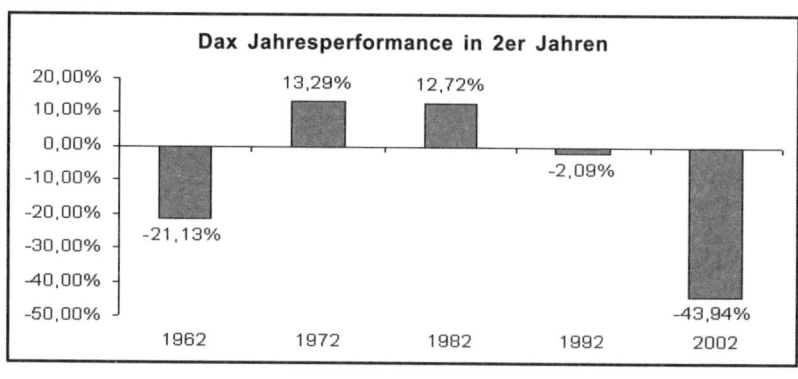

3er Jahre im Dax: 22,3%

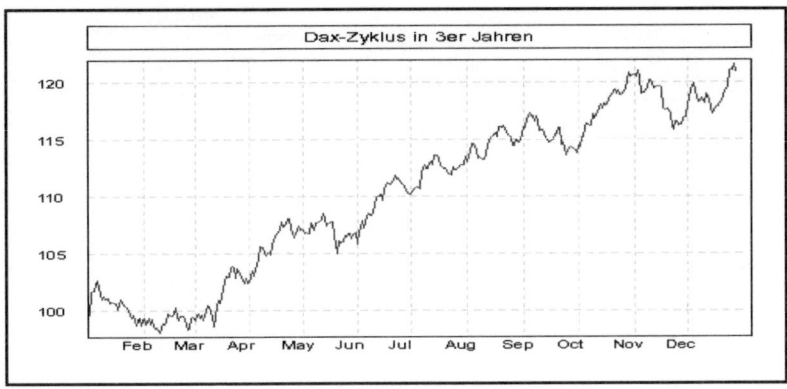

3er Jahre führen zu sehr kräftigen Kursgewinnen, was zu Beginn noch niemand glauben mag, da die typische Jahresanfangs-Rallye ausfällt. Der Dax startet schwach und bildet im Februar bzw. März zyklische Tiefs heraus, die sich dann im weiteren Verlauf als die Jahrestiefs herausstellen. Im März beginnt eine kräftige Rallye, die bis zum Jahresende anhält und von den Konsolidierungen im Mai, September und November nur kurz unterbrochen wird. Das Jahr wird schließlich mit einem deutlichen Zuwachs und nahezu auf Jahreshoch beendet.

Performance nach Quartalen:

Q1: 2,76%	Q2: 7,59%	Q3: 3,29%	Q4: 6,80%
Jahreshoch: (+/-) 30.12.		Jahrestief: (+/-) 09.02.	

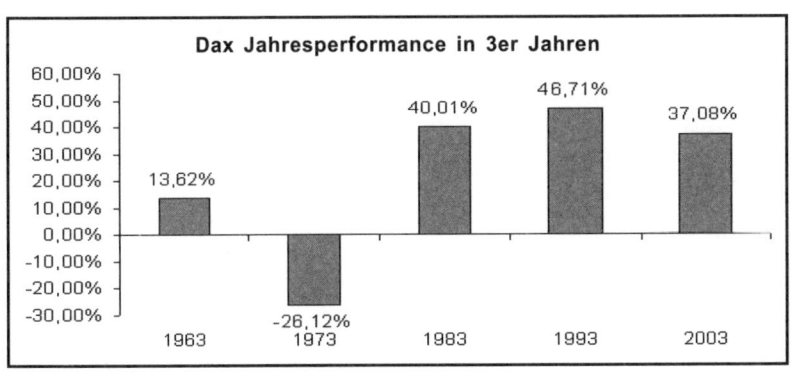

4er Jahre im Dax: 3,3%

Im Dax sind 4er Jahre von heftigen Ausschlägen in beide Richtungen geprägt. Zu Beginn steigen die Kurse sehr deutlich, doch die Jahresanfangs-Rallye endet bereits Anfang Februar. Danach geht es mit großen Schwankungen bis zum Zyklus-Hoch im April. Dort setzt eine mächtige Korrektur bis Ende Juli ein, womit hier zumeist das Jahrestief entsteht. Die Kurse ziehen dann bis Anfang September nach oben und korrigieren nochmals bis Ende Oktober. Dann entwickelt sich eine kräftige Jahresend-Rallye, so dass der Dax das Jahr leicht unter dem April-Hoch und per Saldo mit unspektakulären Kursgewinnen beendet.

Performance nach Quartalen:

Q1: 2,56%	Q2: -2,03%	Q3: -0,02%	Q4: 4,10%
Jahreshoch: (+/-) 27.04.		Jahrestief: (+/-) 23.07.	

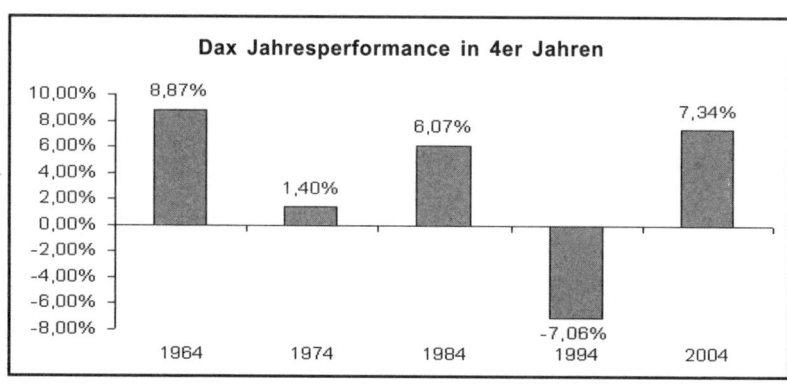

5er Jahre im Dax: 25,5%

5er Jahre sind die besten Börsenjahre, dank kräftiger Kursgewinne und weit unterdurchschnittlicher Korrekturen. Die Jahresanfangs-Rallye dauert bis Anfang März, danach setzen die Kurse leicht zurück und bilden im April einen zweiten Hochpunkt auf dem gleichen Niveau heraus. Zwischen April und Ende Mai tritt der Dax auf der Stelle, um die Aufwärtsbewegung aber im Anschluss zu beschleunigen. Mitte September korrigieren die Kurse, doch die Rückgänge sind bereits im Oktober wieder aufgeholt, woraus sich eine Rallye entwickelt, die bis zum Jahresende anhält.

Perfomance nach Quartalen:
Q1: 2,09%   Q2: 4,76%   Q3: 5,62%   Q4: 7,00%
Jahreshoch: (+/-) 28.12.   Jahrestief: (+/-) 01.01.

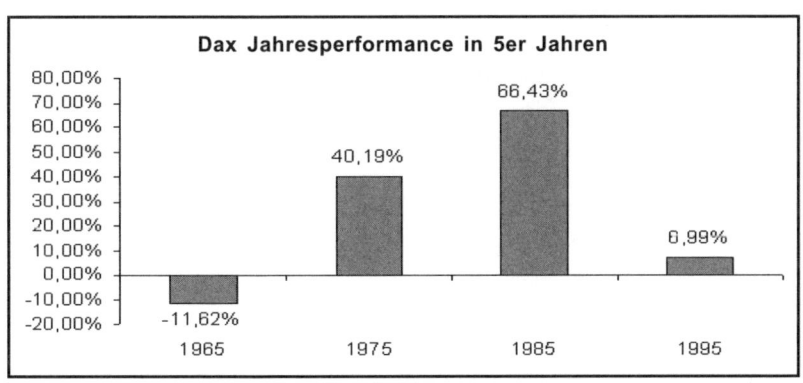

6er Jahre im Dax: 0,6%

Der Dax startet in 6er Jahre mit einer kräftigen Jahresanfangs-Rallye, der dann eine breite Ernüchterung folgt. Nach den deutlichen Januar-Gewinnen treten die Kurse im Februar auf der Stelle. Im März setzt nochmal ein Aufschwung ein, der bis Mitte April anhält. Hier entstehen die Jahreshochs, danach entwickelt sich eine breite Abwärtsbewegung, die bis zu den Jahrestiefs Ende Juli anhält und zu einem Minus von rund 10% führt. Im August erholt sich der Dax schnell und kräftig, worauf im Oktober wieder eine schwächere Phase folgt. Danach klettern die Kurse bis Anfang Dezember und korrigieren anschließend nochmals, so dass am Schluss nur noch ein geringfügiger Jahresgewinn bleibt.

Performance nach Quartalen:

Q1: 5,86%   Q2: -7,18%   Q3: 3,48%   Q4: -0,26%

Jahreshoch: (+/-) 17.04.   Jahrestief: (+/-) 22.07.

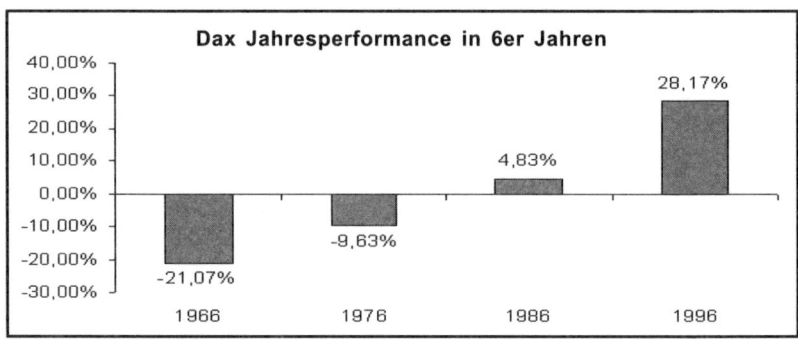

7er Jahre im Dax: 19,0%

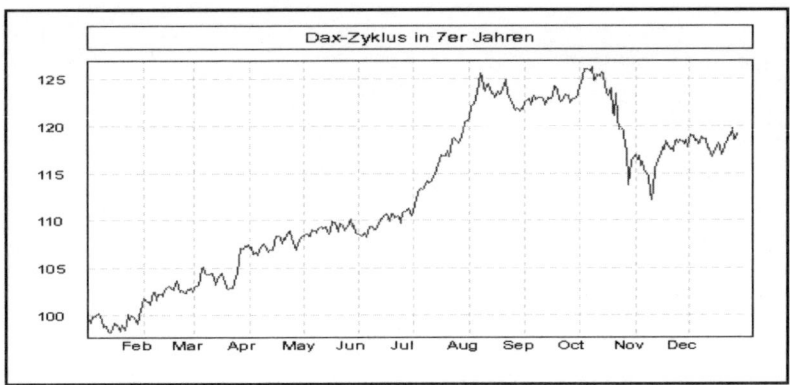

Im Dax sind 7er Jahre zunächst von einem mäßigen Beginn gekennzeichnet. Dem Stillstand im Januar folgt dann allerdings eine kontinuierliche 6-monatige Aufwärtsbewegung, die sich Ende Juni rasant beschleunigt. Von Anfang Juli bis Mitte August geht es ohne Unterbrechung nach oben, worauf eine etwa 7-wöchige Seitwärtsphase folgt. Nach dem Jahreshoch im Oktober fällt der Dax dann wieder sehr deutlich zurück, wobei der zyklische Tiefpunkt dieser Abwärtsbewegung erst im November gefunden wird. Von dort ziehen die Kurse abermals nach oben, bevor in den letzten Handelswochen dieses erfolgreichen Jahres wieder eine Seitwärtsbewegung dominiert.

Performance nach Quartalen:

Q1: 7,85%   Q2: 2,84%   Q3: 11,61%   Q4: -3,32%

Jahreshoch: (+/-) 08.10.   Jahrestief: (+/-) 14.01.

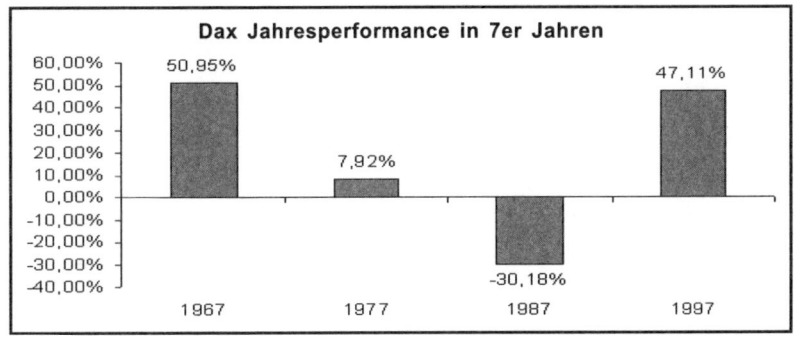

8er Jahre im Dax: 16,4%

In 8er Jahren tritt der Dax im Januar zunächst auf der Stelle. Nach dem Jahrestief Mitte Januar entwickelt sich ab Anfang Februar eine kräftige Rallye bis Mitte April, der eine kurze Korrektur und eine Bodenbildung im Mai folgen. Im Juni und Juli ziehen die Kurse dann wieder sehr massiv nach oben, wobei Mitte Juli das zyklische Jahreshoch herausgebildet wird. Danach folgt die Sommerkorrektur mit einem schwachen August und September und dem zyklischen Tief des zweiten Halbjahres Anfang Oktober. Der Dax dreht aber noch im Oktober spürbar nach oben und vollzieht dann mit erhöhten Schwankungen eine Seitwärtsbewegung bis Jahresende.

Performance nach Quartalen:

Q1: 7,04   Q2: 8,73%   Q3: -5,02%   Q4: 2,33%

Jahreshoch: (+/-) 20.07.   Jahrestief: (+/-) 15.01.

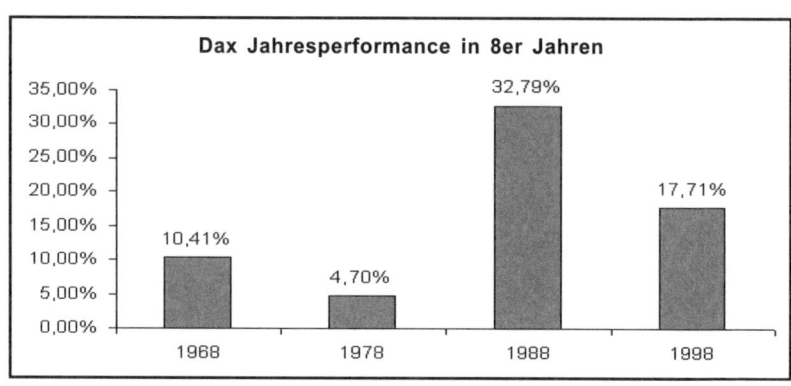

9er Jahre im Dax: 14,5%

In 9er Jahren bleibt die typische Jahresanfangs-Rallye aus. Der Dax startet Anfang Januar zwar mit Kursgewinnen, doch dann setzt eine Abwärtsbewegung bis März/April ein. Hier entstehen allerdings die zyklischen Jahrestiefs, denn im Anschluss zieht die Börse – nur unterbrochen von kurzen Korrekturen im Mai und Juli – bis zum Hochsommer nach oben. Der September verläuft schwächer und im Oktober wird ein zyklischer Tiefpunkt herausgebildet. Von dort startet eine mächtige Jahresend-Rallye, die dazu führt, dass 9er Jahre auf Jahres- und damit auch Jahrzehnthoch beendet werden.

Performance nach Quartalen:
Q1: -0,36%   Q2: 4,96%   Q3: 1,35%   Q4: 11,20%
Jahreshoch: (+/-) 31.12.   Jahrestief: (+/-) 01.03.

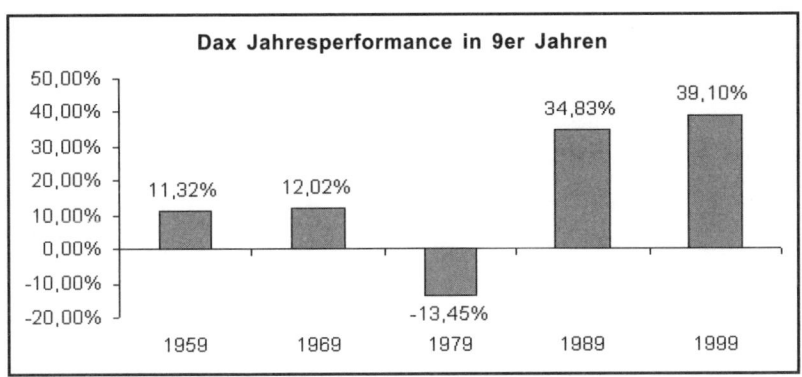

Zusammenfassung

Auf Basis der Dax-Veränderungen seit Mai 1959 ergeben sich die folgenden Erkenntnisse für den Jahrzehntzyklus:

Der Dax verbessert sich in 7 von 10 Jahren, wobei ausschließlich die ersten drei Jahre eines Jahrzehnts im Minus beendet werden.

In 5er Jahren bedeutet der erste Handelstag das spätere Jahrestief, in 7er und 8er Jahren wird das Jahrestief Mitte Januar markiert.

In 9er Jahren bedeutet der letzte Handelstag das Jahreshoch. In 3er Jahren wird das Jahreshoch am 30. Dezember markiert und in 5er Jahren am 28. Dezember.

Die höchsten Quartalsgewinne werden im 3. Quartal von 7er Jahren sowie im 4. Quartal von 9er Jahren erzielt, die größten Quartalsverluste im dritten Quartal der Jahre, die mit 1 oder mit 2 enden.

In 3er und in 5er Jahren werden bei der Durchschnitts-Betrachtung alle Quartale mit Kursgewinnen abgeschlossen. In 7er, 8er und 9er Jahren, aber auch in 1er Jahren werden 3 von 4 Quartalen im Gewinn beendet. In 0er Jahren werden dagegen im Mittel 3 von 4 Quartalen mit Verlusten beendet.

Die höchsten Kursgewinne werden in 5er und 3er Jahren, sowie in 7er Jahren erzielt. Danach folgen 8er und 9er Jahre.

In 2er Jahren kommt es zu den größten Kursverlusten, in 0er Jahren zu den zweitgrößten und 1er Jahre werden mit einem leichten Minus beendet.

Bisher wurden alle 8er Jahre im Plus abgeschlossen. Für 3er, 4er und 9er Jahre errechnet sich eine Gewinn-Wahrscheinlichkeit von 80%, die in 5er und 7er Jahren bei 75% liegt.

Für 0er Jahre errechnet sich eine Gewinn-Wahrscheinlichkeit von nur 20%, d.h. hier sind Verluste wahrscheinlich. In 2er Jahren liegt die Gewinn-Wahrscheinlichkeit bei nur 40% und in 6er Jahren bei 50%.

Um das historische Chance/Risiko-Verhältnis der einzelnen Jahre zu errechnen, wird die durchschnittliche Jahres-Performance mit der Gewinn-Wahrscheinlichkeit multipliziert. Demnach sind 5er Jahre die besten Börsenjahre, gefolgt von 3er und 8er Jahren. Die schlechtesten Börsenjahre sind 2er, gefolgt von 0er und dann 1er Jahren.

Die nachfolgende Tabelle fasst alle Daten noch einmal zusammen:

	durchschn. Performance	Positive Jahre	Gewinn-Wahr- scheinlichkeit	1. Quartal	2. Quartal	3. Quartal	4. Quartal	Jahreshoch	Jahrestief
0er	-6,7%	1	20%	0,42%	-1,19%	-4,94%	-3,07%	10. Feb	22. Dez
1er	-1,3%	3	60%	3,93%	3,64%	-10,52%	4,28%	05. Jun	22. Sep
2er	-8,2%	2	40%	7,73%	-8,40%	-10,79%	5,45%	02. Apr	09. Okt
3er	22,3%	4	80%	2,76%	7,59%	3,29%	6,80%	30. Dez	09. Feb
4er	3,3%	4	80%	2,56%	-2,03%	-0,02%	4,10%	27. Apr	23. Jul
5er	25,5%	3	75%	2,09%	4,76%	5,62%	7,00%	28. Dez	01. Jan
6er	0,6%	2	50%	5,86%	-7,18%	3,48%	-0,26%	17. Apr	22. Jul
7er	19,0%	3	75%	7,85%	2,84%	11,61%	-3,32%	08. Okt	14. Jan
8er	16,4%	4	100%	7,04%	8,73%	-5,02%	2,33%	20. Jul	15. Jan
9er	14,5%	4	80%	-0,36%	4,96%	1,35%	11,20%	31. Dez	01. Mrz

Zyklischer Jahrzehnt-Verlauf

Nach der Schlusseuphorie im vierten Quartal von 9er Jahren beendet der Dax das erste Quartal eines neuen Jahrzehnts mit leichten Kursgewinnen. Anschließend macht sich eine Ernüchterung breit und die Kurse verlieren im zweiten Quartal geringfügig, im dritten und vierten Quartal dann deutlich. Damit werden drei Quartale in Folge mit Kursverlusten abgeschlossen, was die längste Verluststrecke im Jahrzehntzyklus bedeutet. In 1er Jahren startet zunächst eine Erholung, so dass die ersten beiden Quartale mit Gewinnen abgeschlossen werden. Im August und September kommt es aber wieder zu massiven Kursrückgängen, womit das dritte Quartal zu einem deutlichen Minus führt. Dank einer Erholung im vierten Quartal, wird der Rückgang der 1er Jahre dann wieder reduziert. Die Aufwärtsbewegung setzt sich mit kräftigen Kursgewinnen auch im ersten Quartal der 2er Jahre fort. Im Anschluss startet aber eine weitere Abwärtsbewegung, wobei die Kurse im Mai und vor allem im September zeitweise in den freien Fall übergehen. Dadurch werden das zweite und das dritte Quartal von 2er Jahren mit einem massiven Minus beendet und im Oktober entsteht der Tiefpunkt im Jahrzehntzyklus. Der Dax kann sich im vierten Quartal zwar wieder deutlich erholen, doch 2er Jahre werden mit den größten Verlusten des Jahrzehnts beendet. Dafür entschädigen 3er Jahre für vieles,

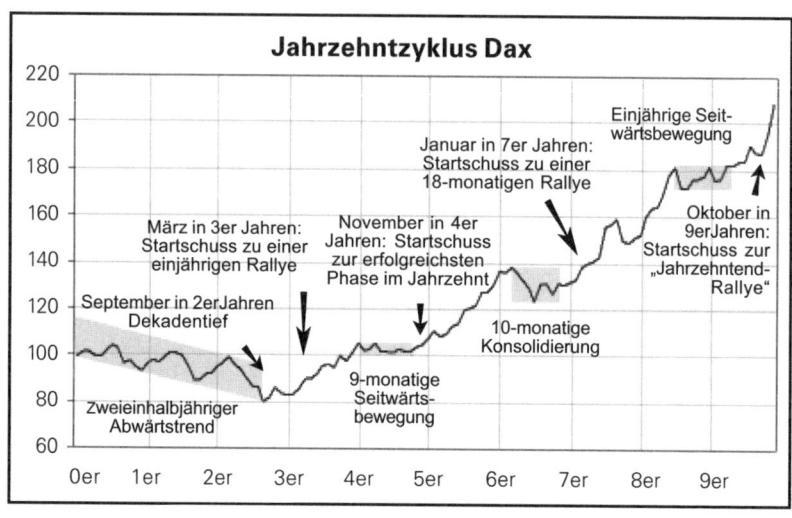

Jahrzehntzyklus Dax

Einjährige Seit-
wärtsbewegung

Januar in 7er Jahren:
Startschuss zu einer
18-monatigen Rallye

März in 3er Jahren:
Startschuss zu einer
einjährigen Rallye

November in 4er
Jahren: Startschuss
zur erfolgreichsten
Phase im Jahrzehnt

Oktober in
9erJahren:
Startschuss zur
„Jahrzehntend-
Rallye"

September in 2erJahren
Dekadentief

10-monatige
Konsolidierung

Zweieinhalbjähriger
Abwärtstrend

9-monatige
Seitwärts-
bewegung

denn der Dax klettert hier mit einer hohen Konstanz nach oben, so dass alle Quartale im Plus abgeschlossen werden und 3er Jahre den zweitgrößten Kursgewinn im Jahrzehntzyklus bringen. Die Aufwärtsbewegung hält auch noch im ersten Quartal der 4er Jahre an, doch dann setzt eine breite Sommer-Konsolidierung ein, wobei der Dax vor allem im zweiten Quartal schwächer tendiert. Die Kurse erholen sich im vierten Quartal wieder, was indes nur zu einem geringfügigen Jahresplus führt. 5er Jahre sind wieder von einer kontinuierlichen Aufwärtsbewegung geprägt, wobei alle Quartale im Plus beendet werden und sich die Aufwärtsdynamik von Quartal zu Quartal steigert. Dadurch bedeuten 5er Jahre die erfolgreichste Phase für den Dax im Jahrzehntzyklus. Die freundliche Tendenz setzt sich dann auch im ersten Quartal der 6er Jahre fort, bevor eine deutliche Konsolidierung einsetzt. Denn nach 6 Quartalen bzw. 18 Monaten mit Kursgewinnen geben die Kurse im zweiten Quartal massiv nach. Im dritten Quartal tendiert der Dax wieder freundlich, im letzten aber etwas schwächer, so dass 6er Jahre insgesamt mit einem minimalen Zuwachs beendet werden. In 7er Jahren steigen die Kurse im ersten Quartal deutlich, im zweiten geringfügig. Im dritten Quartal kommt es dann zu einem Feuerwerk mit den größten Kursgewinnen im Jahrzehntzyklus, worauf der Dax im Schluss-Quartal wieder etwas nachgibt. Insgesamt werden 7er Jahre mit deutlichen Kursgewinnen beendet. In 8er Jahren können in den ersten beiden Quartalen kräftige

Kursgewinne verzeichnet werden, worauf eine spürbare Konsolidierung im dritten Quartal und ein freundliches viertes Quartal folgen. 9er Jahre starten verhalten mit einem kleinen Dax-Rückgang im ersten Quartal. Darauf steigen die Kurse im zweiten Quartal deutlich und können auch im dritten Quartal zulegen. Nach dem Oktober-Tief setzt eine mächtige Rallye ein. Angesichts des unmittelbar bevorstehenden Jahrzehntwechsels sind Börsianer euphorisch, so dass die Kurse in den letzten 8 Wochen nur den Weg nach oben kennen. Dadurch beendet der Dax 9er Jahre schließlich auf dem höchsten Niveau des Jahrzehnts.

Fazit

In der ersten Hälfte eines Jahrzehnts gibt es im Dax nichts zu gewinnen, wobei es vor allem zwischen 0er und 2er Jahren zu teilweise dramatischen Kursverlusten kommt.

Aus zyklischer Sicht besteht die beste Kaufchance des Jahrzehnts während der Verkaufspanik Ende September/Anfang Oktober von 2er Jahren. Die zweitbeste Kaufmöglichkeit eröffnet sich zum Ende der Sommer-Korrektur von 6er Jahren und dann Mitte des vierten Quartals von 7er Jahren. Auch Anfang des Schluss-Quartals von 8er Jahren kann noch einmal eingekauft werden.

Der beste Verkaufszeitpunkt im Jahrzehntzyklus ist für den Dax der letzte Handelstag eines 9er Jahres bzw. die zweite Februar-Woche eines 0er Jahres. Die nächstbesten Verkaufszeitpunkte sind der April in 6er Jahren, der August bzw. Anfang Oktober von 7er Jahren und das Juli-Hoch in 8er Jahren. Also:

Schauen Sie sich den Dax zu den folgenden Zeitpunkten ganz genau an und überlegen Sie sich den Einstieg:

– Juli 2006
– Ende Oktober/Anfang November 2007
– Oktober 2008

Lassen Sie sich nicht von der wahrscheinlichen Euphorie mitreißen, analysieren Sie den Dax ganz genau und überlegen Sie sich zu folgenden Zeitpunkten

Gewinnmitnahmen:

- April 2006
- August und Anfang Oktober 2007
- Juli 2008
- 31.12.2009
- +/- 10. Februar 2010

Nach dem Jahrzehntzyklus winken großartige Kaufmöglichkeiten im Spätsommer 2012 (2022), im Sommer 2016 und im Herbst 2017 sowie 2018. Doch das Wichtigste ist, dass Sie den Ausstieg zur Jahreswende 2009/2010 nicht verpassen!

Dazu mehr im Schlusskapitel.

5.2. Der Jahrzehntzyklus im Dow Jones

5.2.1 Dow Jones Jahrzehntzyklus auf Monats-Basis

Nachfolgende Grafik wurde durch eine Aneinanderreihung der einzelnen Monatsveränderungen der letzten 109 Jahre getrennt nach den jeweiligen Endjahren eines Jahrzehnts konstruiert.

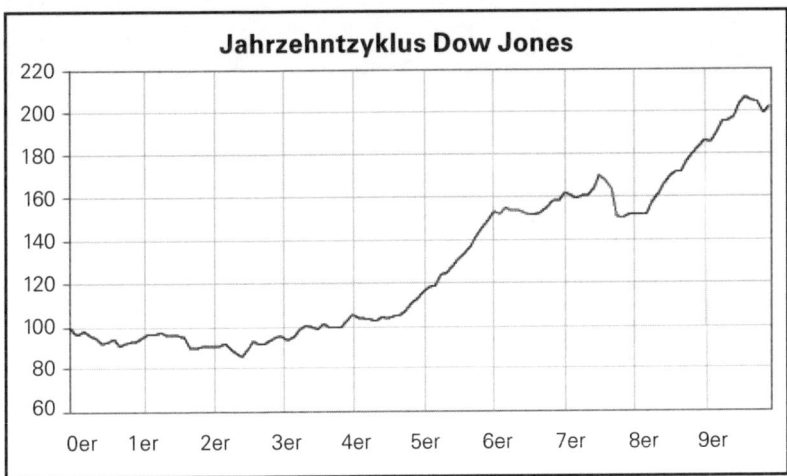

Sie sehen eine ähnliche Zyklik wie im Dax, denn auch der Dow Jones startet schwächer in ein Jahrzehnt. Auch hier werden die ersten beiden Jahre mit Verlusten abgeschlossen, wobei das Dekadentief bereits in 2er Jahren herausgebildet wird. Danach setzt sich die Aufwärtsbewegung in 3er und 4er Jahren sowie deutlich beschleunigt in 5er Jahren fort. In 6er Jahren findet eine Konsolidierung statt und 7er Jahre werden durch eine schwächere Tendenz in der zweiten Jahreshälfte dann wieder mit einem Minus beendet. In 8er Jahren steigen die Kurse kontinuierlich und auch 9er Jahre werden mit einem Plus abgeschlossen, wobei das Dekadenhoch kurz vor dem Jahrzehntwechsel erreicht wird.

Wie sich der Dow Jones aus historischer Sicht in den einzelnen Jahren entwickelt, zeigen die nachfolgenden Seiten.

0er Jahre im Dow Jones: -6,6%

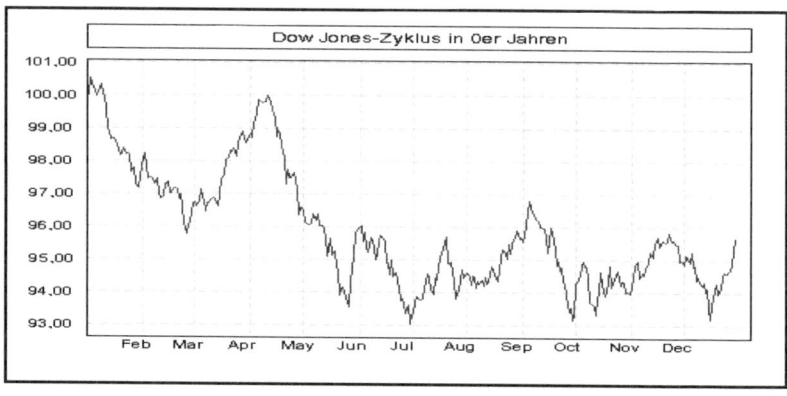

In 0er Jahren zeigt der Dow Jones einen sehr wechselhaften Verlauf mit einer per Saldo klar schwächeren Tendenz. Der Jahresauftakt bedeutet bereits das Jahreshoch, denn die Kurse fallen im Januar und Februar, wobei der Index Ende Februar einen Tiefpunkt herausbildet, von dem sich der Markt bis Mitte April wieder deutlich befestigt. Danach setzt eine massive Abwärtsbewegung bis Ende Mai ein. Darauf folgen bis Jahresende größere Schwankungen, die aber zu keinen nennenswerten Kursveränderungen mehr führen. Dabei entstehen zyklische Tiefpunkte im Mai, Ende Juni, im Oktober und Mitte Dezember sowie Hochs im Juli, September und November.

Performance nach Quartalen:

Q1: -1,55%   Q2: -5,46%   Q3: -0,03%   Q4: 2,13%

Jahreshoch: (+/-) 02.01.   Jahrestief: (+/-) 29.06.

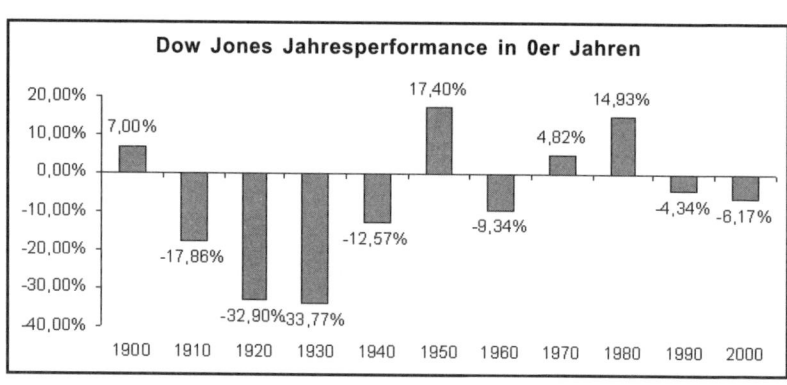

1er Jahre im Dow Jones: -1,9%

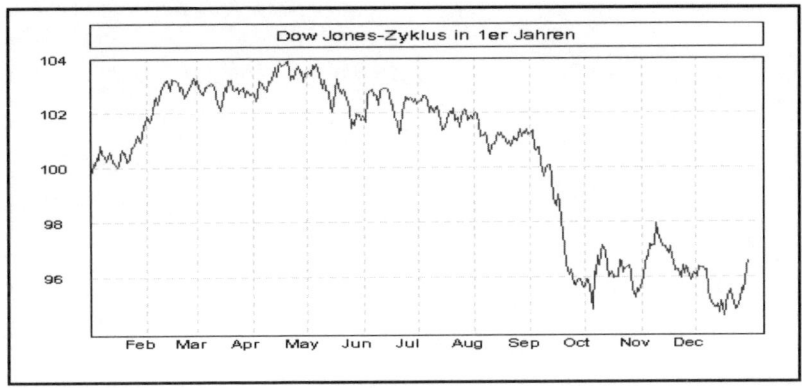

1er Jahre starten mit der typischen Jahresanfangs-Rallye, denn Januar und Februar sind von steigenden Kursen geprägt. Danach tendiert der Dow Jones einige Wochen seitwärts, um im April oder Mai die Jahreshochs herauszubilden. Von dort setzt eine etwa 6-monatige Abwärtsbewegung ein, wobei sich die Kurse zunächst langsam zurückbilden, dann aber im September massiv verlieren. Ab Oktober häufen sich die Ausschläge in beide Richtungen. Im November wird ein zyklisches Hoch markiert, aber die Kurse fallen Mitte Dezember noch einmal bis knapp unter den Oktober-Tiefpunkt zurück und markieren damit ihr Jahrestief.

Performance nach Quartalen:

Q1: 2,82%	Q2: -0,35%	Q3: -6,53%	Q4: 0,79%

Jahreshoch: (+/-) 20.04.   Jahrestief: (+/-) 17.12.

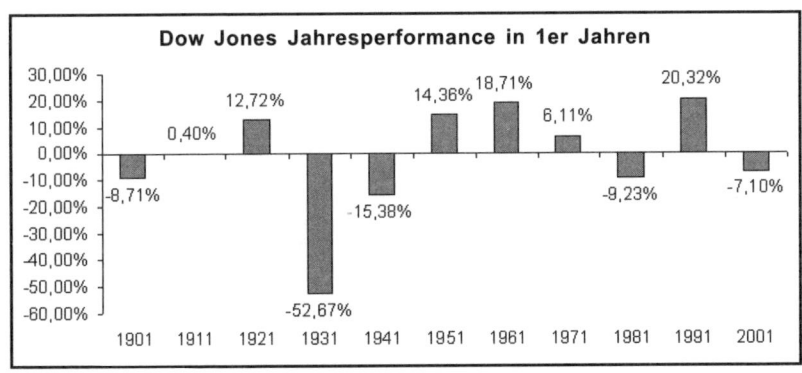

2er Jahre im Dow Jones: 3,0%

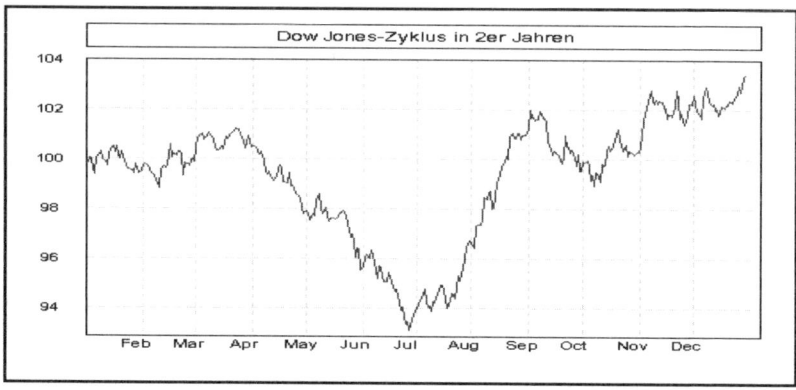

Im Dow Jones beginnen 2er Jahre unverändert, wobei die Kurse bis zum Februar leicht abbröckeln und dann im März wieder anziehen, womit das zyklische Hoch des ersten Halbjahrs entsteht. Danach setzt eine sehr massive Abwärtsbewegung ein, die rund 3 Monate andauert. Ende Juni entsteht das Jahrestief, das zumeist auch das Dekadentief bedeutet. Im Verlauf von Juli und August folgt eine spektakuläre Erholung. Danach korrigiert der Index und bildet im Oktober nochmal einen zyklischen Tiefpunkt heraus. Dann folgt eine Rallye, die bis zum Jahresende anhält, so dass der Dow Jones 2er Jahre gerne auf Jahreshoch beendet.

Performance nach Quartalen:

Q1: 0,77%   Q2: -6,61%   Q3: 6,05%   Q4: 3,85%

Jahreshoch: (+/-) 30.12.   Jahrestief: (+/-) 27.06.

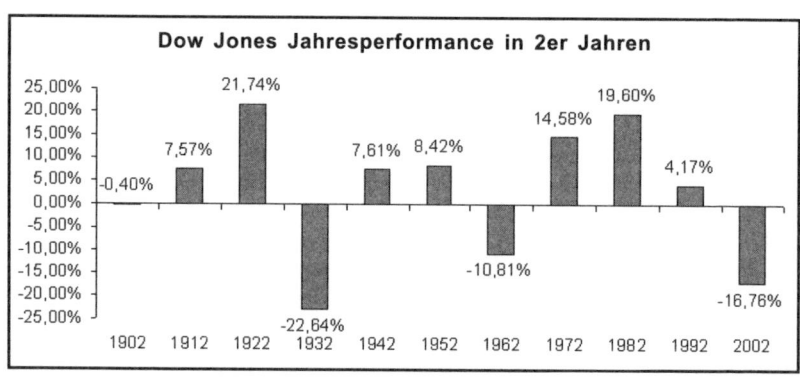

3er Jahre im Dow Jones: 8,8%

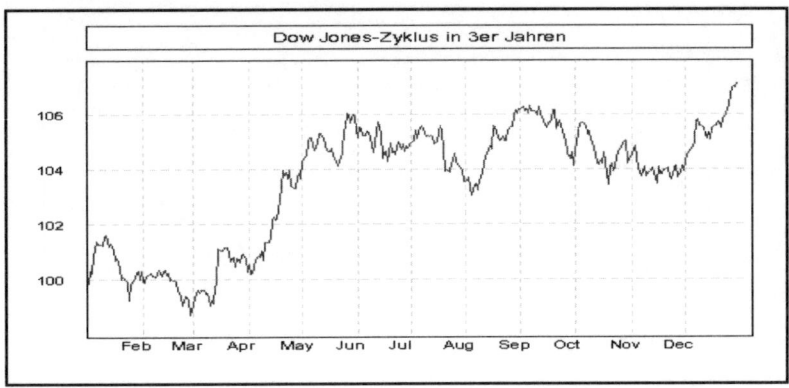

Der Dow Jones startet stark in 3er Jahre, doch nach den festen ersten beiden Wochen kippen die Kurse. Die schwächere Tendenz setzt sich bis Anfang März fort, womit hier das Jahrestief entsteht. März, April und Mai sind von deutlich steigenden Kursen gekennzeichnet, worauf eine 6-monatige Seitwärtskonsolidierung folgt. Anfang August ensteht ein zyklischer Tiefpunkt, Anfang September ein zyklisches Hoch. Nach einer Korrekturphase bis November geht es mit den Kursen dann im Dezember wieder deutlicher nach oben, wodurch 3er Jahre häufig auf Jahreshoch beendet werden.

Performance nach Quartalen:

Q1: 0,41%	Q2: 4,62%	Q3: 0,76%	Q4: 2,77%
Jahreshoch: (+/-) 29.12.		Jahrestief: (+/-) 27.02.	

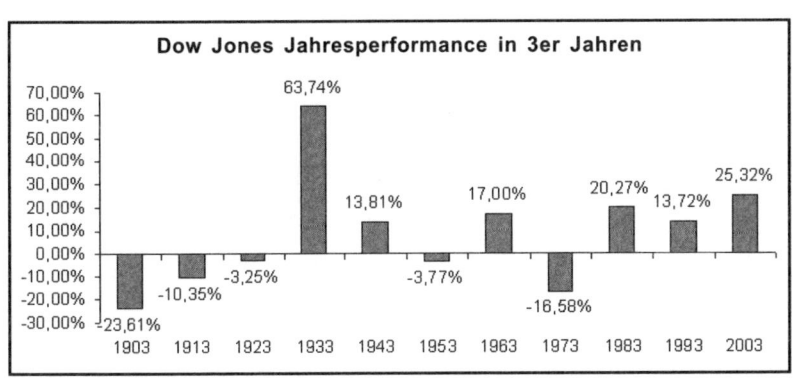

4er Jahre im Dow Jones: 10,2%

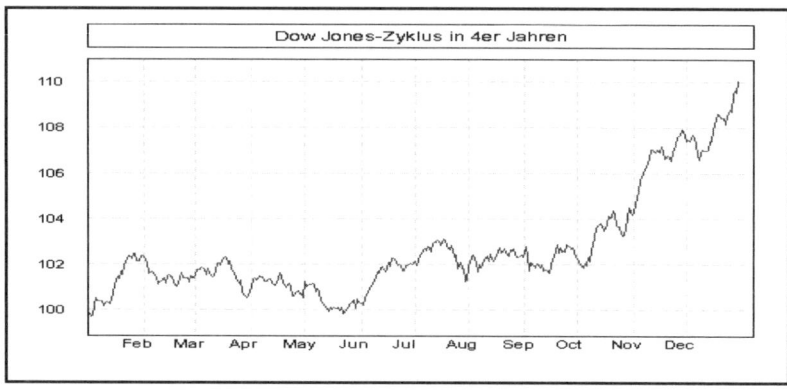

4er Jahre sind von einer festen Januar-Tendenz geprägt. Dann bröckeln die Kurse, was eine 4-monatige Seitwärtsbewegung mit rückläufiger Grundtendenz einleitet, wobei der Dow Jones im Mai noch einmal in den Bereich des Jahresanfangsniveaus zurücksetzt. Einem festen Juni folgt ein zyklischer Hochpunkt Mitte Juli. Danach dominiert abermals eine Seitwärtsphase bis Ende September, bevor der Langeweile ein Ende gesetzt wird. Denn im Oktober startet eine fulminante Rallye, die bis zum Jahresende anhält. Dadurch kommt der Dow Jones in 4er Jahren auf ein erfreuliches Plus, wobei die Eröffnung auf Jahrestief und der Schluss auf Jahreshoch erfolgt.

Performance nach Quartalen:
Q1: 1,00%   Q2: 1,21%   Q3: 0,29%   Q4: 6,63%
Jahreshoch: (+/-) 31.12.   Jahrestief: (+/-) 02.01.

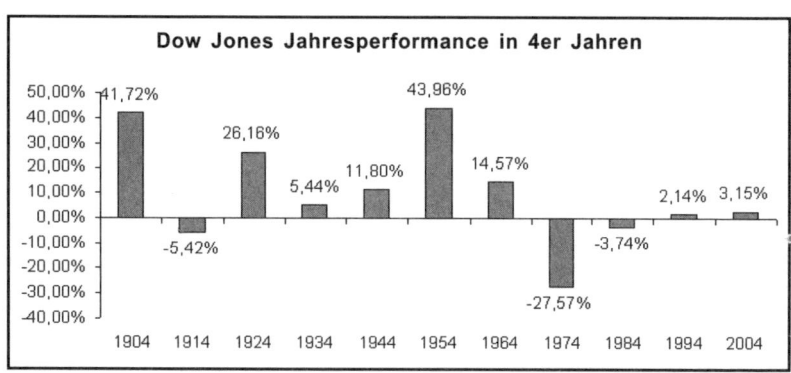

5er Jahre im Dow Jones: 34,7%

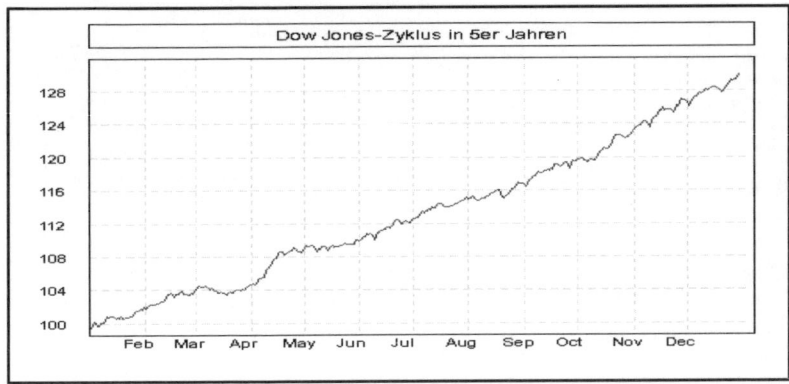

5er Jahre verlaufen äußerst ungewöhnlich, da die Kurse hier kontinuierlich ansteigen und die Aufwärtsbewegung dabei nur von kurzen und sehr kleinen Konsolidierungen unterbrochen wird. So folgt der typischen Jahresanfangs-Rallye lediglich eine kleine März-Korrektur. Dafür zieht der Dow Jones im April wieder verstärkt nach oben, um ab dann ohne wesentliche Unterbrechung weiter anzusteigen. Damit sind keinerlei zyklische Hoch- oder Tiefpunkte auszumachen, denn der Dow Jones klettert statistisch wie vom Lineal gezogen weiter, um das Jahr schließlich auch noch auf einem Hochpunkt zu beenden.

Performance nach Quartalen:

Q1: 5,87%	Q2: 8,38%	Q3: 6,55%	Q4: 8,91%
Jahreshoch: (+/-) 31.12.		Jahrestief: (+/-) 01.01.	

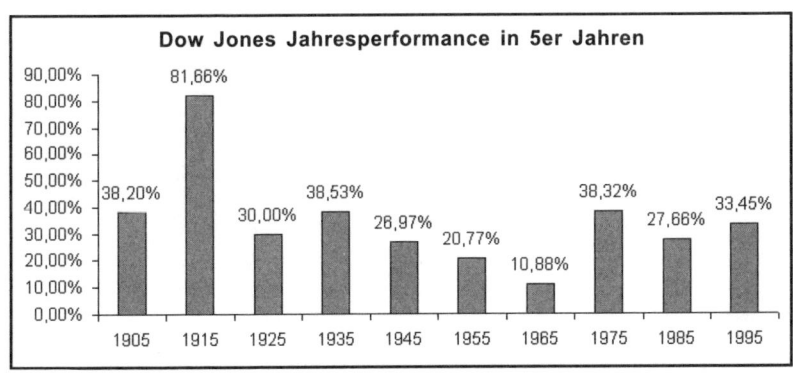

6er Jahre im Dow Jones: 5,6%

Jahre, die mit einer 6 enden, starten mit einer kräftigen Jahresanfangs-Rallye, die von einer schnellen Korrektur Ende Februar nur kurz unterbrochen wird. Die Aufwärtstendenz setzt sich bis zu einem zyklischen Hochpunkt in der ersten Aprilwoche fort, um dann einer breiteren Konsolidierung Platz zu machen. Anfang Mai wird ein wichtiger Tiefpunkt herausgebildet und danach können sich die Kurse wieder erholen. Von Ende Juli bis Mitte August gibt es eine kleinere Sommer-Rallye, der eine schwächere Tendenz bis zur ersten Oktoberwoche folgt. Dort entsteht das zyklische Tief des zweiten Halbjahres, worauf eine mächtige Aufwärtsbewegung bis zur zweiten Dezemberwoche einsetzt.

Performance nach Quartalen:

Q1: 4,86%   Q2: -0,39%   Q3: -0,07%   Q4: 2,80%

Jahreshoch: (+/-) 10.12.   Jahrestief: (+/-) 04.01.

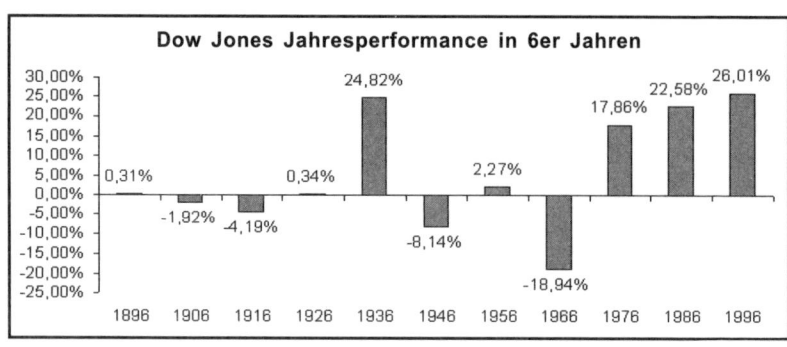

7er Jahre im Dow Jones: -2,6%

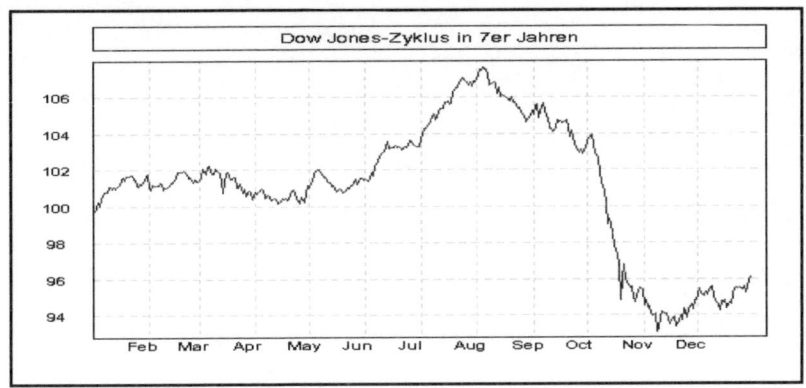

In 7er Jahren kommt es zu überdurchschnittlichen Schwankungen, denn 9 der 11 7er Jahre seit 1897 hat der Dow Jones mit einer Veränderung von mehr als 10% abgeschlossen. Dabei sind die ersten 5 Monate von einer Seitwärtsbewegung mit sehr geringen Ausschlägen geprägt. Im Juni startet dann für gewöhnlich eine kräftige Rallye, die zum Jahreshoch in der ersten August-Woche führt. Anschließend setzt die übliche Sommer-Korrektur ein, die sich im Oktober häufig massiv verstärkt, wobei die Kurse zeitweise in den freien Fall übergehen. Das Jahrestief wird dann erst Anfang November herausgebildet und von dort aus können sich die Kurse bis Jahrsende nur leicht erholen.

Performance nach Quartalen:

Q1: 0,57%	Q2: 2,91%	Q3: -0,12%	Q4: -7,01%
Jahreshoch: (+/-) 04.08.		Jahrestief: (+/-) 08.11.	

8er Jahre im Dow Jones: 19,7%

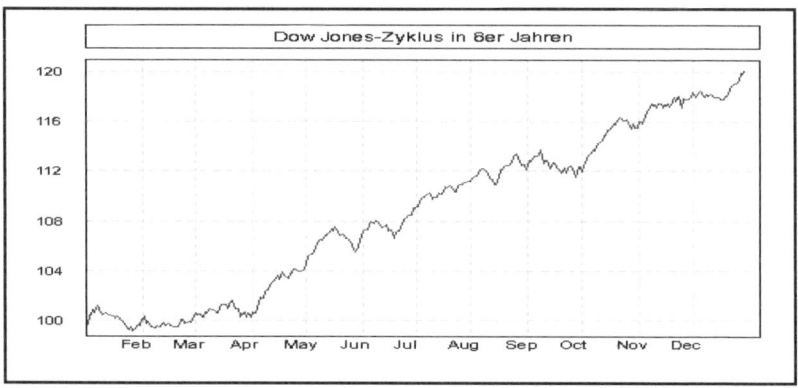

Nach den phänomenalen 5er Jahren, bedeuten 8er Jahre die zweitbeste Phase für Anleger. Dabei kommen die Kurse zwar im ersten Quartal nicht von der Stelle, starten dann aber Anfang April eine massive Rallye, die bis zum Jahresende anhält. In der zweiten Mai-Hälfte und nach der ersten Septemberwoche gibt es kleinere Korrekturen, doch die Trends zeigen klar nach oben. Dadurch markiert der Dow Jones sein Jahrestief häufig Ende Januar und sein Jahreshoch am letzten Handelstag des Jahres. Seit 1898 gaben die Kurse lediglich in 1948 und 1978 geringfügig nach, während 8 8er Jahre mit zweistelligen Gewinnen abgeschlossen wurden.

Performance nach Quartalen:

Q1: 0,30%   Q2: 8,70%   Q3: 3,12%   Q4: 6,61%

Jahreshoch: (+/-) 31.12.   Jahrestief: (+/-) 26.01.

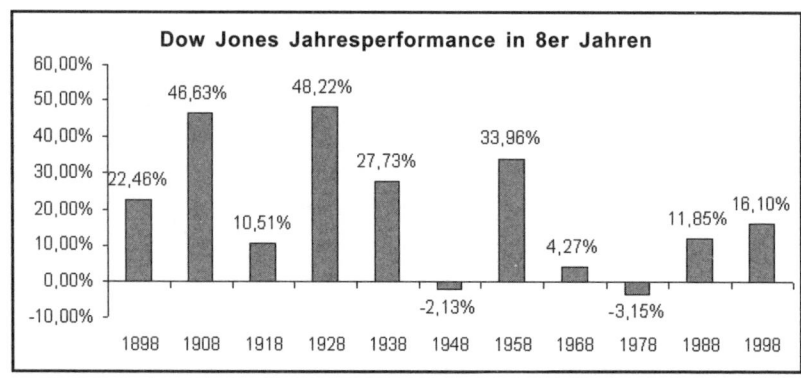

9er Jahre im Dow Jones: 9,6%

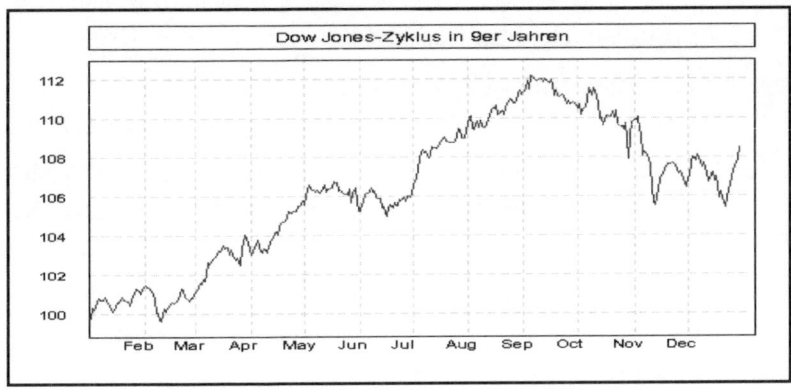

In 9er Jahren startet der Dow Jones mit leichten Kursgewinnen, wobei Anfang Februar eine Korrektur einsetzt, in der die Jahrestiefs entstehen. Danach startet eine kräftige Rallye mit einem Stillstand zwischen Mitte März und Mitte April und einem zyklischen Hoch im Mai. Dem Tief im Juni folgt eine sehr kräftige Sommer-Rallye bis zur zweiten Septemberwoche. Hier wird das Jahreshoch herausgebildet, das dann zumeist auch das Jahrzehnthoch für den Dow Jones bedeutet. Danach korrigieren die Kurse bis Mitte November, erholen sich leicht und setzen Mitte Dezember noch einmal zurück. In den letzten beiden Wochen tendiert der Markt dann wieder fester.

Performance nach Quartalen:

Q1: 3,45%   Q2: 2,73%   Q3: 4,33%   Q4: -2,53%

Jahreshoch: (+/-) 05.09.   Jahrestief: (+/-) 10.02.

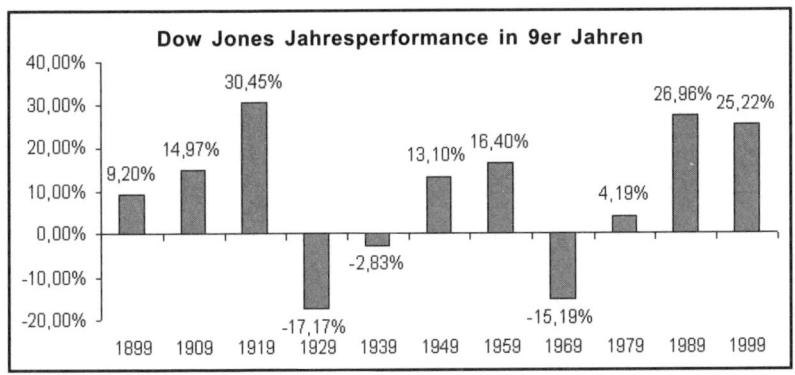

Zusammenfassung

Auf Basis der Veränderungen im Dow Jones seit Juni 1896 liefert der Jahrzehntzyklus die folgenden Erkenntnisse:

Auch der Dow Jones verbessert sich in 7 von 10 Jahren, wobei die Kurse in den ersten beiden Jahren eines Jahrzehnts sowie in 7er Jahren fallen.

In 5er Jahren bedeutet der erste Handelstag das spätere Jahrestief, in 4er Jahren wird das Jahrestief am zweiten Handelstag markiert und in 6er Jahren am 4. Januar.

In 4er, 5er und 8er Jahren bedeutet der letzte Handelstag das Jahreshoch, in 2er Jahren ist es der 30. und in 3er Jahren der 20. Dezember. Dagegen wird in 0er Jahren das Jahreshoch am 2. Januar markiert.

Die höchsten Quartalsgewinne werden im vierten Quartal von 5er Jahren, im zweiten Quartal von 8er Jahren sowie im zweiten Quartal von 5er Jahren erzielt. Die größten Quartalsverluste treten im vierten Quartal von 7er Jahren auf, im zweiten von 2er und im dritten Quartal von 1er Jahren.

Im Durchschnitt werden alle Quartale in 3er, 4er, 5er und 8er Jahren mit Gewinn abgeschlossen. In 2er und 9er Jahren führen im Mittel drei Quartale zu Gewinnen, in 0er Jahren dagegen drei Quartale zu Verlusten.

Die mit Abstand höchsten Kursgewinne werden in 5er Jahren erzielt, danach in 8er Jahren. Mit großem Abstand folgen dann 4er und 9er Jahre.

In 0er Jahren kommt es zu den größten Kursverlusten, in 7er Jahren zu den zweitgrößten und 1er Jahre werden mit einem leichten Minus beendet.

Bisher wurden alle 5er Jahre mit einem Plus abgeschlossen. Für 8er Jahre errechnet sich eine Gewinn-Wahrscheinlichkeit von 82%, während diese in 4er und 9er Jahren bei jeweils 73% liegt.

In 0er Jahre beträgt die Gewinn-Wahrscheinlichkeit nur 36%, d.h. hier sind Verluste wahrscheinlich. Die niedrigste Gewinn-Wahrscheinlichkeit von 55% gilt für Jahre mit den Endziffern 1, 3, 6 und 7.

Durch eine Multiplikation der durchschnittlichen Jahres-Performance mit der Gewinn-Wahrscheinlichkeit ergibt sich das Chance/Risiko-Verhältnis der einzelnen Jahre. Dementsprechend sind 5er Jahre die mit Abstand besten Börsenjahre, gefolgt von 8er und 4er Jahren. Die schlechtesten Börsenjahre sind 0er Jahre, vor 7er und 1er Jahren.

Die nachfolgende Tabelle zeigt noch einmal die Performance der einzelnen Zeiträume:

	durchschn. Performance	Positive Jahre	Gewinn-Wahrscheinlichkeit	1. Quartal	2. Quartal	3. Quartal	4. Quartal	Jahreshoch	Jahrestief
0er	-6,6%	4	36%	-1,55%	-5,46%	-0,03%	2,13%	02. Jan	29. Jun
1er	-1,9%	6	55%	2,82%	-0,35%	-6,53%	0,79%	20. Apr	17. Dez
2er	3,0%	7	64%	0,77%	-6,61%	6,05%	3,85%	30. Dez	27. Jun
3er	8,8%	6	55%	0,41%	4,62%	0,76%	2,77%	29. Dez	27. Feb
4er	10,2%	8	73%	1,00%	1,21%	0,29%	6,63%	31. Dez	02. Jan
5er	34,7%	10	100%	5,87%	8,38%	6,55%	8,91%	31. Dez	01. Jan
6er	5,6%	6	55%	4,86%	-0,39%	-0,07%	2,80%	10. Dez	04. Jan
7er	-2,6%	6	55%	0,57%	2,91%	-0,12%	-7,01%	04. Aug	08. Nov
8er	19,7%	9	82%	0,30%	8,70%	3,12%	6,61%	31. Dez	26. Jan
9er	9,6%	8	73%	3,45%	2,73%	4,33%	-2,53%	05. Sep	10. Feb

Zyklischer Jahrzehnt-Verlauf

Der Dow Jones startet schlecht in ein neues Jahrzehnt, denn die typische Jahresanfangs-Rallye bleibt aus und die Kurse kennen in den ersten Wochen nur den Weg nach unten. Das erste Quartal wird mit einem Minus beendet, das sich im zweiten noch verschärft. Im dritten Quartal tendieren die Kurse unverändert und im vierten etwas freundlicher, so dass der Jahresanfang das Jahreshoch bedeutet und das Jahrestief zur Jahresmitte markiert wird. Insgesamt sind 0er Jahre die mit Abstand schlechtesten im Jahrzehntzyklus. 1er Jahre starten mit einem freundlichen ersten Quartal, doch im April dreht sich der Markt. Im zweiten Quartal geben die Kurse geringfügig nach, im dritten durch einen sehr schwachen September dann deutlicher. Im Schluss-Quartal können sich die Kurse marginal erholen, was nichts daran ändert, dass auch 1er Jahre mit einem Minus beendet werden. In 2er Jahren bringt das erste Quartal geringfügige Kursgewinne, doch danach verliert der Markt massiv. Das zweite Quartal von 2er Jahren ist das zweit-

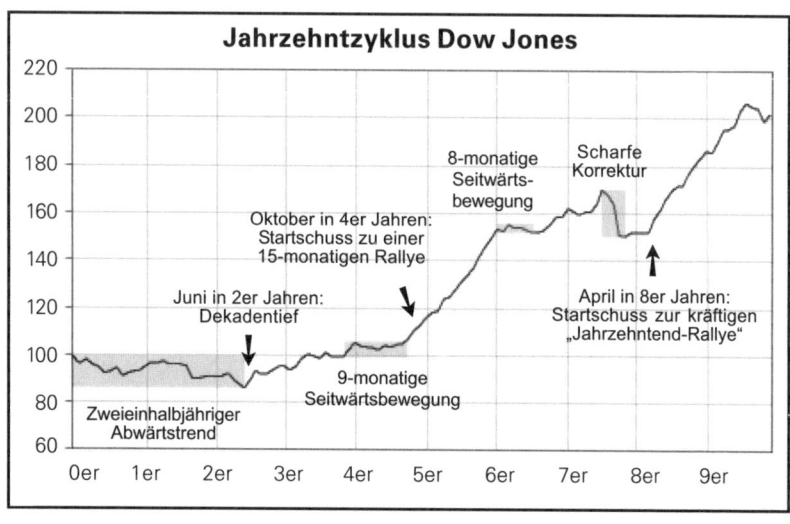

Jahrzehntzyklus Dow Jones

Oktober in 4er Jahren: Startschuss zu einer 15-monatigen Rallye

8-monatige Seitwärtsbewegung

Scharfe Korrektur

Juni in 2er Jahren: Dekadentief

April in 8er Jahren: Startschuss zur kräftigen „Jahrzehntend-Rallye"

9-monatige Seitwärtsbewegung

Zweieinhalbjähriger Abwärtstrend

schlechteste für den Dow Jones, wobei Ende Juni der Tiefpunkt des Jahrzehnt-zyklus markiert wird. Im dritten Quartal ziehen die Kurse dann genauso steil nach oben, wie sie zuvor gefallen sind, und auch im vierten Quartal zieht der Markt an, so dass 2er Jahre mit einem leichten Plus beendet werden. In 3er Jahren setzt sich die Erholung weiter fort. Im ersten Quartal ziehen die Kurse geringfügig an, im zweiten dann sehr deutlich. Nach einem leichten Anstieg im dritten Quartal ist das vierte wieder von einem klar steigenden Dow Jones geprägt. Nach dem Anstieg in 3er Jahren sind auch 4er Jahre von einer durchwegs freundlichen Tendenz gekennzeichnet. Dabei verbessern sich die Kurse in den ersten drei Quartalen nur geringfügig, tendieren aber im vierten Quartal sehr fest. Die Aufwärtsbewegung setzt sich in 5er Jahren nahtlos fort, wobei auch hier alle Quartale mit deutlichen Gewinnen beendet werden (stati-stisch sind das zweite und das vierte Quartal die erfolgreichsten Anlage-zeiträume im Dow Jones) und es das ganze Jahr über zu keinen zählbaren Gegenreaktionen kommt. Dadurch sind 5er Jahre die mit Abstand besten Jahre für den Dow Jones. Auch 6er Jahre starten mit kräftigen Aufschlägen im ersten Quartal, danach setzt – nach 15 Gewinnquartalen in Folge – eine leichte Konsolidierung im zweiten und dritten Quartal ein. Das vierte Quartal verläuft freundlich, genauso wie die beiden ersten Quartale in 7er Jahren. Anfang August der Jahre, die mit 7 enden, entsteht ein wichtiger zyklischer Hochpunkt, von dem eine neue Konsolidierung ausgeht. Im dritten Quartal verlieren die Kurse nur marginal, doch dann folgt eine ausgeprägte Schwäche im Oktober. In der Historie des Dow Jones kommt es im vierten Quartal von 7er Jahren zu den massivsten Verlusten, so dass 7er Jahre mit einem Minus beendet werden. In 8er Jahren verbessert sich der Index im ersten Quartal nur geringfügig, im zweiten dann aber überaus deutlich. Wesentliche Korrekturen bleiben aus und die Kurse steigen auch im zweiten Halbjahr, so dass 8er Jahre nur von 5er Jahren übertroffen werden und damit die zweithöchsten Indexgewinne im Jahrzehntzyklus bringen. 9er Jahre sind von einer klaren Aufwärtstendenz bis Anfang September gekennzeichnet, so dass die ersten drei Quartale mit Kursgewinnen abgeschlossen werden. Da die Kurse im vierten Quartal wieder schwächer tendieren, bedeutet das September-Top für den Dow Jones zumeist den Hochpunkt im Jahrzehntzyklus.

Fazit

Auch im Dow Jones verläuft die zweite Jahrzehnthälfte deutlich erfolgreicher als die erste, wobei in 0er und 1er Jahren Kursverluste wahrscheinlich sind.

Aus zyklischer Sicht eröffnet sich die beste Kaufchance des Jahrzehnts ebenfalls in 2er Jahren, idealerweise Ende Juni/Anfang Juli. Die nächstbeste Einstiegsmöglichkeit folgt dann Anfang Mai und/oder im Oktober von 6er Jahren sowie in der Herbst-Panik von 7er Jahren, also Ende Oktober/Anfang November.

Der beste Verkaufszeitpunkt im Jahrzehntzyklus ist für den Dow Jones das September-Hoch (alternativ das Oktober-Hoch) in 9er Jahren. Gute Ausstiegszeitpunkte ergeben sich auch im August von 7er Jahren bzw. – sofern im Herbst der Wiedereinstieg vorgenommen wird – im April von 6er Jahren.

Der Dow Jones verdient also zu den nachfolgenden Zeitpunkten besondere Beachtung, um einen günstigen Einstiegszeitpunkt zu erwischen:

– Mai oder Oktober 2006

– Ende Oktober/Anfang November 2007

Aus zyklischer Sicht sollten der Dow Jones zu den folgenden Zeitpunkten

besonders genau beobachtet werden, um den richtigen Zeitpunkt für Gewinnmitnahmen nicht zu verpassen:

- Anfang April 2006

- August 2007

- Anfang September bzw. Anfang Oktober 2009

Nach dem Zyklus eröffnet sich die bedeutendste Einstiegschance des nächsten Jahrzehnts im Juni/Juli 2012 (und genauso 2022 für die 20er Jahre),
danach 2016 oder im Herbst 2017. Für die nächsten Jahre wird es aber
entscheidend sein, dass Sie sich auf einen breiten Ausstieg vor dem
Jahrzehntwechsel vorbereiten.

Bitte beachten Sie dafür unsere langfristige Börsenvision im Schlusskapitel.

VI. UNTERJÄHRIGE BÖRSENZYKLEN

Freitage sind zumeist die schönsten und entspanntesten Arbeitstage und an Montagen hagelt es in der Regel die meisten Krankmeldungen.

Da zum Monatswechsel fast alle Unternehmen Gehälter und Löhne bezahlen, sind in diesem Zeitraum Geschäfte und Lokale voller als üblicherweise, so dass in der Regel am Wochenende eines Monatswechsels die mit Abstand höchsten Umsätze verzeichnet werden.

Und zum Jahreswechsel gibt es einen Überschwang der Gefühle, weshalb Dezember und Januar häufig von Stimmungsextremen gekennzeichnet sind.

Diese wirtschaftlichen Fakten bzw. psychologischen Phänomene wirken sich auch auf die Börse aus und stehen für bedeutende unterjährige Zyklen, die in diesem Kapitel untersucht werden.

6.1   Tages-Zyklus im Dax

Bei einer Unterteilung der einzelnen Tages-Performances des Dax seit 1959
ergibt sich das folgende zyklische Bild für insgesamt 11463 Börsentage:

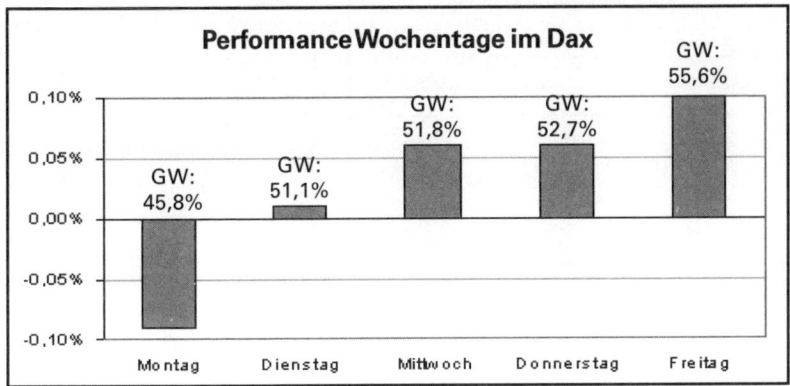

Der Dax startet schwach in eine neue Woche, denn 1036 von 2264 Montagen
wurden mit einem Minus von durchschnittlich 0,09% abgeschlossen. Das ergibt
eine Gewinn-Wahrscheinlichkeit von nur 45,8%, so dass an Montagen grundsätzlich mit Kursrückgängen zu rechnen ist.

Danach dreht das Bild, wobei sich die Wahrscheinlichkeit für Kursgewinne
sowie die Höhe der Zuwächse von Tag zu Tag steigert.

Dienstage präsentieren sich ausgeglichen mit einem Plus von 0,01% und einer
Gewinn-Wahrscheinlichkeit von 51,1%.

Für den Mittwoch errechnet sich ein Durchschnitts-Gewinn von 0,06%, bei
einer Gewinn-Wahrscheinlichkeit von 51,8%.

Der Donnerstag kommt ebenfalls auf ein Plus von im Mittel 0,06%, bei einer
Gewinn-Wahrscheinlichkeit von 52,7%.

Der Freitag ist der mit Abstand beste Börsentag, denn 1272 Gewinn-Freitage
und 1015 Verlust-Freitage ergeben vor dem Wochenende eine Gewinn-Wahrscheinlichkeit von 55,6%, wobei sich der Dax rechnerisch um 0,10% verbessert.

Fazit
Aus zyklischer Sicht ist der Montag ist ein guter Kauftag, der Freitag ein guter
Verkaufstag.

6.2 Datums-Zyklus im Dax

Natürlich ergibt sich auch für die einzelnen Tage des Monats ein signifikantes zyklisches Muster.

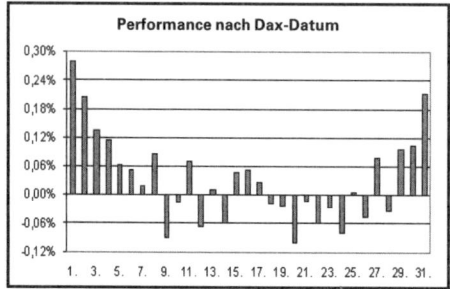

Die höchste Dax-Performance errechnet sich für den 1., vor dem 31. und dem 2. Danach folgen der 3., der 4. und der 30.

Zum größten Dax-Minus kommt es am 20., danach am 9. und am 24.

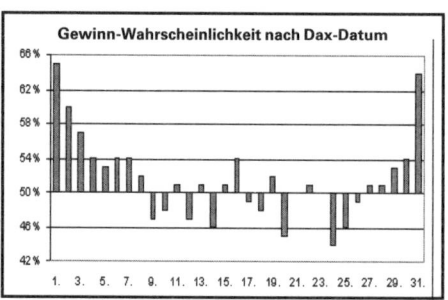

Die besten Börsentage sind mit Blick auf die Gewinn-Wahrscheinlichkeit für den Dax der Monatsbeginn und das Monatsende, konkret der 1., der 31. der 2., der 3. und der 4. bzw. der 30. eines jeden Monats.

Die schlechtesten Börsentage sind nach der Gewinn-Wahrscheinlichkeit der 24., der 20., der 25. bzw. der 14.

Der untenstehende Chart zeigt, wie sich der Zyklus innerhalb eines Monats

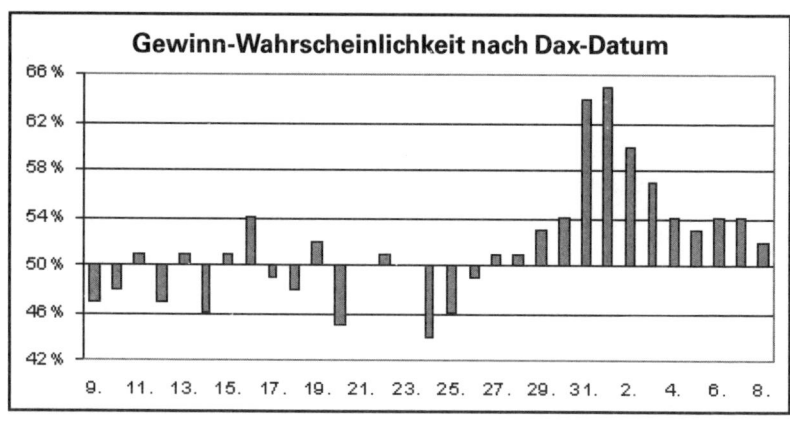

entwickelt. Zwischen dem 9. und dem 26. sind Kursrückgänge wahrscheinlich, zwischen dem 29. und dem 8. aber Kursgewinne.

Fazit
Aus zyklischer Sicht, sollten zur Monatsmitte Käufe überlegt werden und zum Monatswechsel bzw. bis zum 8. eines Monats Verkäufe.

6.3 Zyklus der Jahresextrema im Dax

Die Dax-Historie seit Mai 1959 zeigt auch eine signifikante Häufung von Hoch- und Tiefpunkten in bestimmten Monaten und damit ein zyklisches Muster.

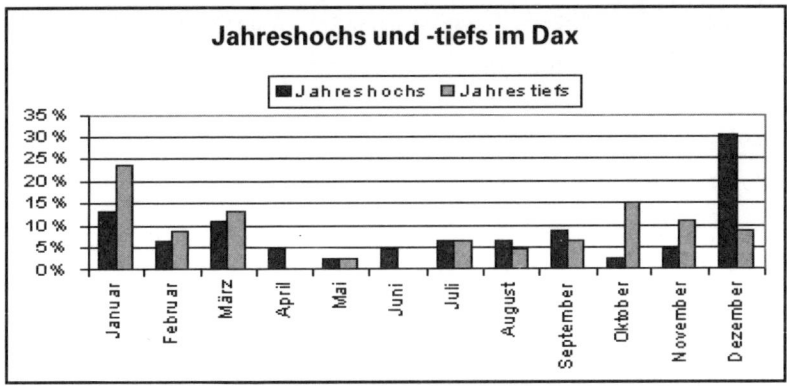

Am häufigsten entstehen Jahreshochs im Dezember, am zweithäufigsten im Januar und danach im März und September.

Jahrestiefs entstehen am häufigsten im Januar, im Oktober oder im März.

Wenn nun wie im folgenden zwischen Jahren mit Kursgewinnen und Jahren mit Kursverlusten unterschieden wird, zeigt sich eine intensive Kumulation der Jahresextremas.

Dax in positiven Jahren
In den Jahren, die mit Kursgewinnen beendet werden, markiert der Dax sein Jahrestief zumeist im Januar, während das Jahreshoch im Dezember entsteht.

Die nächstwahrscheinlichen Monate für das Jahrestief sind nach dem Januar dann der März vor dem Februar.

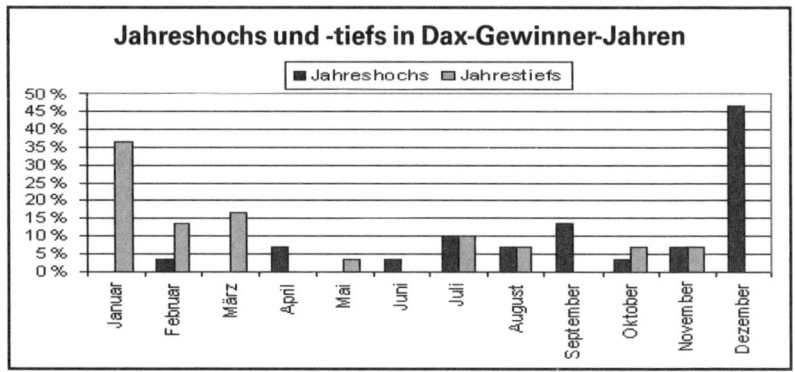

Jahreshochs und -tiefs in Dax-Gewinner-Jahren

Die nach dem Dezember nächstwahrscheinlichen Monate für das Jahreshoch sind der September und der Juli.

Dax in negativen Jahren
Werden Jahre mit einem Minus beendet, entstehen die Jahrestiefs zumeist im Oktober, die Jahreshochs aber im Januar.

Nach dem Oktober gilt für den Dezember und dann für September bzw. November die höchste Wahrscheinlichkeit für Jahrestiefs. Werden die Jahreshochs nicht im Januar herausgebildet, dann im März oder im Februar.

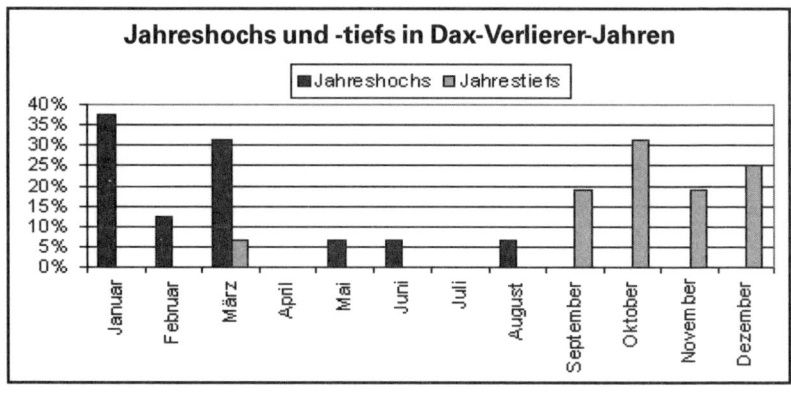

Jahreshochs und -tiefs in Dax-Verlierer-Jahren

Fazit
Der Zyklus der Jahresextrema eröffnet ganz erstaunliche Möglichkeiten. Denn in positiven Jahren werden die Jahrestiefs im Januar und mit einer sehr hohen Wahrscheinlichkeit zumindest im ersten Quartal markiert. Seine Jahreshochs

findet der Dax dann mit einer überragenden Wahrscheinlichkeit im Dezember. Sofern die Tops nicht im Dezember entstehen, dann Anfang September und damit unmittelbar vor der Spätsommer-Korrektur oder im Juli, d.h. in mitten der Sommer-Rallye.

In negativen Jahren werden die Jahreshochs mit einer sehr hohen Wahrscheinlichkeit im ersten Quartal markiert, zumeist im Januar bzw. im März. Die Jahrestiefs entstehen dann höchstwahrscheinlich zwischen September und Dezember und zumeist im Oktober, vor Beginn der Herbst-Rallye.

6.4 Tages-Zyklus im Dow Jones

Der Dow Jones existiert seit Mai 1896. Bis 1952 wurde in den USA auch samstags gehandelt, so dass insgesamt 28794 Handestage zu analysieren sind.

Das Ergebnis:

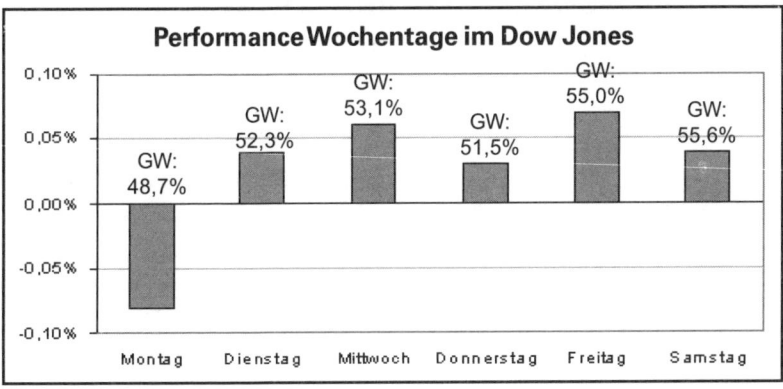

Der Dow Jones startet schwach in eine neue Woche, denn 2716 von 5296 Montagen wurden mit einem Minus von durchschnittlich 0,08% abgeschlossen. Das ergibt eine Gewinn-Wahrscheinlichkeit von nur 48,7%, so dass an Montagen grundsätzlich mit Kursrückgängen zu rechnen ist.

Dienstage präsentieren sich mit einem Plus von 0,04% und einer Gewinn-Wahrscheinlichkeit von 52,3%.

Für den Mittwoch errechnet sich ein Durchschnitts-Gewinn von 0,06%, bei einer Gewinn-Wahrscheinlichkeit von 53,1%, womit der Mittwoch der zweitbeste Tag in der Dow Historie ist.

Der Donnerstag kommt auf ein Plus von im Mittel nur 0,03%, bei einer Gewinn-Wahrscheinlichkeit von lediglich 51,5%.

Der Freitag ist auch an der Wall Street der mit Abstand beste Börsentag, denn 2996 Gewinn-Freitage und 2451 Verlust-Freitage ergeben vor dem Wochenende eine Gewinn-Wahrscheinlichkeit von 55,0%, wobei sich der Dow Jones rechnerisch um 0,07% verbessert.

Für die Samstage im Zeitraum 1896 bis 1952 errechnet sich eine Gewinn-Wahrscheinlichkeit von 55,6% und ein Durchschnittsgewinn von 0,04%. Das Verhalten an Samstagen erhöht die Signifikanz der Freitage.

Fazit

Aus zyklischer Sicht ist der Montag ist ein guter Kauftag, der Freitag der beste Verkaufstag und der Mittwoch der zweitbeste.

6.5 Datums-Zyklus im Dow Jones

Natürlich ergibt sich auch für die einzelnen Tage des Monats ein signifikantes zyklisches Muster.

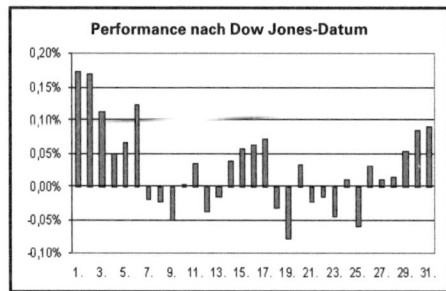

Die höchste Performance im Dow Jones errechnet sich für den 1., ganz knapp vor dem 2. Danach folgen der 6. und der 3.

Zum größten Index-Minus kommt es am 19., danach am 25. sowie am 9. und am 23.

Die besten Börsentage sind mit Blick auf die Gewinn-Wahrscheinlichkeit für den Dow Jones der 1., der 2. sowie der 3., der 6. und der 14.

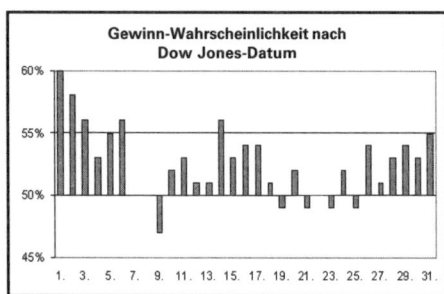

Die schlechtesten Börsentage sind nach der Gewinn-Wahrscheinlichkeit der 9. sowie der 19., der 21, der 23. und der 25.

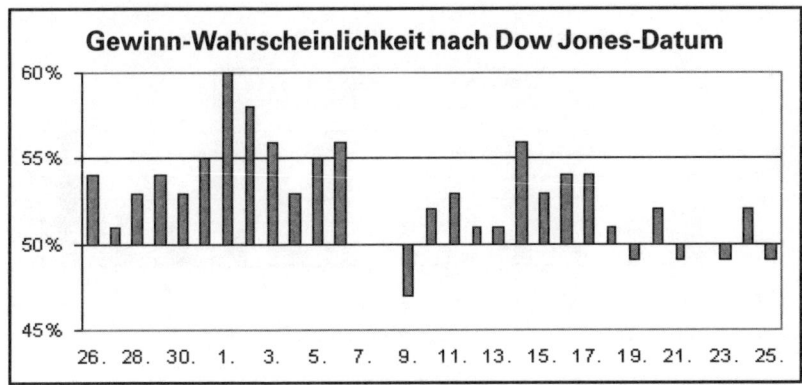

Gewinn-Wahrscheinlichkeit nach Dow Jones-Datum

Der obige Chart zeigt, wie sich der Zyklus innerhalb eines Monats entwickelt. Die bessere Börsenphase beginnt am 26. und dauert bis zum 6. Zwischen dem 10. und dem 18. tendiert der Dow Jones freundlich, verliert aber dann wieder deutlich zwischen dem 19. und dem 25.

Fazit

Aus zyklischer Sicht, sollten jeweils um den 9. Käufe überlegt werden und zum Monatswechsel bzw. bis zum 6. eines Monats Verkäufe.

6.6 Zyklus der Jahresextrema im Dow Jones

Auch im Dow Jones häufen sich die Hoch- und Tiefpunkte der einzelnen Jahre in bestimmten Monaten.

Jahreshochs werden am häufigsten im Dezember, im Januar oder im November herausgebildet.

Jahrestiefs entstehen am häufigsten im Januar, im Dezember, im Februar und danach in März oder Oktober.

Wenn zwischen Jahren mit Kursgewinnen und Jahren mit Kursverlusten unterschieden wird, kumulieren sich auch hier die Jahres-Extrempunkte sehr auffällig.

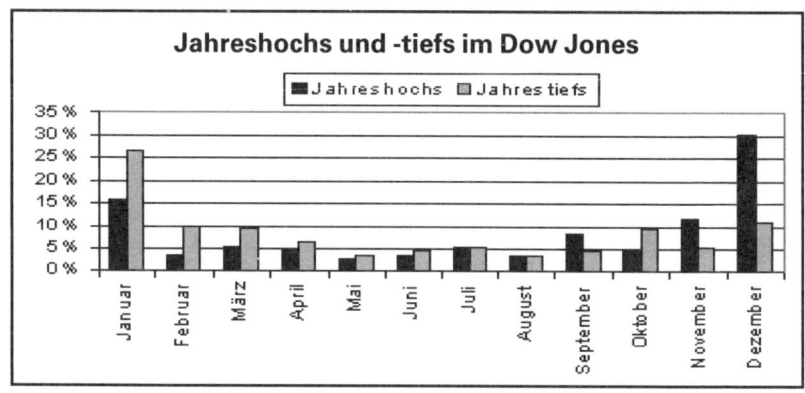

Dow Jones in positiven Jahren

In den Jahren, die mit Kursgewinnen beendet werden, markiert der Dow Jones das Jahrestief mit einer überragenden Häufigkeit im Januar, während das Jahreshoch im Dezember herausgebildet wird.

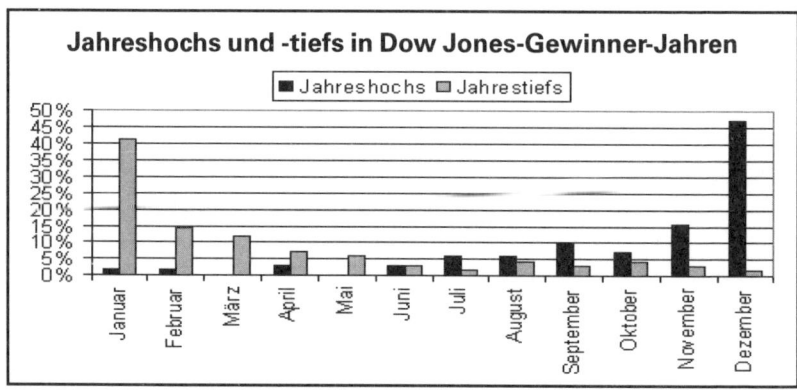

Die nächstwahrscheinlichen Monate für das Jahrestief sind nach dem Januar der Februar, der März und der April.

Die nach dem Dezember nächstwahrscheinlichen Monate für das Jahreshoch sind der November und der September.

Dow Jones in negativen Jahren

Sofern Jahre mit einem Minus beendet werden, entstehen die Jahrestiefs zumeist im Dezember, und die Jahreshochs im Januar.

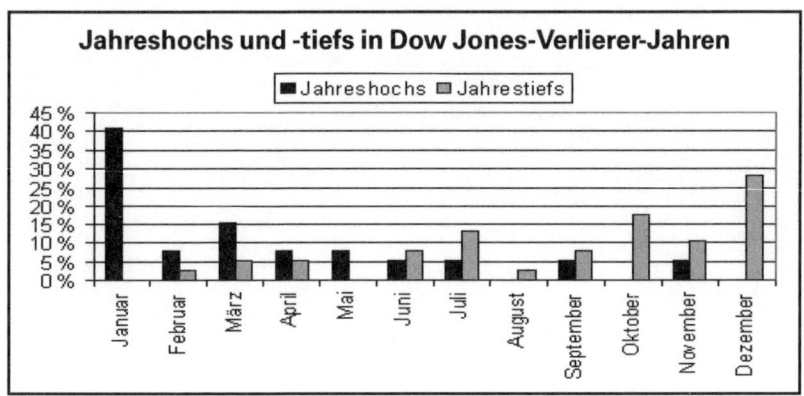

Nach dem Dezember gilt für den Oktober und dann für Juli die höchste Wahrscheinlicheit für Jahrestiefs. Werden die Jahreshochs nicht im Januar herausgebildet, dann im März oder in den Monaten Februar, April oder Mai.

Fazit

Auch der Dow Jones zeigt einen sehr ausgeprägten Zyklus für den Zeitpunkt der Entstehung seiner Jahresextrema.

Denn in positiven Jahren werden die Jahrestiefs im Januar und mit einer sehr hohen Wahrscheinlichkeit zumindest bis April markiert. Seine Jahreshochs findet der Dow Jones dann mit einer überragenden Wahrscheinlichkeit im Dezember. Falls die Tops nicht im Dezember entstehen, dann im November oder Anfang September, also unmittelbar vor der Spätsommer-Korrektur.

In negativen Jahren werden die Jahreshochs mit einer sehr hohen Wahrscheinlichkeit im Januar markiert und die Jahrestiefs im letzten Quartal bzw. im Juli.

VII. ZYKLEN-PORTFOLIOS

Börsen-Zyklen sind ein hervorragender Filter für die Aussagen technischer oder fundamentaler Analyse-Modelle, denn grundsätzlich sollte nur in Ausnahmefällen gegen die Zyklen gehandelt werden.

Analog sollten auch nicht alleine auf Grundlage von Zyklen Kauf- oder Verkaufsentscheidungen getroffen werden. Es gilt vielmehr die vorherrschenden Trends zu überprüfen und nach Wendepunkten Ausschau zu halten, sofern nach den Zyklen eine Umkehr wahrscheinlich wird.

Dennoch untersuchen wir in diesem Kapitel die Profitabilität der in den vorangegangenen Kapiteln dargestellten Jahres- und Jahrzehntzyklen anhand verschiedener Zyklen-Portfolios. Die jeweiligen Anlagemodelle sind nicht die ultima ratio, sondern verstehen sich als Anregung für Ihre eigenen Überlegungen. Denn Sie werden sehen, dass die Berücksichtigung von Börsenzyklen in wesentlich kürzeren Anlagezeiträumen deutlich höhere Renditen ermöglicht.

Allgemein

Bei allen nachfolgend dargestellten Zyklus-Portfolios rechnen wir mit einer Spesenbelastung von 0,5% und beginnen mit einem Anfangskapital von 10.000 Euro bzw. US-Dollar im Dow Jones. Gewinne und Verluste werden komplett reinvestiert. Wenn also z.B. der erste Trade nach Spesen mit einem Gewinn oder Verlust von 5% abgeschlossen wird, werden im zweiten Trade 10.500 bzw. 9.500 investiert.

7.1 Jahreszyklus-Modelle

Die Betrachtung beginnt mit den Anlagemodellen, die sich aus dem in Kapitel II dargestellten Jahreszyklus ergeben. Alle Anlagezeiträume erstrecken sich damit über weniger als 12 Monate.

7.1.1 Dax-Performance allgemein

Dax Buy-and-hold

Für den Dax errechnet sich seit 1960 ein Gewinn von 899%.

Ein Anleger, der seit dem 04.01.1960 ununterbrochen im Dax investiert gewesen wäre (Buy-and-hold), hätte aus 10.000 Euro bis zum 30.12.2004 genau 99.889 Euro gemacht. Das ist die sog. „Benchmark", also das Endergebnis, mit dem die Zyklen-Portfolios zu vergleichen sind.

Erhebliche Performance-Unterschiede im Jahreszyklus

Wie im Kapitel über die Jahreszyklen bereits herausgestellt, werden vor allem in den kälteren Monaten Kursgewinne erzielt. Denn im Oktober beginnt die eindeutig bessere Börsenphase, die bis in den April reicht. Um die immensen Rendite-Unterschiede herauszustellen, bietet es sich deshalb an, das Börsenjahr in einen 7-Monats-Zeitraum zwischen Oktober und April sowie einen 5-Monats-Zeitraum zu unterteilen, der von Mai bis September reicht. Das Ergebnis:

Der Dax verliert in den 5 Sommer-Monaten durchschnittlich 0,8%, gewinnt in den 7 Winter-Monaten aber 8,3%. Im Laufe der Jahre ergibt sich daraus eine frappierende Performance-Differenz:

Bei einer Re-Investition der Gewinne wären aus ursprünglich 10.000 Euro, die seit 1950 immer nur zwischen dem 1. Oktober und dem 30. April in den Dax investiert worden wären, 186.356 Euro geworden.

Bei einem Dax-Investment zwischen dem 1. Mai und dem 30. September wären aus 10.000 Euro im Zeitraum 1960 bis 2004 aber nur noch 4.023 Euro geworden.

Der Dax verdankt seine Jahresgewinne also im Wesentlichen einem 7-Monats-Zeitraum. In den dazwischenliegenden 5 Monaten kann nichts verdient werden und wer in dieser Zeit nicht investiert, vermeidet zyklische Verlust-

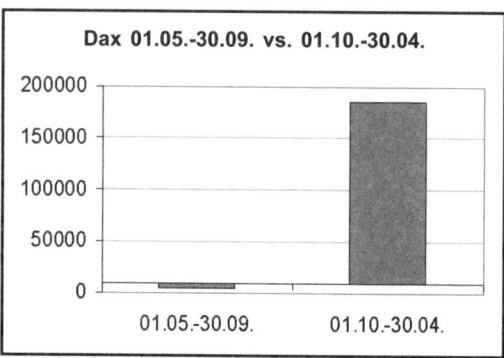

phasen und erhöht damit seine Jahresgewinne beträchtlich. Doch die Gewinne können noch weiter optimiert werden, wie die nachfolgenden Portfolio-Modelle zeigen.

7.1.2 Portfolios im Dax-Jahreszyklus

Die Abbildung des Jahreszyklus im Dax beginnt zur besseren Darstellung am 1. September. Der Chart zeigt, für welche Anlagezeiträume die entsprechenden Zyklen-Portfolios berechnet wurden.

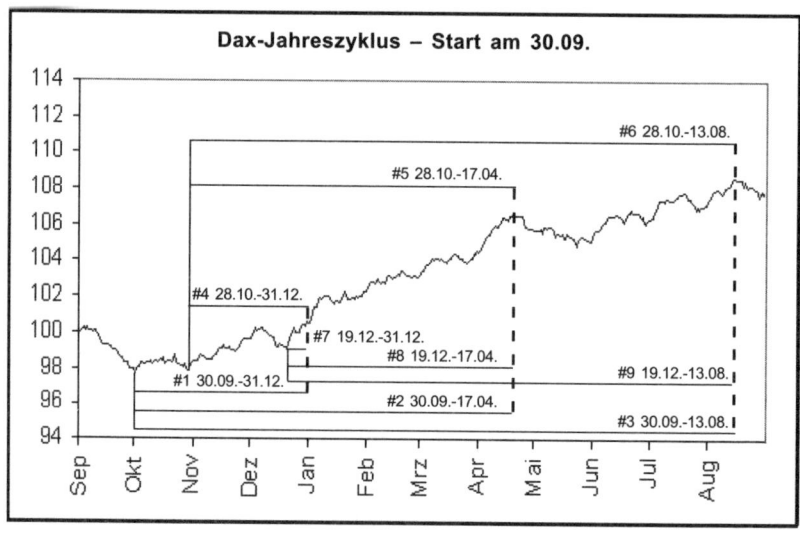

Zyklen-Portfolio # 1 – Kennzahlen

Einstieg	30. Sep	Gewinn-Trades	26
Ausstieg	31. Dez	durchschnittliche Performance	10,75%
Gesamt-Trades	46	Verlust-Trades	20
durchschnittliche Performance	3,33%	durchschnittliche Performance	-6,32%
Gewinn-Wahrscheinlichkeit	56,52%	Beste Phase	1999
Investierte Tage	2914	Performance	30,40%
Gesamtperf.	234,0%	durchschnittliche Tagesrendite	0,40%
durchschnittliche Tagesrendite	0,041%	Schlechteste Phase	1987
Anfangskapital	10.000	Performance	-37,39%
Endkapital	33.399	durchschnittliche Tagesrendite	-0,72%

Portfolio-Entwicklung

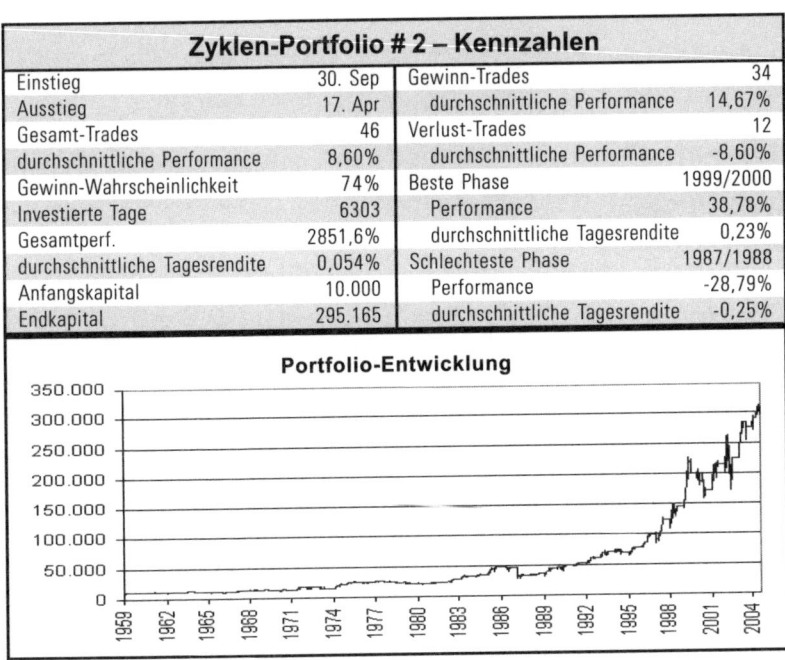

Zyklen-Portfolio # 2 – Kennzahlen

Einstieg	30. Sep	Gewinn-Trades	34
Ausstieg	17. Apr	durchschnittliche Performance	14,67%
Gesamt-Trades	46	Verlust-Trades	12
durchschnittliche Performance	8,60%	durchschnittliche Performance	-8,60%
Gewinn-Wahrscheinlichkeit	74%	Beste Phase	1999/2000
Investierte Tage	6303	Performance	38,78%
Gesamtperf.	2851,6%	durchschnittliche Tagesrendite	0,23%
durchschnittliche Tagesrendite	0,054%	Schlechteste Phase	1987/1988
Anfangskapital	10.000	Performance	-28,79%
Endkapital	295.165	durchschnittliche Tagesrendite	-0,25%

Portfolio-Entwicklung

Zyklen-Portfolio # 3 – Kennzahlen

Einstieg	30. Sep	Gewinn-Trades	32
Ausstieg	13. Aug	durchschnittliche Performance	20,61%
Gesamt-Trades	46	Verlust-Trades	14
durchschnittliche Performance	10,57%	durchschnittliche Performance	-12,37%
Gewinn-Wahrscheinlichkeit	69,57%	Beste Phase	1996/1997
Investierte Tage	9982	Performance	60,51%
Gesamtperf.	4736,1%	durchschnittliche Tagesrendite	0,22%
Tagesrendite	0,039%	Schlechteste Phase	1961/1962
Anfangskapital	10.000	Performance	-22,82%
Endkapital	483.608	Tagesrendite	-0,12%

Portfolio-Entwicklung

Zyklen-Portfolio # 4 – Kennzahlen

Einstieg	28. Okt	Gewinn-Trades	29
Ausstieg	31. Dez	durchschnittliche Performance	7,82%
Gesamt-Trades	46	Verlust-Trades	17
durchschnittliche Performance	3,15%	durchschnittliche Performance	-4,83%
Gewinn-Wahrscheinlichkeit	63%	Beste Phase	1989
Investierte Tage	2004	Performance	23,14%
Gesamtperf.	257,2%	durchschnittliche Tagesrendite	0,50%
durchschnittliche Tagesrendite	0,064%	Schlechteste Phase	1973
Anfangskapital	10.000	Performance	-16,96%
Endkapital	35.719	durchschnittliche Tagesrendite	-0,45%

Portfolio-Entwicklung

Zyklen-Portfolio # 5 – Kennzahlen

Einstieg	28. Okt	Gewinn-Trades	31
Ausstieg	17. Apr	durchschnittliche Performance	15,52%
Gesamt-Trades	46	Verlust-Trades	15
durchschnittliche Performance	8,48%	durchschnittliche Performance	-6,05%
Gewinn-Wahrscheinlichkeit	67%	Beste Phase	1997/1998
Investierte Tage	5393	Performance	46,93%
Gesamtperf.	2865,8%	durchschnittliche Tagesrendite	0,33%
durchschnittliche Tagesrendite	0,063%	Schlechteste Phase	2000/2001
Anfangskapital	10.000	Performance	-14,72%
Endkapital	296.584	durchschnittliche Tagesrendite	-0,14%

Portfolio-Entwicklung

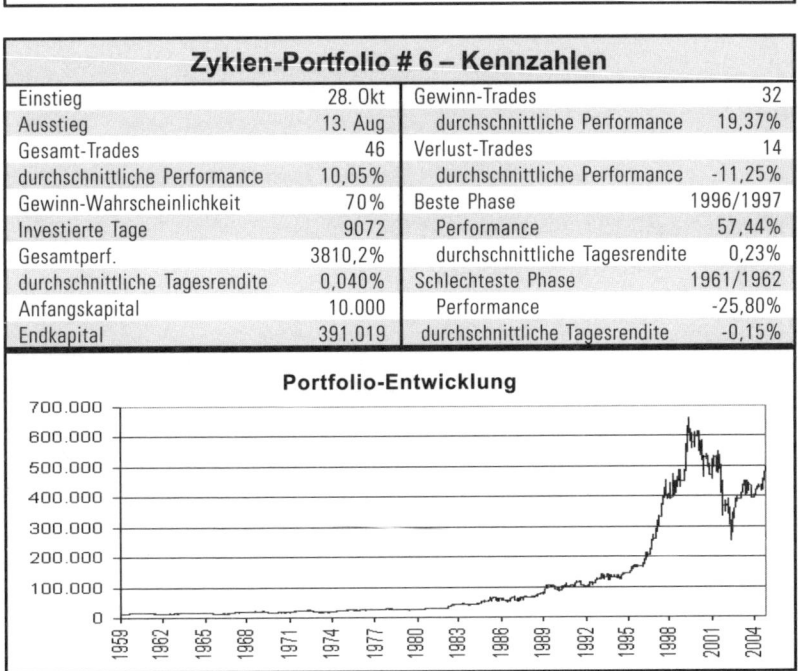

Zyklen-Portfolio # 6 – Kennzahlen

Einstieg	28. Okt	Gewinn-Trades	32
Ausstieg	13. Aug	durchschnittliche Performance	19,37%
Gesamt-Trades	46	Verlust-Trades	14
durchschnittliche Performance	10,05%	durchschnittliche Performance	-11,25%
Gewinn-Wahrscheinlichkeit	70%	Beste Phase	1996/1997
Investierte Tage	9072	Performance	57,44%
Gesamtperf.	3810,2%	durchschnittliche Tagesrendite	0,23%
durchschnittliche Tagesrendite	0,040%	Schlechteste Phase	1961/1962
Anfangskapital	10.000	Performance	-25,80%
Endkapital	391.019	durchschnittliche Tagesrendite	-0,15%

Portfolio-Entwicklung

Zyklen-Portfolio # 7 – Kennzahlen

Einstieg	19. Dez	Gewinn-Trades	35
Ausstieg	31. Dez	durchschnittliche Performance	2,73%
Gesamt-Trades	46	Verlust-Trades	11
durchschnittliche Performance	1,51%	durchschnittliche Performance	-2,36%
Gewinn-Wahrscheinlichkeit	76%	Beste Phase	1989
Investierte Tage	339	Performance	9,58%
Gesamtperf.	94,6%	durchschnittliche Tagesrendite	1,31%
durchschnittliche Tagesrendite	0,197%	Schlechteste Phase	1987
Anfangskapital	10.000	Performance	-10,18%
Endkapital	19.461	durchschnittliche Tagesrendite	-1,19%

Portfolio-Entwicklung

Zyklen-Portfolio # 8 – Kennzahlen

Einstieg	19. Dez	Gewinn-Trades	34
Ausstieg	17. Apr	durchschnittliche Performance	10,80%
Gesamt-Trades	46	Verlust-Trades	12
durchschnittliche Performance	6,81%	durchschnittliche Performance	-4,48%
Gewinn-Wahrscheinlichkeit	73,91%	Beste Phase	1997/1998
Investierte Tage	3729	Performance	28,32%
Gesamtperf.	1634,0%	Tagesrendite	0,32%
Tagesrendite	0,077%	Schlechteste Phase	1969/1970
Anfangskapital	10.000	Performance	-9,84%
Endkapital	173.404	Tagesrendite	-0,13%

Portfolio-Entwicklung

Zyklen-Portfolio # 9 – Kennzahlen

Einstieg	19. Dez	Gewinn-Trades	32
Ausstieg	13. Aug	durchschnittliche Performance	17,18%
Gesamt-Trades	46	Verlust-Trades	14
durchschnittliche Performance	8,84%	durchschnittliche Performance	-10,23%
Gewinn-Wahrscheinlichkeit	70%	Beste Phase	1996/1997
Investierte Tage	7408	Performance	51,60%
Gesamtperf.	2750,8%	durchschnittliche Tagesrendite	0,26%
durchschnittliche Tagesrendite	0,045%	Schlechteste Phase	2001/2002
Anfangskapital	10.000	Performance	-26,50%
Endkapital	285.078	durchschnittliche Tagesrendite	-0,19%

Portfolio-Entwicklung

Zusammenfassung

Es wurden für den Dax neun Zyklen-Portfolios untersucht.

Die höchste *Gewinn-Wahrscheinlichkeit* von 76% errechnet sich für ein Zyklen-Portfolio (#7), das immer zwischen dem 19.12. und dem 31.12. investiert. Danach folgen mit einer Gewinn-Wahrscheinlichkeit von jeweils 74% Portfolios, die zwischen dem 19.12. und dem 17.04. (#8) sowie zwischen dem 30.09. und dem 17.04. (#2) engagiert sind.

Die höchste durchschnittliche *Tages-Rendite* von 0,197% kann ebenfalls im Zeitraum 19.12.-31.12. (#7) erwirtschaftet werden. Die zweithöchste von 0,077% zwischen dem 19.12. und dem 17.04. (#8) und die dritthöchste von 0,064% im Zeitraum 28.10.-31.12. (#4) knapp vor 0,063% zwischen 28.10. und 17.04. (#5). Doch die Tages-Renditen haben nur eine eingeschränkte Aussagekraft, denn es kommt auf den Gesamtgewinn an.

Das höchste *Endkapital* von 483.608 Euro erreicht ein Zyklen-Portfolio, das zwischen dem 30.09. und dem 13.08. (#3) im Dax investiert ist. Auf dem zweiten Platz folgt der Anlagezeitraum 28.10.-13.08. mit einem Endkapital von 391.019

Dax-Portfolios im Jahreszyklus

	#1	#2	#3	#4	#5	#6	#7	#8	#9	
Rendite per anno	7,17%	10,53%	9,60%	7,83%	11,07%	10,15%	7,16%	10,56%	9,66%	**5,25%**
Endkapital mit Zinsanlage	242.087	1.000.569	676.894	320.931	1.250.834	852.765	240.866	1.012.882	694.980	**99.889**
Endkapital	33.399	295.165	483.608	35.719	296.584	391.019	19.461	173.404	285.078	
Tagesrendite	0,041%	0,054%	0,039%	0,064%	0,063%	0,040%	0,197%	0,077%	0,045%	
Gesamtperformance	234%	2852%	4736%	257%	2866%	3810%	95%	1634%	2751%	**899%**
Investierte Tage	2914	6303	9982	2004	5393	9072	339	3729	7408	**11248**
Gewinn-Wahrscheinlichkeit	57%	74%	70%	63%	67%	70%	76%	74%	70%	
durchschn. Performance	-6,3%	-8,6%	-12,4%	-4,8%	-6,1%	-11,2%	-2,4%	-4,5%	-10,2%	
Verlust-Trades	20	12	14	17	15	14	11	12	14	
durchschn. Performance	10,8%	14,7%	20,6%	7,8%	15,5%	19,4%	2,7%	10,8%	17,2%	
Gewinn-Trades	26	34	32	29	31	32	35	34	32	
durchschn. Performance	3,3%	8,6%	10,6%	3,1%	8,5%	10,1%	1,5%	6,8%	8,8%	
Gesamt-Trades	46	46	46	46	46	46	46	46	46	1
Ausstieg	31.12	17.4	13.8	31.12	17.4	13.8	31.12	17.4	13.8	31.12.04
Einstieg	30.9	30.9	30.9	28.10	28.10	28.10	19.12	19.12	19.12	1.1.60
Markt	Dax	Dax	Dax	Dax	Dax	Dax	Dax	Dax	Dax	Dax
Zyklen-Portfolio	#1	#2	#3	#4	#5	#6	#7	#8	#9	

(#6). Die nächsterfolgreichen Zyklen-Portfolios investieren zwischen dem 28.10. und dem 17.04. (#5) und kommen damit auf eine Endsumme von 296.584 Euro, knapp vor den 295.165, die bei Investments zwischen dem 30.09. und dem 17.04. (#2) erzielt werden konnten.

Zwischen den einzelnen Zyklen-Portfolios gibt es massive Unterschiede im Endkapital, die nicht alleine auf den Erfolg im jeweiligen Zyklus, sondern im hohen Maß auf die unterschiedlichen Haltedauern zurückzuführen sind. So war das Portfolio #3 an 9982 Tagen im Dax investiert, das Portfolio #7 (das auf die fünffache Tagesrendite kommt), aber nur an 339 Tagen. Damit die Portfolios nun objektiv miteinander verglichen werden können, ist für die Zeit, in der das Zyklus-Modell nicht investiert war, eine Verzinsung zu unterstellen. Wir haben hier der Einfachheit halber mit einem Zinssatz von 6% p.a. gerechnet, nachdem die Rendite der US-Staatsanleihen in den letzten 20 Jahren zwischen 11% und 3,5% schwankte.

Werden nun Zins-Einnahmen berücksichtigt, ergibt sich das höchste Endkapital für das Zyklen-Portfolio #5, das zwischen dem 28.10. und dem 17.04. investiert. Aus 10.000 Euro wurden hier 1.250.834 Euro, was einem durchschnittlichen Gewinn von 11,07% jährlich entspricht.

Auf dem zweiten Platz folgen die Portfolios #8 (19.12.-17.04.) mit einem Endkapital von 1.012.882 (+10,56% p.a.) sowie #2 mit 1.000.569 (30.09.-17.04.; +10,53% p.a.) vor dem Zyklus-Portfolio #6, das zwischen dem 28.10. und dem 13.08. investiert und auf ein Endkapital von 852.765 Euro (+10,15% p.a.) kommt.

Noch einmal zum Vergleich:

Aus einem Dax-Investment von 10.000 Euro am 4. Januar 1960 wären bis zum 30.12.2004 lediglich 99.889 Euro geworden (+5,25% p.a.).

Fazit

Die auf Grundlage des Jahreszyklus konstruierten Zyklen-Portfolios schlagen die Buy-and-hold-Strategie im Dax um Längen, da ein Vielfaches an Kursgewinnen erzielt wird, obwohl dafür lediglich zweimal jährlich Transaktionen erforderlich sind.

Dabei ist zusätzlich noch zu berücksichtigen, dass die deutlich höheren Renditen innerhalb wesentlich kürzerer Anlagezeiträume erzielt werden, während sich der permanente Dax-Investor Tag für Tag den Risiken der Börsen aussetzt.

Zyklen-Portfolios sind erfolgreicher!

7.1.3 Dow Jones-Performance allgemein

Dow Jones Buy-and-hold

Für den Dow Jones errechnet sich seit 1897 ein Gewinn von 36.036%.

Ein Anleger, der von seinem (Ur-) Großvater ein Portfolio übernommen hätte, das seit dem 02.01.1897 ununterbrochen im Dow Jones investiert gewesen wäre (Buy-and-hold), hätte aus 10.000 US-Dollar bis zum 31.12.2004 genau 3.613.609 Dollar gemacht. Das ist die sog. „Benchmark", also das Endergebnis, mit dem die Zyklen-Portfolios zu vergleichen sind.

7.1.4 Portfolios im Dow Jones-Jahreszyklus

Die Abbildung des Jahreszyklus für den Dow Jones beginnt zur besseren Darstellung am 1. Februar und endet nach 19 Monaten am 30. September des nächsten Jahres. Damit zeigt der Chart auf einen Blick, für welche Anlagezeiträume die entsprechenden Zyklen-Portfolios berechnet wurden.

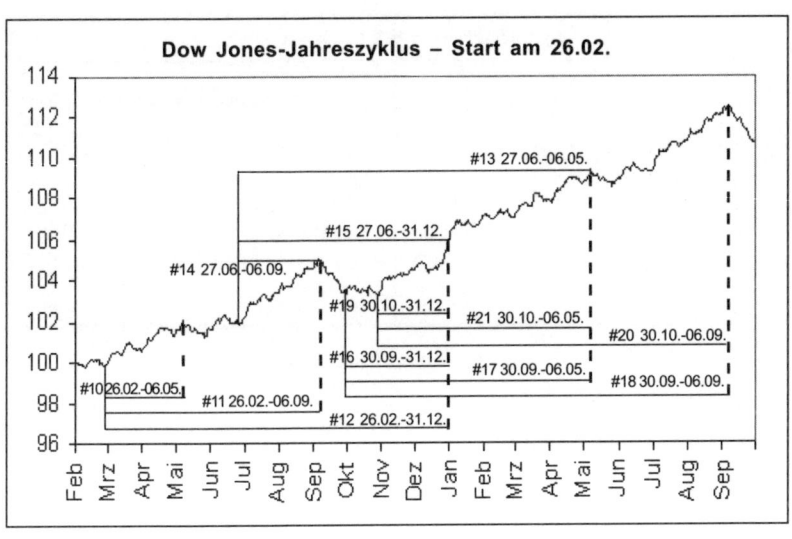

Zyklen-Portfolio # 10 – Kennzahlen

Einstieg	26. Feb	Gewinn-Trades	66
Ausstieg	06. Mai	durchschnittliche Performance	6,55%
Gesamt-Trades	109	Verlust-Trades	43
durchschnittliche Performance	1,84%	durchschnittliche Performance	-5,40%
Gewinn-Wahrscheinlichkeit	60,55%	Beste Phase	1933
Investierte Tage	5646	Performance	51,97%
Gesamtperf.	395,8%	Tagesrendite	1,00%
Tagesrendite	0,028%	Schlechteste Phase	1932
Anfangskapital	10.000	Performance	-28,45%
Endkapital	49.581	Tagesrendite	-0,67%

Portfolio-Entwicklung

Zyklen-Portfolio # 11 – Kennzahlen

Einstieg	26. Feb	Gewinn-Trades	74
Ausstieg	06. Sep	durchschnittliche Performance	11,99%
Gesamt-Trades	108	Verlust-Trades	34
durchschnittliche Performance	5,05%	durchschnittliche Performance	-10,04%
Gewinn-Wahrscheinlichkeit	68,52%	Beste Phase	1933
Investierte Tage	15200	Performance	98,98%
Gesamtperf.	6662,2%	Tagesrendite	0,55%
Tagesrendite	0,028%	Schlechteste Phase	1931
Anfangskapital	10.000	Performance	-33,12%
Endkapital	676.216	Tagesrendite	-0,29%

Portfolio-Entwicklung

Zyklen-Portfolio # 12 – Kennzahlen

Einstieg	26. Feb	Gewinn-Trades	74
Ausstieg	31. Dez	durchschnittliche Performance	16,53%
Gesamt-Trades	108	Verlust-Trades	34
durchschnittliche Performance	6,63%	durchschnittliche Performance	-14,91%
Gewinn-Wahrscheinlichkeit	68,52%	Beste Phase	1933
Investierte Tage	24041	Performance	98,99%
Gesamtperf.	10.527,6%	Tagesrendite	0,34%
Tagesrendite	0,019%	Schlechteste Phase	1931
Anfangskapital	10.000	Performance	-59,67%
Endkapital	1.062.756	Tagesrendite	-0,42%

Portfolio-Entwicklung

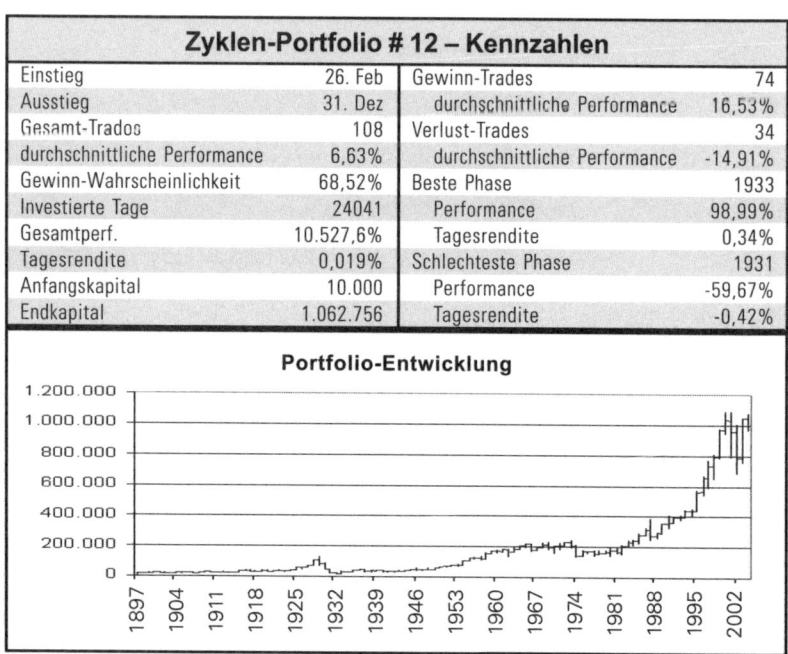

Zyklen-Portfolio # 13 – Kennzahlen

Einstieg	27. Jun	Gewinn-Trades	70
Ausstieg	06. Sep	durchschnittliche Performance	7,61%
Gesamt-Trades	109	Verlust-Trades	39
durchschnittliche Performance	2,76%	durchschnittliche Performance	-5,93%
Gewinn-Wahrscheinlichkeit	64,22%	Beste Phase	1932
Investierte Tage	5646	Performance	79,11%
Gesamtperf.	1088,7%	Tagesrendite	1,17%
Tagesrendite	0,044%	Schlechteste Phase	1974
Anfangskapital	10.000	Performance	-16,06%
Endkapital	118.874	Tagesrendite	-0,35%

Portfolio-Entwicklung

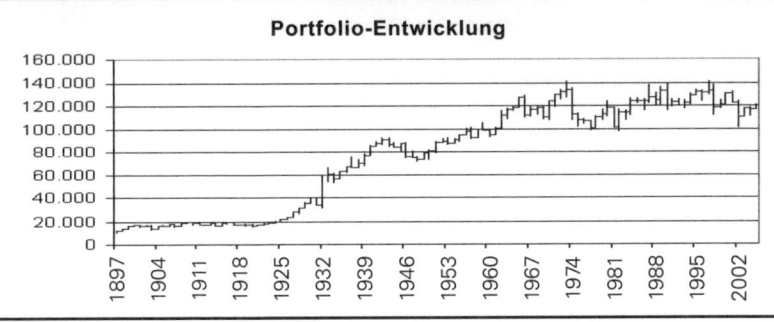

Zyklen-Portfolio # 14 – Kennzahlen

Einstieg	27. Jun	Gewinn-Trades	72
Ausstieg	31. Dez	durchschnittliche Performance	11,69%
Gesamt-Trades	108	Verlust-Trades	36
durchschnittliche Performance	3,80%	durchschnittliche Performance	-12,00%
Gewinn-Wahrscheinlichkeit	66,67%	Beste Phase	1928
Investierte Tage	14490	Performance	43,23%
Gesamtperf.	1676,0%	Tagesrendite	0,25%
Tagesrendite	0,020%	Schlechteste Phase	1931
Anfangskapital	10.000	Performance	-49,22%
Endkapital	177.597	Tagesrendite	-0,53%

Portfolio-Entwicklung

Zyklen-Portfolio # 15 – Kennzahlen

Einstieg	27. Jun	Gewinn-Trades	71
Ausstieg	06. Mai	durchschnittliche Performance	17,24%
Gesamt-Trades	108	Verlust-Trades	37
durchschnittliche Performance	7,32%	durchschnittliche Performance	-11,72%
Gewinn-Wahrscheinlichkeit	65,74%	Beste Phase	1932/1933
Investierte Tage	24291	Performance	77,51%
Gesamtperf.	30.473,9%	Tagesrendite	0,28%
Tagesrendite	0,024%	Schlechteste Phase	1931/1932
Anfangskapital	10.000	Performance	-61,53%
Endkapital	3.057.389	Tagesrendite	-0,44%

Portfolio-Entwicklung

Zyklen-Portfolio # 16 – Kennzahlen

Einstieg	30. Sep	Gewinn-Trades	68
Ausstieg	31. Dez	durchschnittliche Performance	7,59%
Gesamt-Trades	108	Verlust-Trades	40
durchschnittliche Performance	2,22%	durchschnittliche Performance	-6,91%
Gewinn-Wahrscheinlichkeit	62,96%	Beste Phase	1900
Investierte Tage	7118	Performance	28,06%
Gesamtperf.	553,3%	Tagesrendite	0,34%
Tagesrendite	0,026%	Schlechteste Phase	1929
Anfangskapital	10.000	Performance	-28,02%
Endkapital	65.335	Tagesrendite	-0,53%

Portfolio-Entwicklung

Zyklen-Portfolio # 17 – Kennzahlen

Einstieg	30. Sep	Gewinn-Trades	68
Ausstieg	06. Mai	durchschnittliche Performance	14,26%
Gesamt-Trades	108	Verlust-Trades	40
durchschnittliche Performance	5,59%	durchschnittliche Performance	-9,15%
Gewinn-Wahrscheinlichkeit	62,96%	Beste Phase	1998/1999
Investierte Tage	16491	Performance	38,91%
Gesamtperf.	10.961,2%	Tagesrendite	0,22%
Tagesrendite	0,029%	Schlechteste Phase	1931/1932
Anfangskapital	10.000	Performance	-39,20%
Endkapital	1.106.115	Tagesrendite	-0,33%

Portfolio-Entwicklung

Zyklen-Portfolio # 18 – Kennzahlen

Einstieg	30. Sep	Gewinn-Trades	67
Ausstieg	06. Sep	durchschnittliche Performance	20,65%
Gesamt-Trades	108	Verlust-Trades	41
durchschnittliche Performance	8,50%	durchschnittliche Performance	-11,36%
Gewinn-Wahrscheinlichkeit	62,04%	Beste Phase	1928/1929
Investierte Tage	26515	Performance	56,00%
Gesamtperf.	107.084,7%	Tagesrendite	0,19%
Tagesrendite	0,026%	Schlechteste Phase	1930/1931
Anfangskapital	10.000	Performance	-37,22%
Endkapital	10.718.470	Tagesrendite	-0,20%

Portfolio-Entwicklung

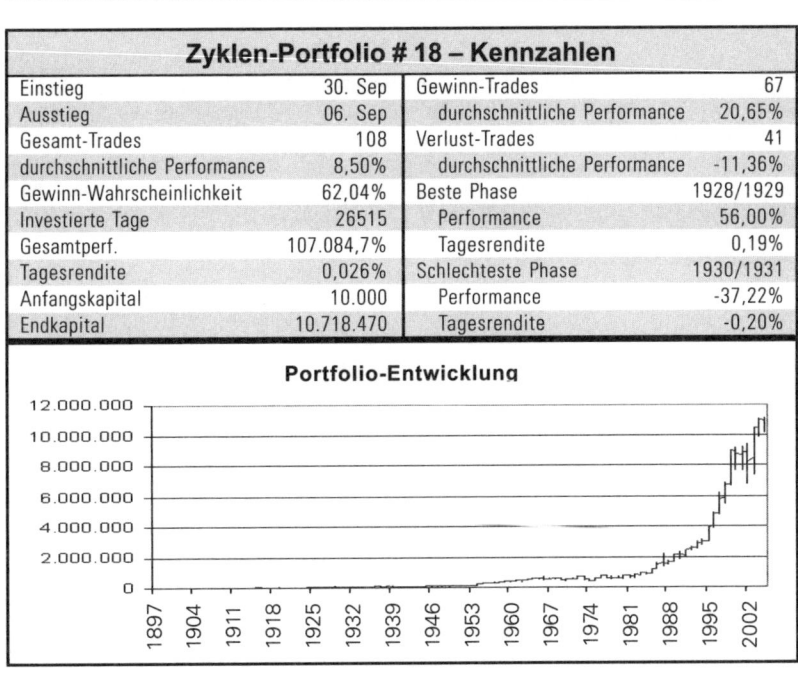

Zyklen-Portfolio # 19 – Kennzahlen

Einstieg	30. Okt	Gewinn-Trades	70
Ausstieg	31. Dez	durchschnittliche Performance	5,80%
Gesamt-Trades	108	Verlust-Trades	38
durchschnittliche Performance	2,05%	durchschnittliche Performance	-4,85%
Gewinn-Wahrscheinlichkeit	64,81%	Beste Phase	1900
Investierte Tage	4759	Performance	18,19%
Gesamtperf.	592,3%	Tagesrendite	0,34%
Tagesrendite	0,041%	Schlechteste Phase	1931
Anfangskapital	10.000	Performance	-25,46%
Endkapital	69.226	Tagesrendite	-0,70%

Portfolio-Entwicklung

Zyklen-Portfolio # 20 – Kennzahlen

Einstieg	30. Okt	Gewinn-Trades	72
Ausstieg	06. Mai	durchschnittliche Performance	12,49%
Gesamt-Trades	108	Verlust-Trades	36
durchschnittliche Performance	5,40%	durchschnittliche Performance	-8,79%
Gewinn-Wahrscheinlichkeit	66,67%	Beste Phase	1898/1899
Investierte Tage	14562	Performance	32,43%
Gesamtperf.	11.576,7%	Tagesrendite	0,19%
Tagesrendite	0,033%	Schlechteste Phase	1932
Anfangskapital	10.000	Performance	-43,52%
Endkapital	1.167.673	Tagesrendite	-0,44%

Portfolio-Entwicklung

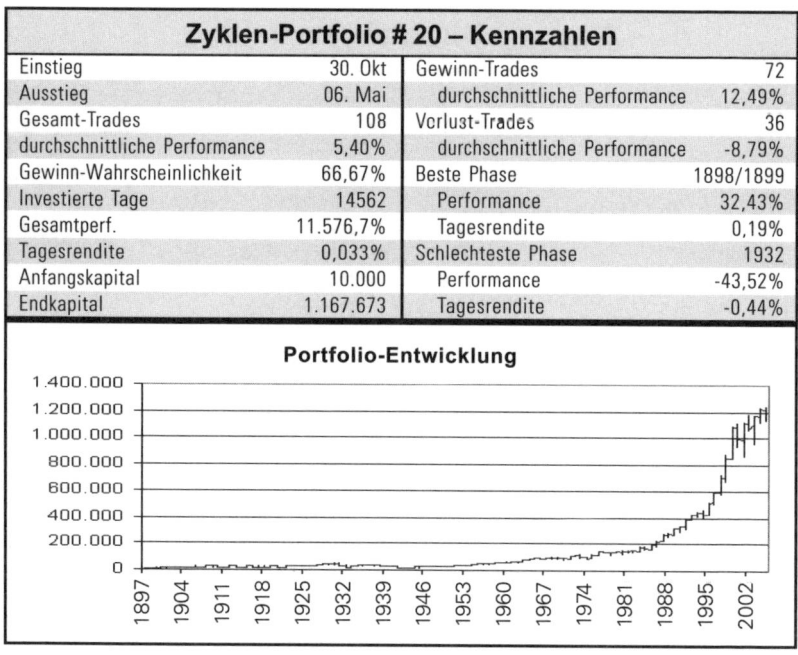

Zyklen-Portfolio # 21 – Kennzahlen

Einstieg	30. Okt	Gewinn-Trades	71
Ausstieg	06. Sep	durchschnittliche Performance	18,82%
Gesamt-Trades	108	Verlust-Trades	37
durchschnittliche Performance	8,35%	durchschnittliche Performance	-11,74%
Gewinn-Wahrscheinlichkeit	65,74%	Beste Phase	1932/1933
Investierte Tage	24119	Performance	61,19%
Gesamtperf.	114.757,2%	Tagesrendite	0,23%
Tagesrendite	0,029%	Schlechteste Phase	1930/1931
Anfangskapital	10.000	Performance	-31,62%
Endkapital	11.485.722	Tagesrendite	-0,18%

Portfolio-Entwicklung

Zusammenfassung

Es wurden für den Dow Jones zwölf Zyklen-Portfolios untersucht.

Die höchste *Gewinn-Wahrscheinlichkeit* von 69% errechnet sich für die beiden Zyklen-Portfolios, die am 26.02. starten und am 06.09. (#11) bzw. am 31.12. (#12) wieder aus dem Markt gehen. Danach folgen mit Gewinn-Wahrscheinlichkeiten von jeweils 67% die Portfolios mit Anlagezeiträumen zwischen dem 27.06. und dem 31.12. (#14) sowie zwischen dem 30.10. und dem 06.05. (#20).

Die höchste durchschnittliche *Tages-Rendite* von 0,044% kann im Zeitraum 27.06.-06.09. (#13) erwirtschaftet werden. Die zweithöchste von 0,041% zwischen dem 30.10. und dem 31.12. (#19) und die dritthöchste von 0,033% im Zeitraum 30.10.-06.05. (#20) Doch wie bereits im Dax dargestellt, haben die Tages-Renditen lediglich eine eingeschränkte Aussagekraft, da der Gesamtgewinn entscheidet.

Das höchste *Endkapital* von 11.485.722 US-Dollar erreicht ein Zyklen-Portfolio, das zwischen dem 30.10. und dem 06.09. (#21) in den Dow Jones investiert. Auf dem zweiten Platz folgt der Anlagezeitraum 30.09. -06.09. mit einem Endkapital von 10.718.470 (#18). Alle weiteren Zyklen-Portfolios kommen auf deutlich niedrigere Kursgewinne.

Zwischen den einzelnen Zyklen-Portfolios gibt es allerdings abermals massive Unterschiede im Endkapital, die nicht alleine auf den Erfolg im jeweiligen Zyklus, sondern wesentlich auf die unterschiedlichen Haltedauern zurückzuführen sind. So war das Portfolio #19 in der Historie des Dow Jones nur an 4759 Tagen investiert, das Portfolio #18 aber theoretisch an 26.515 Tagen. Um die Portfolios objektiv miteinander zu vergleichen, ist eine Verzinsung für die Zeit zu unterstellen, in der das Zyklus-Modell nicht investiert war. Grundlage ist auch hier ein durchschnittlicher Zinssatz von 6% p.a.

Werden nun auch Zins-Einnahmen berücksichtigt, ergibt sich das höchste Endkapital für das Zyklen-Portfolio #21, das zwischen dem 30.10. und dem 06.09. investiert. Aus ursprünglich 10.000 US-Dollar wurden hier 33.307.749 Dollar, was einem durchschnittlichen Gewinn von 7,8% jährlich entspricht.

Auf dem zweiten Platz folgt das Portfolio #20 (30.10.-06.05.) mit einem Endkapital von 27.599.684 (+7,61% p.a.), deutlich vor dem Zyklus-Portfolio #13 mit 17.853.494, das zwischen dem 27.06. und dem 06.09. investiert und damit auf eine Jahresrendite von 7,11% kommt.

Auch hier noch einmal der Vergleich:

Aus einem Dow Jones-Investment von 10.000 US-Dollar am 2. Januar 1897 wären bis zum 31.12.2004 lediglich 3.613.609 Dollar geworden.

Dow Jones-Portfolios im Jahreszyklus

Zyklen-Portfolio	#10	#11	#12	#13	#14	#15	#16	#17	#18	#19	#20	#21	
Rendite per anno	6,51%	6,94%	5,45%	7,11%	5,75%	6,36%	6,29%	7,04%	7,07%	6,85%	7,61%	7,80%	5,61%
Endkapital mit Zinsanlage	9.633.095	14.035.875	3.068.548	17.853.494	4.197.764	7.765.873	7.254.141	15.532.949	15.998.068	12.809.362	27.599.684	33.307.749	**3.613.609**
Endkapital	49.582	676.216	1.062.756	118.874	177.597	3.057.389	65.335	1.106.115	10.718.470	69.227	1.167.673	11.485.722	
Tagesrendite	0,028%	0,028%	0,019%	0,044%	0,020%	0,024%	0,026%	0,029%	0,026%	0,041%	0,033%	0,029%	
Gesamt-performance	396%	6662%	105289%	1089%	1676%	30474%	553%	109611%	1070085%	592%	11577%	114757%	**36036%**
Investierte Tage	5646	15200	24041	5646	14490	24291	7118	16491	26515	4759	14562	24119	**28431**
Gewinn-Wahrscheinlichkeit	61%	69%	69%	64%	67%	66%	63%	63%	62%	65%	67%	66%	
durchschn. Performance	-5,4%	-10,0%	-14,9%	-5,9%	-12,0%	-11,7%	-6,9%	-9,2%	-11,4%	-4,9%	-8,8%	-11,7%	
Verlust-Trades	43	34	34	39	36	37	40	40	41	38	36	37	
durchschn. Performance	6,6%	12,0%	16,5%	7,6%	11,7%	17,2%	7,6%	14,3%	20,6%	5,8%	12,5%	18,8%	
Gewinn-Trades	66	74	74	70	72	71	68	68	67	70	72	71	
durchschn. Performance	1,8%	5,1%	6,6%	2,8%	3,8%	7,3%	2,2%	5,6%	8,5%	2,1%	5,4%	8,4%	
Gesamt-Trades	109	108	108	109	108	108	108	108	108	108	108	108	1
Ausstieg	6.5	6.9	31.12	6.9	31.12	6.5	31.12	6.5	6.9	31.12	6.5	6.9	31.12.04
Einstieg	26.2	26.2	26.2	27.6	27.6	27.6	30.9	30.9	30.9	30.10	30.10	30.10	1.1.1897

Fazit:

Die auf Grundlage des Jahreszyklus konstruierten Zyklen-Portfolios schlagen die Buy-and-hold-Strategie auch für den Dow Jones sehr massiv, da ein vielfaches an Kursgewinnen erzielt wird, obwohl hier nur zweimal im Jahr zwischen Index- und Zinsinvestment geswitcht wird.

Und natürlich ist im Wesentlichen zu berücksichtigen, dass die höheren Renditen innerhalb deutlich kürzerer Anlagezeiträume erzielt werden können, also damit viele kritische Anlagephasen umschifft werden.

Zyklen-Portfolios erzielen höhere Renditen, bei geringeren Risiken!

7.2 Jahrzehntzyklus-Modelle

In diesem Abschnitt geht es um Anlagemodelle, die sich aus dem in Kapitel V dargestellten Jahrzehntzyklus ergeben. Alle Anlagezeiträume erstrecken sich damit über mehr als 1 Jahr.

7.2.1 Dax-Performance allgemein

Dax Buy-and-hold

Die „Benchmark", mit der die Ergebnisse der Zyklen-Portfolios zu vergleichen sind, bleibt im Dax bei 99.889 Euro, für den Anleger, der zwischen dem 01.01.1960 und dem 31.12.2004 ununterbrochen im Dax investiert gewesen wäre.

Erhebliche Performance-Unterschiede im Jahrzehntzyklus

Im Kapitel V wurden die Jahrzehntzyklen der Börsen untersucht und dort haben Sie gesehen, dass der Dax in den ersten drei Jahren eines Jahrzehnts (also in den 0er, 1er und 2er Jahren) per Saldo schwächer tendiert. In den Jahren, die mit einer 2 enden, werden in der Regel die zyklischen Tiefs des Jahrzehnts herausgebildet und danach steigen die Kurse wieder. Das Jahrzehnthoch entsteht zumeist zum Ende eines 9er Jahres. Das bedeutet:

Der Dax verliert in den ersten 3 Jahren eines Jahrzehnts durchschnittlich 16,5%, gewinnt in den folgenden 7 Jahren aber 140%. Rechnen wir:

Wer seit 1960 immer nur zwischen dem 1. Januar eines 0er Jahres und dem 31.12. eines 2er Jahres im Dax investiert gewesen wäre, hätte aus 10.000 Euro nur noch 3.384 Euro gemacht.

Bei einer Re-Investition der Gewinne wären aus ursprünglich 10.000 Euro, die seit 1963 immer zwischen dem 1. Januar eines 3er Jahres und dem 31.12. eines 9er Jahres in den Dax investiert worden wären, aber 252.990 Euro geworden.

Wer also in den ersten 3 Jahren eines Jahrzehnts auf ein Investment verzichtet, umgeht eine zyklische Verlustphase und erzielt in

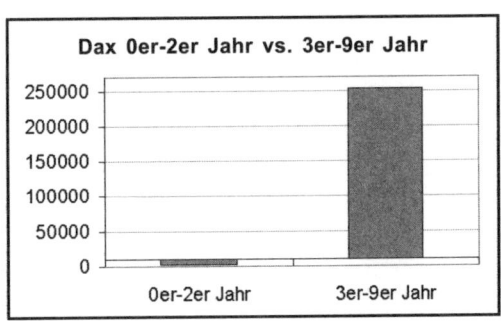

Dax 0er-2er Jahr vs. 3er-9er Jahr

den verbleibenden 7 Jahren einen um 148% höheren Gewinn, als der Buy-and-hold-Anleger, der den vollen 10-Jahres-Zeitraum investiert bleibt. Die nachfolgenden Portfolio-Modelle zeigen, wie sich der Jahrzehntzyklus geschickt ausnutzen läßt.

7.2.2 Portfolios im Dax-Jahrzehntzyklus

Die Abbildung zeigt, für welche Anlagezeiträume die entsprechenden Zyklen-Portfolios berechnet wurden.

Zyklen-Portfolio # 22 – Kennzahlen

Einstieg	9.10. 2er Jahr	Gewinn-Trades	5
Ausstieg	17.4. 6er Jahr	durchschnittliche Performance	79,16%
Gesamt-Trades	5	Verlust-Trades	0
durchschnittliche Performance	79,16%	durchschnittliche Performance	0,00%
Gewinn-Wahrscheinlichkeit	100,00%	Beste Phase	1982 - 1986
Investierte Tage	4272	Performance	197,25%
Gesamtperf.	1222,7%	Tagesrendite	0,12%
Tagesrendite	0,060%	Schlechteste Phase	1972 - 1976
Anfangskapital	10.000	Performance	4,29%
Endkapital	132.273	Tagesrendite	0,00%

Portfolio-Entwicklung

Zyklen-Portfolio # 23 – Kennzahlen

Einstieg	9.10. 2er Jahr	Gewinn-Trades	4
Ausstieg	31.12. 9er Jahr	durchschnittliche Performance	195,93%
Gesamt-Trades	5	Verlust-Trades	1
durchschnittliche Performance	154,57%	durchschnittliche Performance	-10,87%
Gewinn-Wahrscheinlichkeit	80,00%	Beste Phase	1992 - 1999
Investierte Tage	7973	Performance	366,57%
Gesamtperf.	4924,2%	Tagesrendite	0,08%
Tagesrendite	0,049%	Schlechteste Phase	1972 - 1979
Anfangskapital	10.000	Performance	-10,87%
Endkapital	502.423	Tagesrendite	-0,01%

Portfolio-Entwicklung

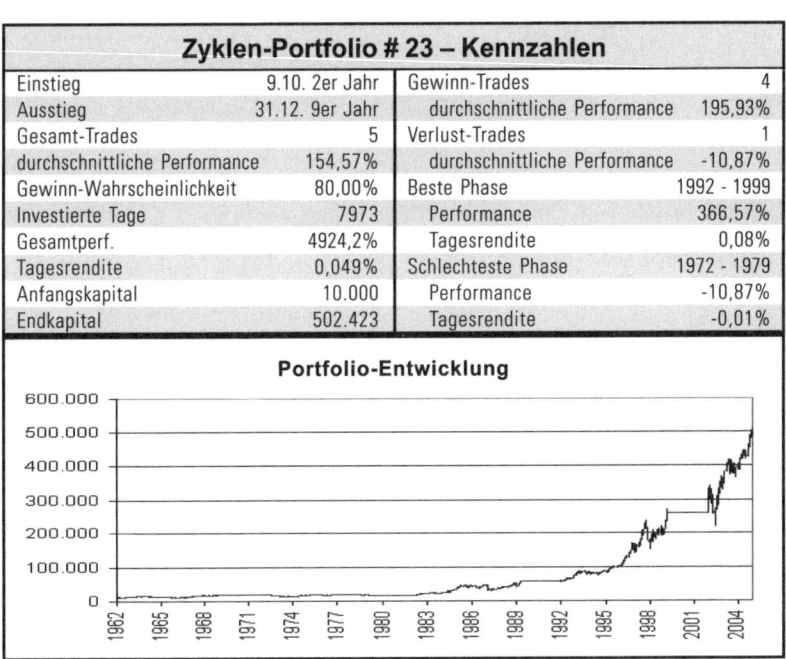

Zyklen-Portfolio # 24 – Kennzahlen

Einstieg	1.1. 3er Jahr	Gewinn-Trades	4
Ausstieg	31.12. 9er Jahr	durchschnittliche Performance	144,74%
Gesamt-Trades	5	Verlust-Trades	1
durchschnittliche Performance	114,06%	durchschnittliche Performance	-8,64%
Gewinn-Wahrscheinlichkeit	80,00%	Beste Phase	1993 -1999
Investierte Tage	7400	Performance	264,15%
Gesamtperf.	2429,9%	Tagesrendite	0,08%
Tagesrendite	0,044%	Schlechteste Phase	1973 - 1979
Anfangskapital	10.000	Performance	-8,64%
Endkapital	252.990	Tagesrendite	-0,01%

Portfolio-Entwicklung

Zyklen-Portfolio # 25 – Kennzahlen

Einstieg	1.1. 5er Jahr	Gewinn-Trades	5
Ausstieg	31.12. 9er Jahr	durchschnittliche Performance	80,91%
Gesamt-Trades	5	Verlust-Trades	0
durchschnittliche Performance	80,91%	durchschnittliche Performance	0,00%
Gewinn-Wahrscheinlichkeit	100,00%	Beste Phase	1995 - 1999
Investierte Tage	5199	Performance	222,94%
Gesamtperf.	1152,4%	Tagesrendite	0,09%
Tagesrendite	0,049%	Schlechteste Phase	2005
Anfangskapital	10.000	Performance	16,39%
Endkapital	125.240	Tagesrendite	0,08%

Portfolio-Entwicklung

Zyklen-Portfolio # 26 – Kennzahlen

Einstieg	22.7. 6er Jahr	Gewinn-Trades	3
Ausstieg	31.12. 9er Jahr	durchschnittliche Performance	98,86%
Gesamt-Trades	4	Verlust-Trades	1
durchschnittliche Performance	71,65%	durchschnittliche Performance	-9,99%
Gewinn-Wahrscheinlichkeit	75,00%	Beste Phase	1996 - 1999
Investierte Tage	3446	Performance	170,59%
Gesamtperf.	538,9%	Tagesrendite	0,11%
Tagesrendite	0,054%	Schlechteste Phase	1976 - 1979
Anfangskapital	10.000	Performance	-9,99%
Endkapital	63.888	Tagesrendite	-0,01%

Portfolio-Entwicklung

Zusammenfassung

Es wurden für den Dax fünf Zyklen-Portfolios untersucht.

Die maximale *Gewinn-Wahrscheinlichkeit* von 100% errechnet sich für die Zyklen-Portfolios #22 und #25, die zwischen dem 09.10. eines 2er Jahres und dem 17.04. eines 6er Jahres bzw. zwischen dem 01.01. eines 5er Jahres und dem 31.12. eines 9er Jahres investieren. In der Dax-Historie hat es in diesen Zeiträumen also bisher noch keine einzige Verlustphase gegeben.

Die höchste durchschnittliche *Tages-Rendite* von 0,06% kann bei einer Anlage zwischen dem 09.10. eines 2er und dem 17.04. eines 6er Jahres (#22) erzielt werden. Die zweithöchste Tages-Rendite 0,054% ergibt sich bei Investments zwischen dem 22.07. eines 6er Jahres und dem 31.12. eines 9er Jahres (#26).

Doch die Tages-Renditen haben nur eine eingeschränkte Aussagekraft, denn es kommt auf den Gesamtgewinn an.

Das höchste *Endkapital* von 502.423 Euro erreicht ein Zyklen-Portfolio, das am 09.10. eines 2er Jahres einsteigt und zum Jahrzehntwechsel wieder aussteigt

Dax-Portfolios im Jahrzehntzyklus

Rendite per anno	9,55%	11,18%	9,57%	10,21%	8,86%	5,25%
Endkapital mit Zinsanlage	505.249	953.749	509.065	537.513	274.198	**99.889**
Endkapital	132.273	502.423	252.990	125.240	63.888	
Tagesrendite	0,060%	0,049%	0,044%	0,049%	0,054%	
Gesamtperformance	1223%	4924%	2430%	1152%	539%	**899%**
Investierte Tage	4272	7973	7400	5199	3446	**11248**
Gewinn-Wahrscheinlichkeit	100%	80%	80%	100%	75%	
durchschn. Performance	0,0%	-10,9%	-8,6%	0,0%	-10,0%	
Verlust-Trades	0	1	1	0	1	
durchschn. Performance	79,2%	195,9%	144,7%	80,3%	98,9%	
Gewinn-Trades	5	4	4	5	3	
durchschn. Performance	79,2%	154,6%	114,1%	80,9%	71,7%	
Gesamt-Trades	5	5	5	5	4	1
Ausstieg	17.4. 6er Jahr	31.12 9er Jahr	31.12. 9er Jahr	31.12. 9er Jahr	31.12. 9er Jahr	31.12.04
Einstieg	9.10. 2er Jahr	9.10. 2er Jahr	1.1. 3er Jahr	1.1. 5er Jahr	22.7. 6er Jahr	.01.60
Zyklen-Portfolio	#22	#23	#24	#25	#26	

(#23). Mit deutlichem Abstand folgt auf dem zweiten Platz mit einem Endkapital von 252.990 der Anlagezeitraum zwischen dem 01.03. eines 3er und dem 31.12. eines 9er Jahres (#24).

Hier ist abermals die unterschiedliche Haltedauer der jeweiligen Zyklen-Portfolios zu berücksichtigen, denn Portfolio #23 war an 7973 Tagen im Dax investiert, Portfolio #26 aber nur an 3446 Tagen. Wir rechnen auch hier mit einer Verzinsung von 6% für die Zeit, in der die Zyklus-Modelle nicht investiert waren.

Unter Berücksichtigung der Zins-Einnahmen, ergibt sich das höchste Endkapital für das Zyklen-Portfolio #23, das zwischen dem 09.10. eines 2er Jahres und dem 31.12. eines 9er Jahres investiert. Aus 10.000 Euro wurden hier 953.749 Euro, was einem durchschnittlichen Gewinn von 11,18% jährlich entspricht.

Auf dem zweiten Platz folgt das Zyklen-Portfolio #25 (01.01. eines 5er bis 31.12. eines 9er Jahres) mit einem Endkapital von 537.513 Euro, was einem jährlichen Gewinn von 10,2% entspricht.

Noch einmal zum Vergleich:

Aus einem Dax-Investment von 10.000 Euro am 1. Januar 1960 wären bis zum 31.12.2004 lediglich 99.889 Euro geworden (+5,25% p.a.).

Fazit:

Auch die nach dem Jahrzehntzyklus konstruierten Zyklen-Portfolios schlagen die Buy-and-hold-Strategie im Dax um Längen. Im Laufe eines Jahrzehnts sind lediglich zwei Transaktionen erforderlich, um ein Vielfaches an Kursgewinnen zu erzielen!

Zyklen-Portfolios erzielen Top-Renditen!

7.2.3   Dow Jones-Performance allgemein

Dow Jones Buy-and-hold

Für den Dow Jones errechnet sich seit 1897 ein Gewinn von 36.036%, d.h. aus 10.000 US-Dollar wurden bis zum 31.12.2004 genau 3.613.609 Dollar. Das ist die „Benchmark".

Erhebliche Performance-Unterschiede im Jahrzehntzyklus

Wie Sie aus den Jahrzehntzyklen gesehen haben, verliert der Dow Jones in den ersten beiden Jahren eines Jahrzehnts (also in 0er und 1er Jahren) sowie in 7er Jahren. In den Jahren, die mit einer 2 enden, werden in der Regel die zyklischen Tiefs des Jahrzehnts herausgebildet und der Hochpunkt folgt im 9er Jahr. Also:

Der Dow Jones verliert in den ersten beiden Jahren eines Jahrzehnts durchschnittlich -7,2% und gewinnt in den folgenden 8 Jahren 104,7%. Das bedeutet:

Wer seit 1900 immer nur zwischen dem 1. Januar eines 0er Jahres und dem 31.12. eines 1er Jahres im Dow Jones investiert gewesen wäre, hätte aus 10.000 US-Dollar nur noch 2.309 US-Dollar gemacht.

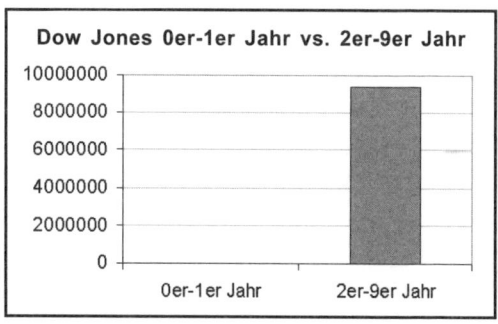

Bei einer Re-Investition der Gewinne wären aus ursprünglich 10.000 Dollar, die seit 1902 stets zwischen dem 1. Januar eines 2er Jahres und dem 31.12. eines 9er Jahres im Dow Jones investiert worden wären, aber 9.373.864 US-Dollar geworden.

Wer also in den ersten beiden Jahren eines Jahrzehnts nicht investiert, vermeidet eine zyklische Verlustphase und erzielt in den verbleibenden 8 Jahren einen um 159% höheren Gewinn als der Buy-and-hold-Anleger, der über den vollen 10-Jahres-Zeitraum investiert bleibt. Die nachfolgenden Portfolio-Modelle zeigen, welche Ergebnisse sich aus der Nutzung des Jahrzehntzyklus ergeben.

7.2.4 Portfolios im Dow Jones-Jahrzehntzyklus

Die Abbildung zeigt, für welche Anlagezeiträume die entsprechenden Zyklen-Portfolios berechnet wurden

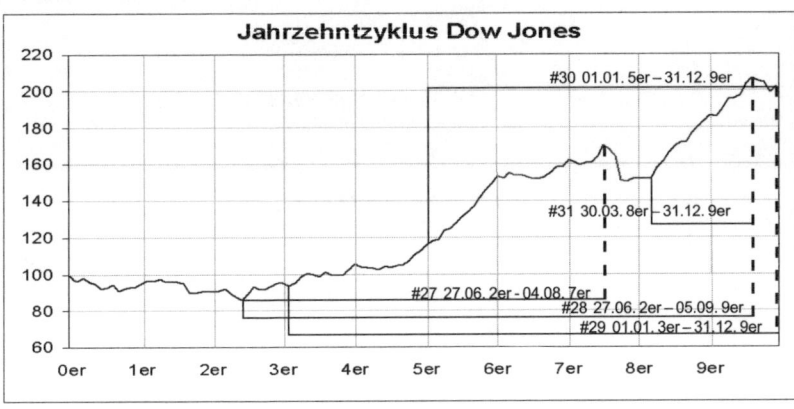

Zyklen-Portfolio # 27 – Kennzahlen			
Einstieg	27.6. 2er Jahr	Gewinn-Trades	10
Ausstieg	4.8. 7er Jahr	durchschnittliche Performance	109,35%
Gesamt-Trades	11	Verlust-Trades	1
durchschnittliche Performance	98,91%	durchschnittliche Performance	-5,51%
Gewinn-Wahrscheinlichkeit	90,91%	Beste Phase	1932 - 1937
Investierte Tage	14196	Performance	332,95%
Gesamtperf.	65.558,6%	Tagesrendite	0,12%
Tagesrendite	0,046%	Schlechteste Phase	1972 - 1977
Anfangskapital	10.000	Performance	-5,51%
Endkapital	6.565.865	Tagesrendite	-0,004%

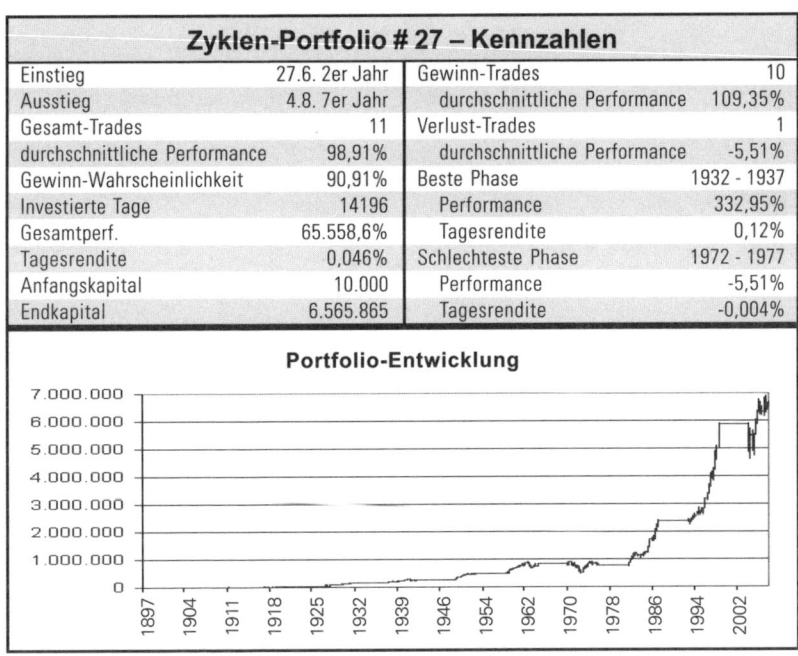

Zyklen-Portfolio # 28 – Kennzahlen

Einstieg	27.6. 2er Jahr	Gewinn-Trades	10
Ausstieg	5.9. 9er Jahr	durchschnittliche Performance	139,25%
Gesamt-Trades	11	Verlust-Trades	1
durchschnittliche Performance	125,87%	durchschnittliche Performance	-7,86%
Gewinn-Wahrscheinlichkeit	90,91%	Beste Phase	1922-1929
Investierte Tage	19650	Performance	297,88%
Gesamtperf.	236.335,0%	Tagesrendite	0,07%
Tagesrendite	0,040%	Schlechteste Phase	1972-1979
Anfangskapital	10.000	Performance	-7,86%
Endkapital	23.643.502	Tagesrendite	-0,005%

Portfolio-Entwicklung

Zyklen-Portfolio # 29 – Kennzahlen

Einstieg	1.1. 3er Jahr	Gewinn-Trades	10
Ausstieg	31.12. 9er Jahr	durchschnittliche Performance	108,02%
Gesamt-Trades	11	Verlust-Trades	1
durchschnittliche Performance	96,46%	durchschnittliche Performance	-19,18%
Gewinn-Wahrscheinlichkeit	90,91%	Beste Phase	1993-1999
Investierte Tage	18961	Performance	245,33%
Gesamtperf.	69.397,1%	Tagesrendite	0,07%
Tagesrendite	0,035%	Schlechteste Phase	1973-1979
Anfangskapital	10.000	Performance	-19,18%
Endkapital	6.949.706	Tagesrendite	-0,01%

Portfolio-Entwicklung

Zyklen-Portfolio # 30 – Kennzahlen

Einstieg	1.1. 5er Jahr	Gewinn-Trades	9
Ausstieg	31.12. 9er Jahr	durchschnittliche Performance	82,39%
Gesamt-Trades	11	Verlust-Trades	2
durchschnittliche Performance	66,45%	durchschnittliche Performance	-5,29%
Gewinn-Wahrscheinlichkeit	81,82%	Beste Phase	1995 - 1999
Investierte Tage	13307	Performance	197,71%
Gesamtperf.	14.077,5%	Tagesrendite	0,09%
Tagesrendite	0,037%	Schlechteste Phase	1965 - 1969
Anfangskapital	10.000	Performance	-8,58%
Endkapital	1.417.745	Tagesrendite	-0,01%

Portfolio-Entwicklung

Zyklen-Portfolio # 31 – Kennzahlen

Einstieg	30.3. 8er Jahr	Gewinn-Trades	10
Ausstieg	5.9. 9er Jahr	durchschnittliche Performance	38,62%
Gesamt-Trades	11	Verlust-Trades	1
durchschnittliche Performance	34,62%	durchschnittliche Performance	-5,32%
Gewinn-Wahrscheinlichkeit	90,91%	Beste Phase	1928 - 1929
Investierte Tage	4162	Performance	71,57%
Gesamtperf.	2116,1%	Tagesrendite	0,14%
Tagesrendite	0,074%	Schlechteste Phase	1968 - 1969
Anfangskapital	10.000	Performance	-5,32%
Endkapital	221.605	Tagesrendite	-0,02%

Portfolio-Entwicklung

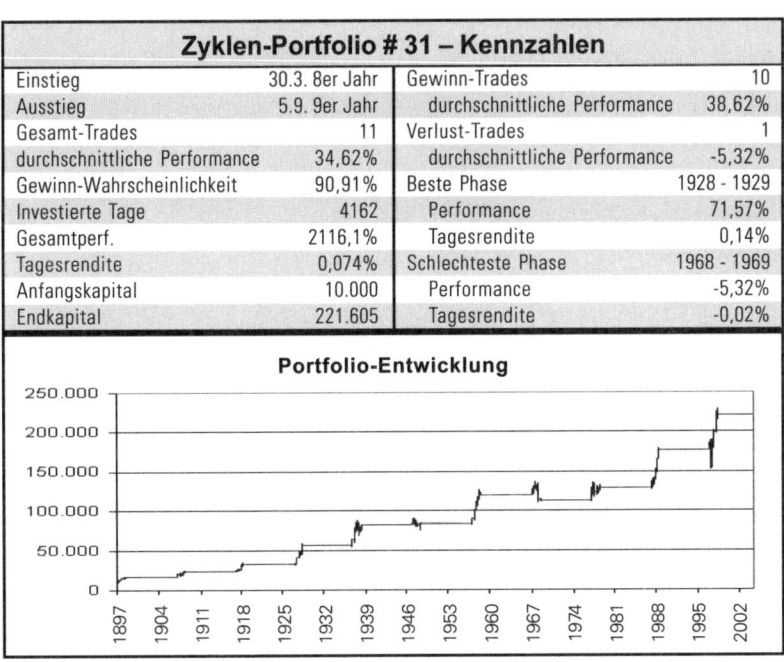

Zusammenfassung

Es wurden für den Dow Jones fünf Zyklen-Portfolios untersucht.

Auf Grundlage der Performances seit 1897 errechnet sich für vier Anlagemodelle eine *Gewinn-Wahrscheinlichkeit* von 91% und zwar für die Zyklen-Portfolios #31, #27, #28 und #29.

Die höchste durchschnittliche *Tages-Rendite* von 0,074% wird bei einer Anlage zwischen dem 30.03. eines 8er Jahres und dem 05.09. eines 9er Jahres (#31) erzielt. Die zweithöchste Tages-Rendite von 0,046% errechnet sich für Investments zwischen dem 27.06. eines 2er und dem 04.08. eines 7er Jahres (#27).

Entscheidend ist aber der Gesamtgewinn.

Das mit großem Abstand höchste *Endkapital* von 23.643.502 US-Dollar erreicht ein Zyklen-Portfolio, das am 27.06. eines 2er Jahres einsteigt und am 05.09. eines 9er Jahres wieder aussteigt (#28). Auf dem zweiten Platz folgt mit einem Endkapital von 6.949.706 Dollar der Anlagezeitraum zwischen dem 01.01. eines 3er und dem 31.12. eines 9er Jahres (#29) knapp vor dem Portfolio #27, das zwischen dem 27.06. eines 2er und dem 04.08. eines 7er Jahres investiert und damit ein Endkapital von 6.565.865 Dollar erreicht.

Auch hier ist natürlich die unterschiedliche Haltedauer zu berücksichtigen, denn Portfolio #28 war an 19650 Tagen investiert, Portfolio #31 aber nur an 4162 Tagen. Deshalb haben wir hier nochmals eine Verzinsung von 6% für die nicht investierte Zeit eingerechnet.

Unter Berücksichtigung der Zins-Einnahmen ergibt sich das höchste Endkapital für das Zyklen-Portfolio #27, das zwischen dem 27.06. eines 2er Jahres und dem 04.08. eines 7er Jahres investiert. Aus 10.000 US-Dollar wurden hier die Fabelsumme von 120.944.240 US-Dollar, was einem durchschnittlichen Gewinn von 9,56 % jährlich entspricht.

Mit knappem Abstand folgt auf dem zweiten Platz das Zyklen-Portfolio #28 (27.06. eines 2er bis 05.09. eines 9er Jahres) mit einem Endkapital von 117.395.878 Dollar und damit einem jährlichen Gewinn von durchschnittlich 9,52%.

Abermals zum Vergleich:

Dow Jones-Portfolios im Jahrzehntzyklus

Rendite per anno	9,56%	9,52%	8,47%	8,19%	8,17%	5,61%
Endkapital mit Zinsanlage	120.944.240	117.395.878	39.915.576	26.115.083	44.505.461	**3.613.609**
Endkapital	6.565.865	23.643.502	6.949.706	1.417.745	221.605	
Tagesrendite	0,046%	0,040%	0,035%	0,037%	0,074%	
Gesamtperformance	65.559%	236.335%	69.397%	14.077%	2116%	**36.036%**
Investierte Tage	14196	19650	18961	13307	4162	**28431**
Gewinn-Wahrscheinlichkeit	91%	91%	91%	82%	91%	
durchschn. Performance	-5,5%	-7,9%	-19,2%	-5,3%	-5,3%	
Verlust-Trades	1	1	1	2	1	
durchschn. Performance	109,3%	139,2%	108,0%	82,4%	38,6%	
Gewinn-Trades	10	10	10	9	10	
durchschn. Performance	98,9%	125,9%	96,5%	66,5%	34,6%	
Gesamt-Trades	11	11	11	11	11	1
Ausstieg	4.8.7er	5.9.9er	31.12.9er	31.12.9er	5.9.9er	31.12.04
Einstieg	27.6.2er	27.6.2er	1.1.3er	1.1.5er	30.3.8er	1.1.1897
Zyklen-Portfolio	#27	#28	#29	#30	#31	

Aus einem Dow Jones-Investment von 10.000 US-Dollar am 2. Januar 1897 wären bis zum 31.12.2004 lediglich 3.613.609 Dollar geworden.

Fazit

Die Performance der aus dem Jahrzehntzyklus konstruierten Zyklen-Portfolios ist geradezu atemberaubend. Das erfolgreichste Portfolio ist nur in der Hälfte der Zeit investiert (also auch nur die Hälfte der Zeit einem Marktrisiko ausgesetzt), schlägt die Buy-and-hold-Strategie im Dow Jones aber um den Faktor 33!

VIII. DEMOGRAPHIE-ZYKLEN

In den bisher besprochenen Zyklen ging es fast ausschließlich um Kurse, in diesem Kapitel geht es um den Menschen.

Demographie ist in den letzten Jahren ein großes Schlagwort geworden. Als der Club of Rome Anfang der 70er Jahre den ersten Bericht zu den „Grenzen des Wachstums" vorlegte, wurden die Gefahren einer Überbevölkerung der Erde herausgestellt. Seit Mitte der 90er Jahre steht aber fest, dass die Weltbevölkerung in der zweiten Hälfte dieses Jahrhunderts voraussichtlich einen Schrumpfungsprozess einschlagen wird. Ausschlaggebend sind dafür rückläufige Geburtenraten. Da Kinder zudem immer später geboren werden und die durchschnittliche Lebenserwartung erheblich ansteigt, ist die sog. „Überalterung" der Gesellschaft unausweichlich, was zu erheblichen Konsequenzen für die Renten-, Kranken- und Pflegeversicherungen führen wird.

Die demographische Entwicklung ist der Treiber überaus mächtiger Börsentrends, denn die Wirtschaft wächst und schrumpft mit der Zahl der Konsumenten. In diesem Kapitel erfahren Sie, warum die Börsen bis etwa 2009 von den demographischen Konsum-Trends erheblich profitieren müssten und warum danach für die USA und Europa sehr schwierige Zeiten anbrechen.

8.1 Der Konsum-Zyklus

Wir alle unterliegen einem hochgradig vorhersehbaren Konsum-Zyklus, der vom Lebensalter bestimmt wird. Dieser Konsum-Zyklus ist die Ursache vieler mächtiger Trends, deren Ausmaß (z.b. Inflation der 70er Jahre, Immobilien-Blase in den USA) sich die meisten Analysten mit ihren herkömmlichen Bewertungsmethoden nicht erklären können.

Die untenstehende Abbildung zeigt, dass lt. *Statistischem Bundesamt* die unter 25-Jährigen am wenigsten für den Konsum ausgeben und die Altersgruppe der 45- bis 55-Jährigen am meisten.

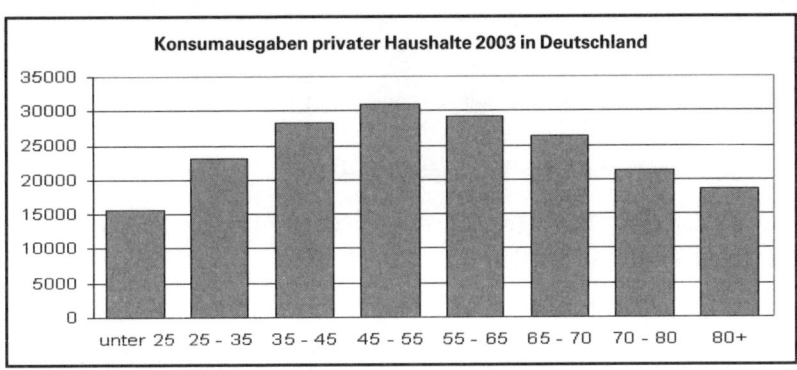

Betrachten wir den Konsum-Zyklus einer durchschnittlichen Familie:

Mit Anfang zwanzig erfolgt in der Regel der Eintritt in das Arbeitsleben bzw. der Studienbeginn. Das Elternhaus wird verlassen und ein eigener Hausstand gegründet. In dieser Phase fließt das Einkommen komplett in den Konsum (erstes Auto, erste Wohnungseinrichtung). Mit etwa 26 Jahren wird geheiratet und Einkommen sowie Konsumausgaben wachsen rasant. Gegen Ende 20 kommt das erste Kind, danach folgt der Umzug in eine größere Wohnung und mit Mitte 30 wird nach der Geburt des zweiten Kindes vielleicht eine Immobilie erworben, für die eine Hypothek erforderlich ist. Die Ansprüche wachsen, das neue Heim muss eingerichtet werden und es werden höherwertige Produkte konsumiert. Dadurch steigt die Verschuldung, die mit etwa 42 Jahren ihren Höhepunkt erreicht, zumal dann auch häufig ein größeres Haus oder eine größere Wohnung bezogen wird.

Mit etwa 48 ist der Höhepunkt der Konsumausgaben erreicht. Das erste Kind verlässt das Haus, wenige Jahre danach auch das zweite. In dieser Phase wächst das Vermögen am stärksten. Dank steigender Einkommen und rückläufiger Konsumausgaben wird mit 54 Jahren das meiste Geld angelegt und mit etwa 58 Jahren der berufliche Höhepunkt erreicht. Mit Anfang 60 werden Lebensversicherungen fällig, so dass im Alter von etwa 64 Jahren das größte Vermögen besteht. Dann beginnt das Entsparen, das bis zum Lebensende anhält.

Durch die steigende Lebenserwartung verschiebt sich dieser Zyklus mit der Zeit nach hinten (etwa um ein Jahr, je Jahrzehnt), bleibt aber in seiner Tendenz immer gleich.

Fazit

Mit etwa 48 Jahren wird am meisten konsumiert.

Konsequenzen aus dem Konsum-Zyklus

Der Konsum-Zyklus ist von ganz wesentlicher Bedeutung für die langfristigen Trends von Wirtschaft und Börsen.

Ein geringer Konsum bedeutet niedrige Unternehmensgewinne und dementsprechend problematische Börsenzeiten, während bei einem Konsumboom die Unternehmensgewinne explodieren und damit auch die Börsenkurse.

Ob die Märkte nun aus dem Konsum-Zyklus Rücken- oder Gegenwind bekommen, hängt von den demographischen Trends ab. Wenn die „Entsparer" dominieren, haben die vom Konsum abhängigen Unternehmen ihr Gewinnwachstum bereits *hinter* sich. Sofern ein Land von einer sehr jungen Bevölkerung geprägt ist, haben die konsumabhängigen Unternehmen ihr Gewinnwachstum noch *vor* sich. Und wenn die Generation der 48-Jährigen am stärksten vertreten ist, dürften konsumabhängige Unternehmen gerade Rekordgewinne erzielen!

Fazit

Für Wirtschaft und Börse kommt es auf den Anteil der etwa 48-Jährigen an.

8.2 Der Demographie-Zyklus

Um die Bedeutung des Konsum-Zyklus zu verifizieren, muss zunächst einmal die Entwicklung der Geburtenraten festgestellt werden, um daraus einen demographischen Konsum-Zyklus zu ermitteln.

Seit 1909 findet durch das *US Census Bureau* eine Erhebung der Geburtenraten in den USA statt, deren Entwicklung die folgende Abbildung zeigt.

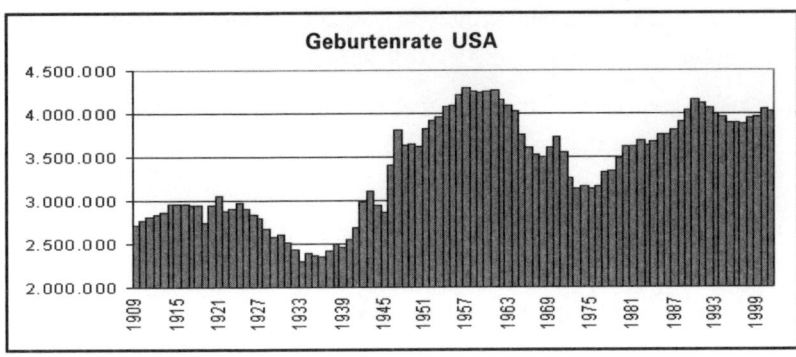

Es sind 3 Hochpunkte zu erkennen, wobei die beiden ersten rund 40 Jahre auseinander liegen.

In 1921 gab es den ersten Geburtenhöhepunkt der sog. *Bob Hope*-Generation, der zwischen 1901 und 1924 geborenen. Während der 30er Jahre gingen die Geburtenraten wieder deutlich zurück, um dann in den 40er Jahren erneut markant anzuziehen. Nach dem 2. Weltkrieg entwickelte sich ein Babyboom, in der die mit Abstand größte Generation der Menschheitsgeschichte geboren wurde. Der Geburtenhöhepunkt wurde 1961 erreicht und die zwischen 1943 und 1961 geborenen, werden als sog. *Babyboomer* bezeichnet. Nach dem Pillenknick entwickelten sich die Geburtenraten bis Mitte der 70er Jahre wieder massiv zurück. Von dort zogen die Geburten wieder an, da die Kinder der Babyboomer geboren wurden. Die Generation der zwischen 1973 und 1990 Geborenen wird als *Echoboomer* bezeichnet, wobei 1990 der dritte Hochpunkt der Geburtenrate erreicht wurde.

Nach amerikanischen Demographie-Forschern entsteht etwa alle 40 Jahre durch Geburten sowie Zuwanderungen eine neue Generation. Dabei wurden z.B. die zwischen 1860 und 1882 Geborenen (über deren Geburtenraten keine verlässlichen Zahlen vorliegen) als *Henry Ford*-Generation bezeichnet.

Historische Folgen der Konsum- und Demographie-Zyklen

Werden die Demographie-Zyklen nun um 40 bis 48 Jahre zeitversetzt betrachtet (wie bereits erwähnt, verschiebt sich der Konsum-Zyklus ja immer weiter nach hinten), ergeben sich ganz erstaunliche Basis-Trends.

– Zwischen 1900 und 1929 boomten Börse und Wirtschaft, als die Henry Ford-Generation ihren Konsumhöhepunkt erreicht hatte.

– Den nächsten Boom gab es zwischen 1942 und 1969, als die Bob Hope-Generation ihren Konsumhöhepunkt erreicht hatte.

– In 1982 entwickelte sich ein neuer Boom, der bis heute anhält und auf den Konsumhöhepunkt der Babyboomer zurückzuführen ist.

Zwischen den ersten beiden Boomphasen stagnierten Wirtschaft und Börsen über einen Zeitraum von 13 Jahren. 1982 begann dann die große Langfrist-Hausse.

Die Perspektive der nächsten Jahre zeigt die um 48 Jahre verschobene US-Geburtenrate im folgenden Chartbild.

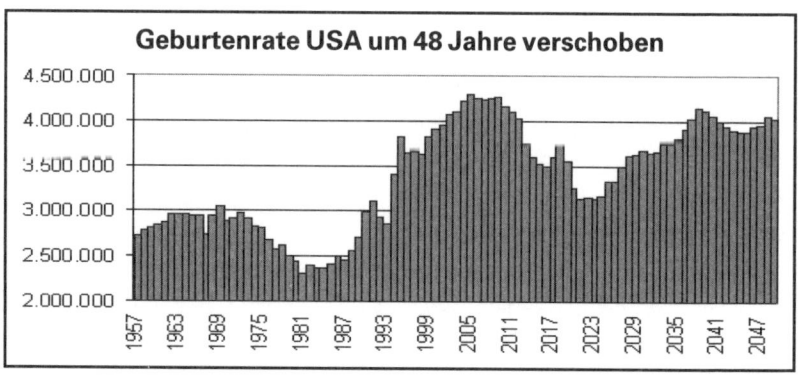

Die riesige Generation der Babyboomer wird im Jahr 2009 ihren Konsumhöhepunkt erreicht haben!

Danach kommen die Märkte in schwieriges Fahrwasser, denn der Demographie-Zyklus sorgt für einen rückläufigen Konsumtrend bis zum Jahr 2016. Für die Generation der Echoboomer beginnt der Konsumanstieg erst im Jahr 2021, wenn die in 1973 Geborenen ihren Ausgabenzeit erreichen.

Die folgende Grafik zeigt den Demographie-Zyklus und seine Auswirkung auf den Dow Jones seit 1896. Einem 27 bis 29 Jahre andauernden Boom folgt eine etwa 13 Jahre andauernde Stagnation, so dass sich die Wendepunkte Jahrzehnte im Voraus bestimmen lassen.

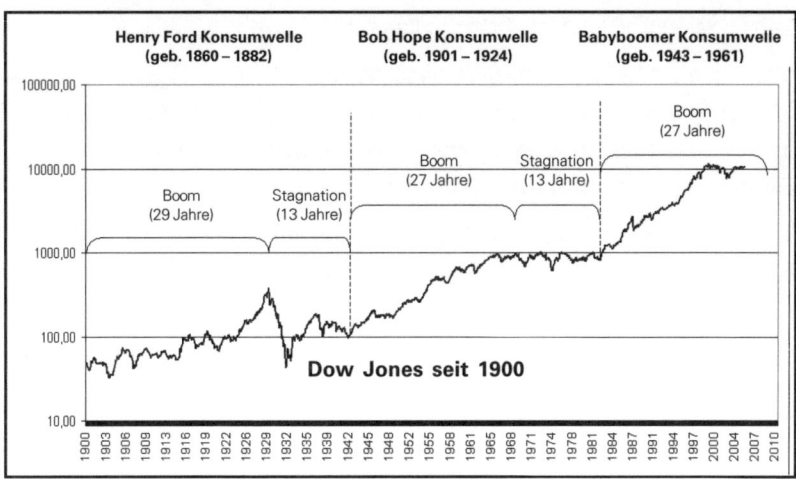

Dementsprechend wird der seit 1982 laufende Boom zwischen 2009 und spätestens 2011 ein Ende finden, worauf eine Stagnation bis 2022 bzw. höchstens 2024 folgt.

Fazit

Die laufende Hausse wird sich nach dem Demographie-Zyklus bis 2009 fortsetzen. Dabei sollte sich die Aufwärtsbewegung im Dow Jones jetzt beschleunigen, da in den nächsten Jahren mit den Babyboomern so viele Konsumenten wie niemals zuvor in der Menschheitsgeschichte ihren Konsumhöhepunkt erreichen werden.

Wenn die Generation der Babyboomer auf breiterer Front ihren Konsum zurückdreht, beginnt dementsprechend eine neue Stagnationsphase an den Börsen. Diese dürfte etwa 13 Jahre andauern, d.h. bis zum Jahr 2022.

Die anschließende Langfrist-Hausse wird voraussichtlich zwischen 2021/2024 starten. Hier ist mit weitaus geringeren Kursgewinnen als zwischen 1982 und 2009 zu rechnen, weil die Generation der Echoboomer bedeutend kleiner ist, als die der Babyboomer.

8.3 Internationale Perspektiven nach den Demographie-Zyklen

Die bisherige Betrachtung bezog sich auf die demographischen Zyklen in den USA. Eine solche Analyse ist natürlich auch für andere Länder möglich, wobei zwei Einschränkungen zu berücksichtigen sind.

Zum einen ist kaum ein Land vergleichbar stark von der Binnenkonjunktur geprägt, wie die USA mit ihren 285 Millionen Konsumenten. Zum anderen ist der Dow Jones der mit Abstand älteste Aktien-Index der Welt, so dass nur hier sinnvolle, sehr langfristige Analysen möglich sind.

Daher beschränkt sich die nachfolgende Betrachtung auf die gegenwärtigen demographischen Gegebenheiten und deren Auswirkungen auf die nächsten Jahre.

Alle Daten beruhen auf den Erhebungen der *Vereinten Nationen*, die zuletzt per Ende 2000 Angaben über die einzelnen Bevölkerungsstrukturen veröffentlicht hatten.

Beginnen wir zur besseren Orientierung noch einmal mit der USA.

Die folgende Abbildung zeigt die Altersstruktur im Jahr 2000. Achten Sie auf die Gruppe der damals 45-49-Jährigen, also der Konsumenten, die sich im Jahr 2000 auf dem Höhepunkt ihres Konsum-Zyklus befanden. Dieser Gruppe folgt

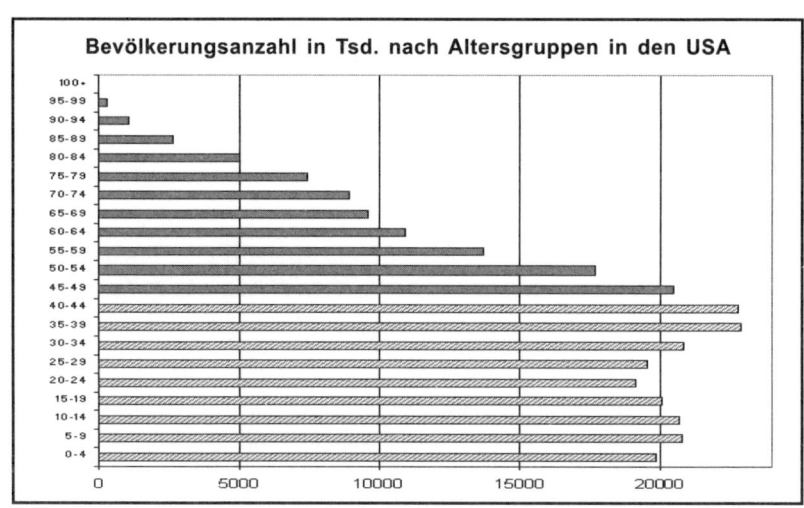

eine größere Gruppe der damals 40-44-Jährigen, die im Jahr 2005 (5 Jahre später), die 45-49-Jährigen sind. Die größte Gruppe waren im Jahr 2000 die 35-39-Jährigen und diese Gruppe wird im Jahr 2010 der Generation der 45-49-Jährigen angehören also den Zenit ihrer Konsumausgaben erreichen. Alle nachfolgenden Bevölkerungsgruppen sind weitaus schwächer vertreten und der demographische Trend zeigt nach unten, bis die 15-19-Jährigen wieder stärker vertreten sind als die 20-24-Jährigen. Dies zeigt, dass sich der Demographie-Zyklus nach dem Jahr 2010 abschwächt und dann erst wieder 2025 ansteigen wird.

Fazit
Der Demographie-Zyklus für die USA ist bis 2010 positiv!

Deutschland

Hierzulande zeigt sich ein sehr ähnliches Bild, denn in 2000 waren die 35-39-Jährigen am stärksten vertreten, die in 2010 ihren Konsumhöhepunkt erreichen werden. Danach wird sich der Zyklus sehr massiv abschwächen.

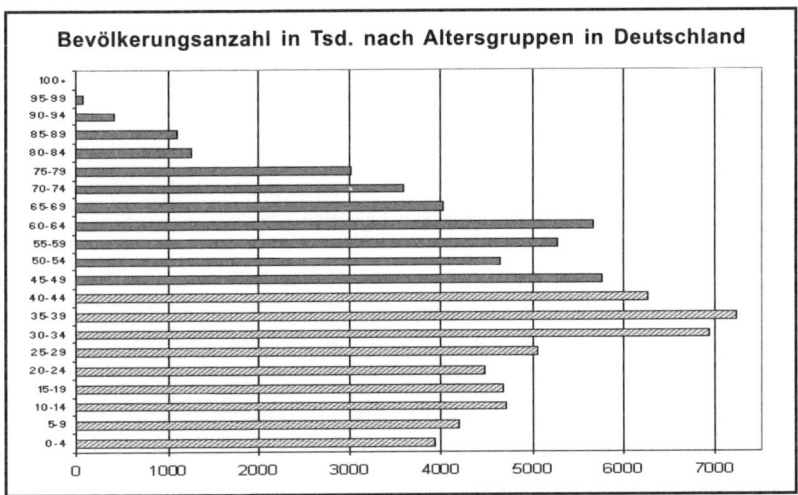

Bevölkerungsanzahl in Tsd. nach Altersgruppen in Deutschland

Fazit
Der Demographie-Zyklus ist für Deutschland bis 2010 sehr positiv!

Japan

Im Land der aufgehenden Sonne weicht der Demographie-Zyklus erheblich von der westlichen Welt ab. Der Babyboom nach dem zweiten Weltkrieg fand lediglich zwischen 1947 und 1950 statt und nach dem Höhepunkt in 1950 bildeten sich die Geburtenraten bis 1960 massiv zurück. Das passt zur massiven Nikkei-Baisse zwischen 1990 und 2003. Die Altersstruktur aus dem Jahr 2000 zeigt, dass der Demographie-Zyklus bis 2005 negativ war, aber dann gedreht hat. Die starke Gruppe der 25-29-Jährigen wird erst im Jahr 2020 ihren Konsumhöhepunkt erreichen.

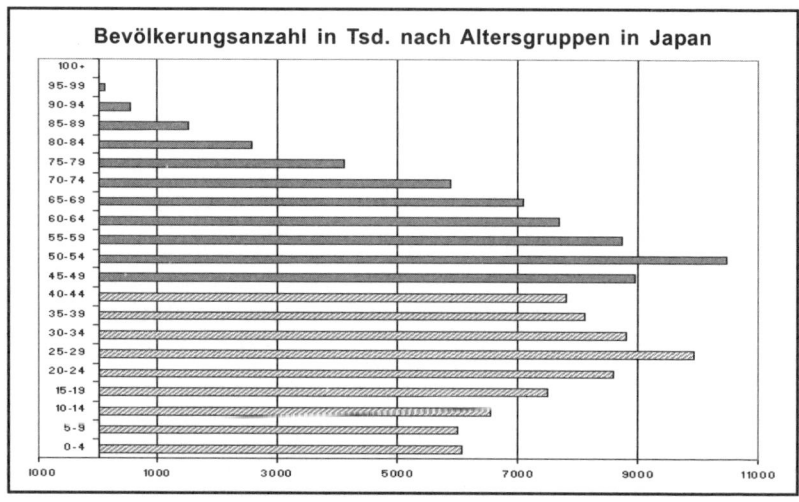

Bevölkerungsanzahl in Tsd. nach Altersgruppen in Japan

Fazit

Der Demographie-Zyklus ist für Japan jetzt wieder bis 2020 sehr positiv!

Asiatische Schwellenländer

Die Zukunft vieler asiatischer Schwellenländer zeigt exemplarisch die Bevölkerungsstruktur in Thailand. Hier weist der Demographie-Zyklus massiv nach oben, wobei der Aufschwung nach 2015 nur kurz und geringfügig gestoppt wird. Stärkste Bevölkerungsgruppe waren im Jahr 2000 die 15-19-Jährigen, die erst in 2030 den Höhepunkt ihrer Konsumausgaben erreichen werden!

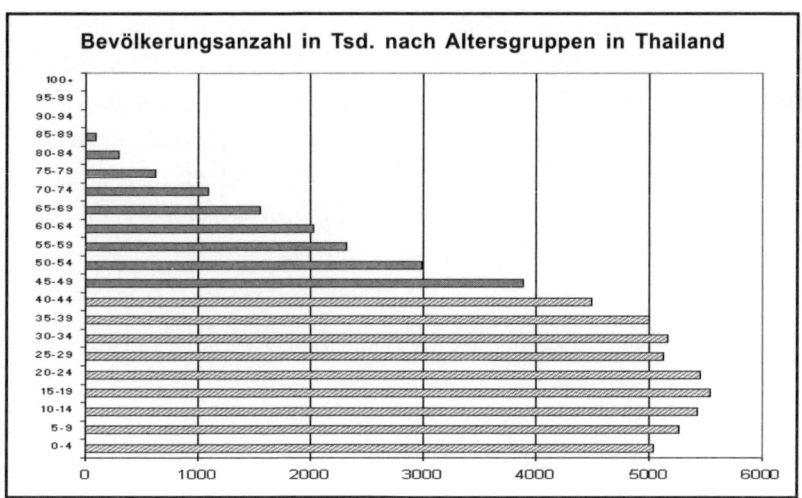

Bevölkerungsanzahl in Tsd. nach Altersgruppen in Thailand

Fazit

Asien hat eine großartige Zukunft vor sich!

China

Der chinesische Drache ist in den letzten Jahren ein riesiges Investmentthema geworden, insbesondere für Fondsgesellschaften und Zertifikate-Emittenten. Dabei haben die chinesischen Aktienmärkte bereits 2001 eine nachhaltige

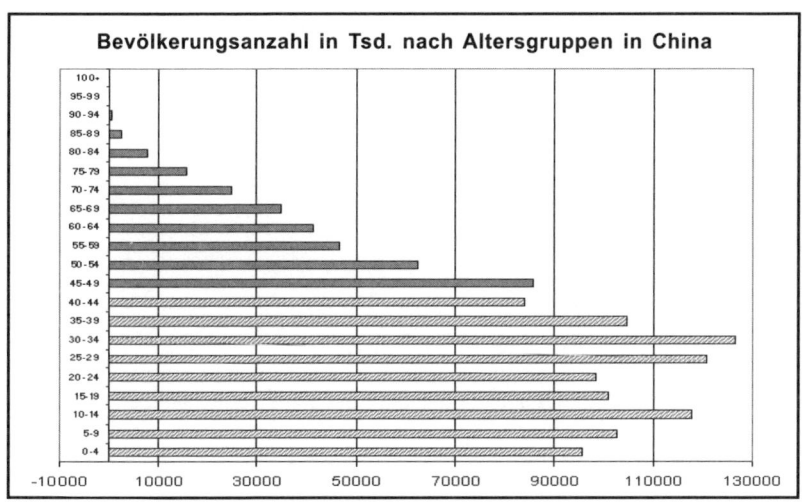

Bevölkerungsanzahl in Tsd. nach Altersgruppen in China

Seitwärtsbewegung eingeschlagen, der zwischen 2004 und Mitte 2005 eine recht kräftige Baisse folgte. Diese Entwicklung hatte der Demographie-Zyklus begünstigt, da im Jahr 2000 eine Stagnation bis 2005 erwartet werden konnte. Jetzt hat der demographische Trend gedreht und bleibt bis 2015 sehr positiv, wenn die starke Gruppe der in 2000 30-34-Jährigen den Höhepunkt in ihren Konsumausgaben erreicht. Demnach wäre dann wieder ab 2025 mit einem neuen Boom zu rechnen, der bis 2035 anhalten sollte.

Fazit
Nach der jüngsten Stagnation ist der Demographie-Zyklus für China bis zunächst 2015 sehr positiv.

Indien

Eine ungewöhnliche demographische Entwicklung weist Indien auf, das neben China seit Jahren als kommende Wirtschaftsgroßmacht gesehen wird. In der Tat zeigen hier die Konsum-Trends bis Mitte des Jahrhunderts ohne Unterbrechung nach oben, da jede Generation größer ist als die Vorangegangene.

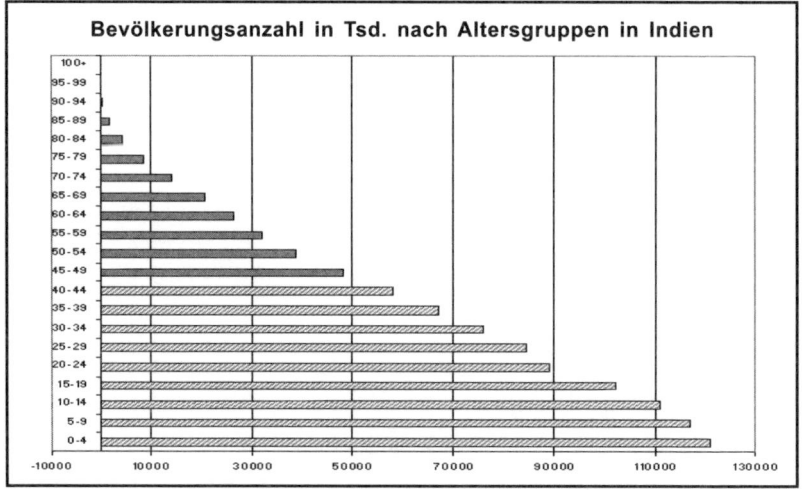

Fazit
In Indien lässt der Demographie-Zyklus auch in den nächsten Jahrzehnten einen starken Boom erwarten.

Türkei

Auch die Türkei, deren Bemühungen um einen EU-Beitritt immer heftiger werden, wird noch lange von kräftigen Konsum-Trends profitieren. Der Boom lässt erst nach den im Jahr 2000 15-19-Jährigen geringfügig und kurzzeitig nach, so dass der demographische Konsum-Zyklus bis 2030 nach oben zeigt!

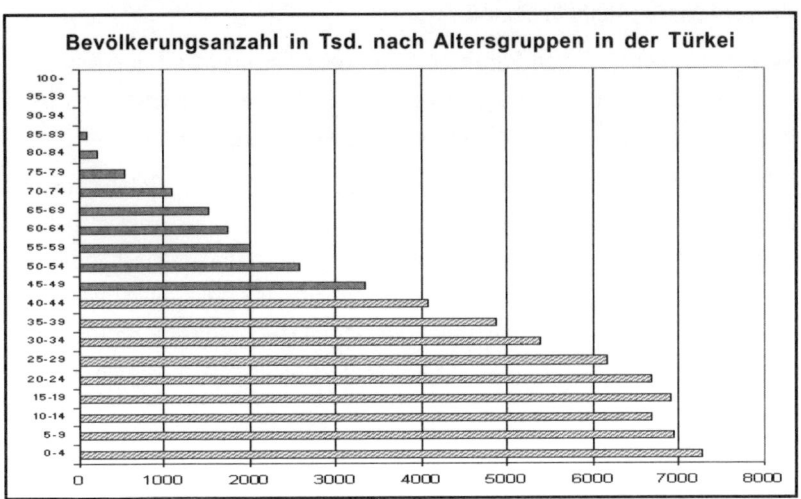

Fazit
Für die Türkei ist der Demographie-Zyklus im nächsten Vierteljahrhundert sehr positiv!

Gesamt-Fazit
Die Demographie-Zyklen liefern wertvolle Erkenntnisse über Richtung und Ausmaß der nächsten Börsen-Zyklen, wobei die Faszination von der langfristigen Voraussehbarkeit der großen Trendwechsel ausgeht.

Für die nächsten Jahre ergeben sich die folgenden Kern-Aussagen:

– Die laufende Hausse wird sich bis mindestens 2009 fortsetzen.

– Damit sollten die nächsten Jahre die besten der Börsengeschichte werden, da die Babyboomer in den USA und Europa als stärkste Generation aller Zeiten in 2009/2010 den Höhepunkt in ihrem Konsumzyklus erreichen.

- Nach den Demographie-Zyklen winken bis 2009/2010 also sehr massive Gewinne in Aktien und auf der Call-Seite.

- Dann dreht sich das Bild, weshalb in 2009 bzw. 2010 auf breiter Basis Hausse-Gewinne mitgenommen werden sollten.

- Der große Hochpunkt von 2009/2010 wird eine exzellente Chance zum Einstieg auf der Put-Seite bedeuten.

Aktien aus den USA und Europa dürften dann im nächsten Jahrzehnt die vermutlich schlechteste Anlageform darstellen, weil die Demographie-Zyklen erst wieder ab 2022 für nachhaltig steigende Kurse sprechen.

- Stattdessen muss der Blick im kommenden Jahrzehnt nach Osten gerichtet sein, denn die asiatischen Märkte haben aus demographischer Sicht noch einen langen Anstieg vor sich. Natürlich werden sich auch die asiatischen Börsen nicht von einer ausgeprägten Schwäche im Leitindex Dow Jones abkoppeln können, doch aus dem Blickwinkel der Demographie-Zyklen sollte ab 2012 (dem Tiefpunkt aus dem Jahrzehntzyklus) primär in Asien investiert werden.

Für die nächsten Jahre winken äußerst massive Börsengewinne!

IX.TECHNOLOGIE-ZYKLEN

Beim Begriff der Technologie-Zyklen denken wir automatisch an die neuesten PC-Innovationen, die durch die permanente Weiterentwicklung der Speicher-Chips ermöglicht wurde. So sind heute z.b. für alle in den 80ern und 90ern Geborenen Handys, Klingeltöne, Notebooks, Spielekonsolen, das Internet und neuerdings der iPod völlig normal.

Wir befinden uns inmitten einer technischen Revolution und damit im sogenannten Informationszeitalter. Doch solche Technologie-Schübe hat es seit Menschengedenken gegeben.

So begann die sog. „industrielle Revolution" mit der Erfindung der Dampfmaschine in der zweiten Hälfte des 18. Jahrhunderts. Darauf folgten die Eisenbahn, die Elektrotechnik und das Automobil.

Einige Zukunftsforscher, wie z.b. Harry Dent, sehen nun eine überragende Parallelität zwischen der Entwicklung des Autos, dem großen Technologie-Schub zu Beginn des letzten Jahrhunderts und der Entwicklung des Internets. Beide Zyklen liegen gut 80 Jahre auseinander und tatsächlich ergeben sich ganz erstaunliche Übereinstimmungen zwischen dem damaligen Verlauf im Dow Jones und der Index-Entwicklung seit 1997.

Deshalb beleuchten wir in diesem Kapitel welch außergewöhnliche Börsen-Perspektiven der laufende Technologie-Zyklus für die nächsten Jahre eröffnet.

9.1 Die entscheidende Gemeinsamkeit: Mobilität

Das Internet hat eine ähnlich revolutionäre Mobilität, wie davor das Auto. In den Büchern von Harry Dent (*The Roaring 2000s* und *The Next Great Bubble Boom*, mittlerweile auf deutsch erschienen im Verlag Börsenmedien) findet sich zwischen Themen wie Völkerwanderung oder Immobilientrends eine ganz erstaunliche Parallelität zwischen der Entwicklung der Automobilhersteller und der vor allem durch das Internet hervorgerufenen Informationsrevolution. Beide Themen liegen in der Tat näher beieinander, als spontan zu vermuten wäre. Konkret:

Zunächst hatte das Automobil eine niemals davor in der Geschichte bekannte Mobilität ermöglicht. Jahrtausendelang gab es nur Kutsche und Pferd (oder Schiff) als Fortbewegungsmittel. Nach der Erfindung der Eisenbahn konnte zwar die Reise-Geschwindigkeit massiv gesteigert werden, doch dafür war auf einmal die Orientierung an Fahrplänen und Haltepunkten erforderlich. Erst mit dem Auto wurden Reisende wirklich mobil, d.h. Ziele und Zeiten konnten auf einmal individuell festgelegt werden. Für die Industrie bedeutete dies eine technologische Revolution, denn damit konnten Handel bzw. Endverbraucher direkt beliefert werden, was heute eine Selbstverständlichkeit bedeutet.

Die grenzenlose Flexibilität des Internets steht dieser Revolution in nichts nach. Wer lesen und schreiben kann, hat heute über Städte- und Landesgrenzen und sogar Kontinente hinweg nahezu unbegrenzte Möglichkeiten der Kommunikation und der Wissenserlangung, ohne dafür sein Büro oder seine Wohnung verlassen zu müssen. Unternehmen können realtime von jedem Punkt der Erde aus ihre Produktions- und Geschäftsprozesse steuern, so dass Standortfaktoren für Firmenzentralen in den Hintergrund treten. Konsumenten können auf einmal Preise vergleichen und haben einen direkten Kontakt mit den Produzenten. Die E-Mail-Adresse ist mittlerweile schon fast so selbstverständlich wie die normale Hausanschrift und mit der wachsenden Verbreitung des Internets sind völlig neue Produkte und Dienstleistungen bzw. Geschäftsmodelle und Vertriebskanäle entstanden und es werden noch viele weitere entstehen. Der Konsument wird bekommen, was er wünscht, zu dem Zeitpunkt, den er wünscht.

Die Verbreitung des Internets hat zu einem starken weltweiten Aufschwung beigetragen, wobei dieses Wachstum durch die zeitlich etwas nachgelagerte Breitbandtechnologie noch dynamisiert und in die Länge gezogen wird.

Durch die enorme Steigerung der Übertragungsrate für den Transport von Inhalten ergeben sich nicht nur für Hardware-Hersteller neue Märkte und Absatzmöglichkeiten, sondern vor allem für Content-Anbieter aus den Bereichen Unterhaltung, Nachrichten, Software und Geschäftsanwendungen. Dabei entstehen unzählige neue Geschäftsmodelle beispielsweise im Multimedia-Bereich. Auf diese Weise wird die Breitband-Technologie nach Schätzungen der OECD bis zum Jahr 2011 mit einem Drittel zum Produktivitätswachstum in den Industrieländern beitragen.

9.2 Die S-Kurve

Um was es grundsätzlich geht, zeigt die jedem BWL- bzw. VWL-Studenten bekannte S-Kurve, mit der die unterschiedlichen Wachstumsphasen beschrieben werden. Grundsätzlich gilt:

Jedes Produkt und jede neue Technologie durchläuft verschiedene, sich niemals linear entwickelnde Phasen im Lebenszyklus. So folgt der frühen Phase der Entwicklung bzw. Innovation eine Wachstumsphase und schließlich eine Reifephase. Konkret:

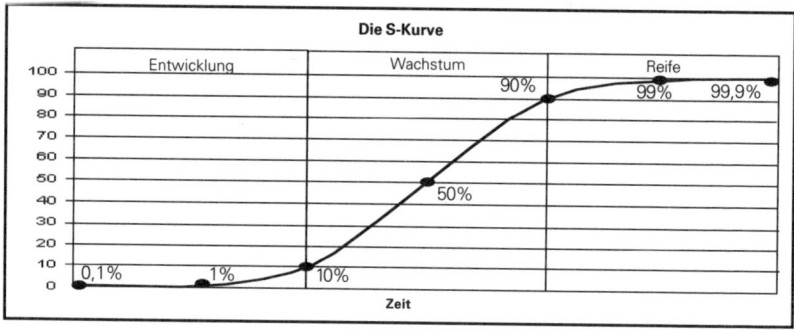

In der *Entwicklungs- bzw. Innovationsphase* starten Produkte zunächst in einer Nische und es ist am Anfang ungewiss, ob überhaupt Marktchancen bestehen. Die Produkt-Umsätze steigen nur sehr langsam an und erfordern hohe Werbeausgaben.

Die *Wachstumsphase* beginnt, sobald der Break-Even-Punkt erreicht ist bzw. die Marktdurchdringung (=die Anzahl der potentiellen Käufer) 10 Prozent erreicht. Dann steigen Umsätze und Marktakzeptanz rasant an. Mit Beginn der Wachstumsphase werden auch Wettbewerber auf die neuen Möglichkeiten aufmerksam. Es treten immer mehr Konkurrenten auf, die Stimmung wird euphorisch und kippt dann, so dass zur Phasenmitte ein heftiger Ausleseprozess erfolgt. Denn nach dem eine Marktakzeptanz von etwa 50% erreicht wurde, verlangsamt sich die Wachstumsgeschwindigkeit, was zu einer vorübergehenden Schwächung und Branchenkonsolidierung führt.

Die *Reifephase* beginnt, sobald das Wachstum stagniert bzw. eine Marktdurchdringung von 90% erreicht ist. Aus dem Nischenprodukt wurde ein Massenprodukt, das irgendwann eine Sättigungsphase erreicht, so dass neue Verkäufe vor allem von der Lebensdauer eines Produktes (Ersatzkäufe), der demographischen Entwicklung (Neukäufe) oder den sich wandelnden Moden (Erneuerungskäufe) abhängen.

9.2.1 Die S-Kurve für das Automobil

Die nachfolgende Abbildung zeigt die S-Kurve des Automobils im Zeitraum 1900 bis 1942.

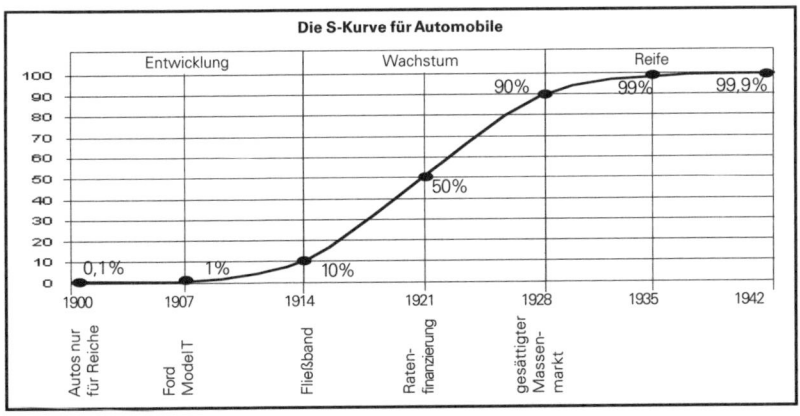

Die Entwicklungsphase für das Automobil begann 1885 durch Karl Benz, doch es dauerte bis zur Jahrhundertwende bis der Automobilbau professionell betrieben wurde. Im Jahr 1900 besaßen lt. Harry Dent erst 0,1% aller städtischen

Haushalte in den USA ein Auto. Von 1904 bis 1908 nahm die Zahl der Automobilhersteller rasant zu und 1907 hatte Henry Ford das legendäre T-Modell entwickelt. Doch es dauerte 14 Jahre, bevor das Automobil in 1914 eine Marktdurchdringung von 10% erreicht hatte.

Danach begann eine spektakuläre Wachstumsphase, die durch Henry Fords Erfindung der Fließbandfertigung ausgelöst wurde. Denn dadurch sanken die Herstellungskosten dramatisch, so dass sich das Auto zum Massenprodukt entwickelte. Die höchsten Wachstumsraten verzeichnete der Automobilbau dann um 1919 und 1921. Als General Motors 1921 den Autokauf auf Raten ermöglichte, war bereits eine Marktdurchdringung von 50% erreicht. 1928 – also wiederum 14 Jahre nach Beginn der Wachstumsphase – betrug die Verbreitung der Automobile schließlich 90%!

Danach begann die Reifephase, in der sich die Marktdurchdringung bis 1935 auf 99% und bis 1942 – 14 Jahre nach Beginn – auf 99,9% ausweitete.

Fazit

Die Verbreitung des Automobils war eine technologische Revolution, die sich in drei Zyklen unterteilen lässt, die jeweils 14 Jahre umfassten. Nach den ersten 14 Jahren hatte das Auto eine Marktdurchdringung von 10% erreicht und danach dauerte es 14 Jahre bis zur 90%-Quote, die in den anschließenden 14 Jahren schließlich auf 99,9% angewachsen war.

Es gab also ein spektakuläres Wachstum zwischen 1914 und 1928 mit den höchsten Wachstumsraten um das Jahr 1919.

Das Automobil war von entscheidender Bedeutung für die gesamte Wirtschaft geworden, denn das wachsende Verkehrsaufkommen erforderte z.B. den Ausbau und die Verbesserung von Straßen, Brücken und Tunneln.

Dabei ist die Entwicklung innerhalb der Automobilbranche bemerkenswert. In 1912 hatte es etwa 42 Automobilhersteller gegeben, worauf ein massiver Gründungsboom einsetzte, so dass in 1917 knapp über 100 Hersteller tätig waren. Das war der absolute Höhepunkt, denn danach begann ein nachhaltiger Ausleseprozess, der dazu führte, dass bis 1922 ein knappes Viertel der Automobilhersteller wieder vom Markt verschwunden war. Und bis Anfang der 30er Jahre hat sich die Zahl der Autoproduzenten dann nochmals halbiert.

Verwenden wir nun das angelesene Wissen um die Entwicklung des Automobils und vergleichen diese Phasen mit dem laufenden Internetboom.

9.2.2 Die S-Kurve für das Internet

Die nachfolgende Abbildung zeigt die Internet-S-Kurve.

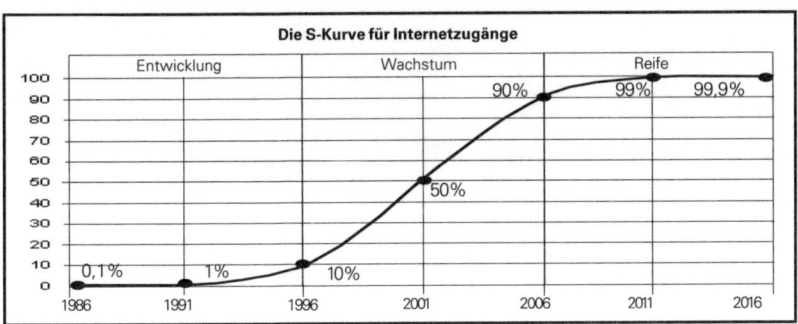

Es gibt die verschiedensten Zeitpunkte, die als Anfang der Internet-Verbreitung herangezogen werden könnten, doch in 1996 hatte das Internet in den USA eine Marktdurchdringung von 10% erreicht, womit die Entwicklungsphase abgeschlossen war.

Danach begann die Wachstumsphase und in 2001 waren lt. *U.S. Census Bureau* 50% aller amerikanischen Haushalte mit dem Internet verbunden.

Die Internet-S-Kurve erlaubt also die folgenden Aussagen:

– die Wachstumsphase des Internets reicht von 1996 bis 2006.

– in 2006 werden 90% aller amerikanischen Haushalte über einen Internetzugang verfügen.

– in der anschließenden Reifephase ist bis 2011 eine Marktdurchdringung von 99% wahrscheinlich.

– zu Beginn der Internet-Wachstumsphase (1996) war mit dem verstärkten Auftreten von Wettbewerbern zu rechnen.

– zur Mitte der Wachstumsphase (2001) war ein massiver Ausleseprozess zu erwarten.

Um die Phasen des Internet-Zyklus in ihrer Gesamtheit zu betrachten, ist es allerdings nicht ausreichend, ausschließlich die S-Kurve der Internetzugänge heranzuziehen. Die entscheidende Schlüsseltechnologie für die Internetentwicklung sind Breitbandanschlüsse, die mit einer Verzögerung von etwa 8 Jahren Verbreitung fanden.

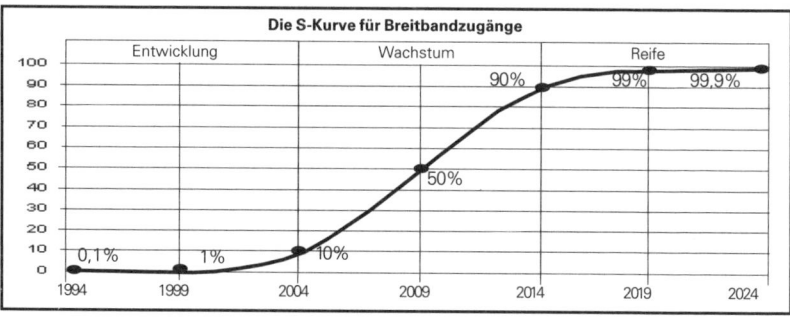

Es ergeben sich die folgenden Erkenntnisse aus der S-Kurve der Verbreitung von Breitbandanschlüssen:

– in 2004 verfügten 10% der amerikanischen Haushalte über einen Breitbandanschluss, womit die Entwicklungsphase abgeschlossen war.

– die Wachstumsphase der Breitbandzugänge reicht von 2004 bis 2014.

– in 2009 werden 50% aller amerikanischen Haushalte über einen breitbandigen Internetanschluss verfügen.

– die Reifephase der Breitbandtechnologie wird mit einer Marktdurchdringung von 90% wahrscheinlich 2014 beginnen.

Rückblick

Mitte der 90er Jahre startete ein Gründerboom im Internet, der an Absurdität kaum zu überbieten war und in 1999/2000 seinen Höhepunkt fand. Alleine den Börsengang vor Augen wurden Start-Ups von Risikokapitalgebern mit beinahe unbegrenzten finanziellen Mitteln ausgestattet und die Devise hieß Wachstum um jeden Preis. Herkömmliche Aktienbewertungsmodelle spielten auf einmal keine Rolle mehr, denn es sollte eine sog. „New Economy" geben, in der Unternehmensgewinne erst *später* eingefahren werden.

Die Schlagworte waren B2B (Business-To-Business) und B2C (Business-To-Consumer) und das Kürzel „.com" wurde ein Prädikat, das den Unterschied machte, ob Unternehmen an der Börse mit dem 10 oder dem 100-fachen der

Gewinne (die freilich erst in den nächsten Jahren kommen sollten) bewertet wurden.

Es hat also den nach der S-Kurve des Internets zu erwartenden Unternehmensboom gegeben, genauso wie die anschließende heftige Marktbereinigung. Die größten Gewinner waren die in den 80er Jahren gegründeten Infrastrukturanbieter des Internets wie z.B. Cisco (Netzwerke), Oracle (Datenbanken), Intel (Computer-Chips) oder Dell (PCs). Aus dem Internet-Hype sind die heutigen Marktriesen Yahoo und Amazon (jeweils 1994 gegründet), eBay (1995) und Google (erst 1998) gegründet) hervorgegangen, denen hunderte von einstigen New-Economy-Unternehmen gegenüberstehen, die im Ausleseprozess von 2000 bis 2002 untergegangen sind.

Fazit

Auch das Internet hat sich entsprechend der S-Kurve entwickelt. Bereits in 2001 wurde bei den Internetanschlüssen in amerikanischen Haushalten eine Marktdurchdringung von 50% erreicht und parallel dazu hat eine heftige Anbieter-Bereinigung stattgefunden. Die Wachstumsphase wird bei den Internetanschlüssen insgesamt mit Erreichen von 90% Marktpenetration bereits 2006 abgeschlossen. Die nachgelagerte S-Kurve der Schlüsseltechnologie Breitband wird diese Wachstums-Beruhigung jedoch auffangen und noch über das Jahr 2006 hinaus das Wirtschaftswachstum ankurbeln, da hier die Wachstumsphase bis 2014 reicht.

In der nachfolgenden Abbildung sehen Sie die beiden S-Kurven für die Verbreitung der Internet- und der Breitbandanschlüsse.

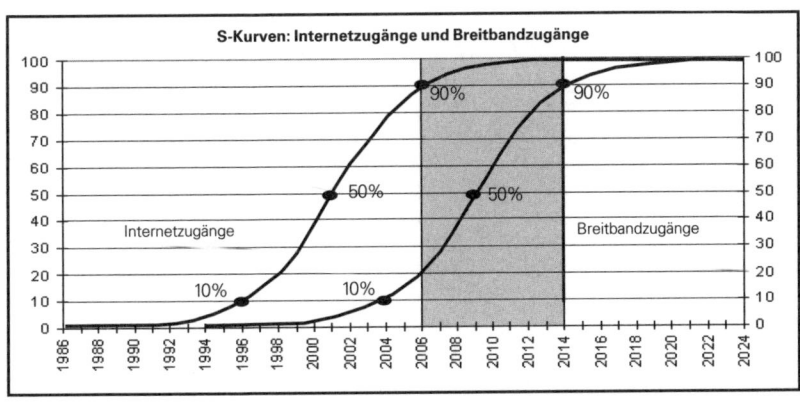

Entscheidend sind die beiden Wachstumshochs von 2006 und 2014, die 8 Jahre auseinander liegen. Die Mitte davon ist 2010 und deshalb ist um 2010 herum mit einer Abschwächung des Internetbooms zu rechnen.

Es ist bemerkenswert, dass die beiden großen Technologie-Zyklen – die Verbreitung des Automobils und die Durchsetzung des Internets genau 80 Jahre auseinander liegen. Das Automobil hatte die 50%-Marke 1921 erreicht und das Internet exakt 8 Jahrzehnte danach. Dabei platzte in beiden Fällen kurz vor Erreichen der 50% Marktdurchdringung eine „große" Börsenblase. Im Falle des Automobils entwickelte sich aber danach noch eine wesentlich größere Blase, die zur größten Börsenhausse der Geschichte geführt hatte. Um zu sehen, was dies für die Entwicklung der nächsten Jahre bedeuten könnte, vergleichen wir nun die jeweiligen Börsenentwicklungen.

9.3   Technologie-Zyklen und Börse

Im Folgenden wird untersucht, wie weit sich auch in den jeweiligen Börsenphasen der beiden Technologie-Zyklen Parallelitäten erkennen lassen.

Rückblick
Hausse und Baisse bis 1921

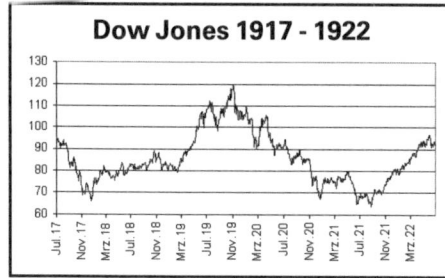

Der Dow Jones hatte in den 23 Monaten zwischen Dezember 1917 und November 1919 sagenhafte 79% gewonnen. Auf diese Blase folgte eine massive 33-monatige Baisse bis August 1921, die zu einem Kursverlust von 46% führte.

Einer der Treiber dieser Techno-
logie-Hausse war General Motors. Die Aktie hatte Anfang 1915
splittbereinigt bei 0,0895 US-Dollar notiert und konnte sich bis
0,537 im Dezember 1917 ver-
sechsfachen! Ende November

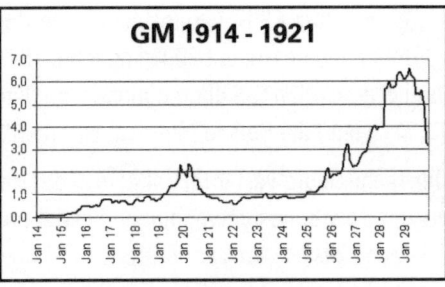

1919 lag der Kurs aber bei 2,3193
und damit abermals 330% höher. Nach einer kurzen Korrektur hatte sich General
Motors noch bis 2,34 Ende März 1920 verbessert, war aber dann in den freien Fall
übergegangen. Im August 1921 lag der Kurs bei nur noch 0,6280, womit die Baisse
zu einem Einbruch um 73% geführt hatte!

Der Technologiewert General Motors hat also in der Hausse von 1917/1919
viermal mehr als der Dow Jones gewonnen und in der anschließenden
Baisse bis 1921 das 1,6-fache des Marktes verloren.

Drehen wir nun die Zeitachse 80 Jahre nach vorne und betrachten wir die
Entwicklung des New-Economy-Hype.

Hausse und Baisse bis 2002

Der Dow Jones hatte in den 33
Monaten zwischen April 1997 bei
6400 und Januar 2000 bei 11.723
Punkten sagenhafte 83% gewonnen. Darauf folgte zunächst eine
leicht abwärtsgerichtete Seitwärtsbewegung, die dann in eine
deutliche Baisse überging. Der
Tiefpunkt wurde erst im Oktober
2002 bei 7.286 herausgebildet,
womit der Dow Jones in 33 Monaten 38% verloren hatte.

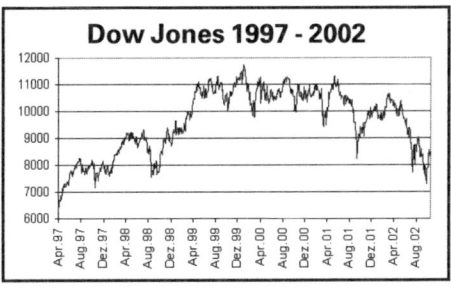

Einer der Treiber dieser Techno-
logie-Hausse war Intel. Die Aktie
hatte Anfang 1995 bei 4,18 US-
Dollar notiert und konnte sich bis

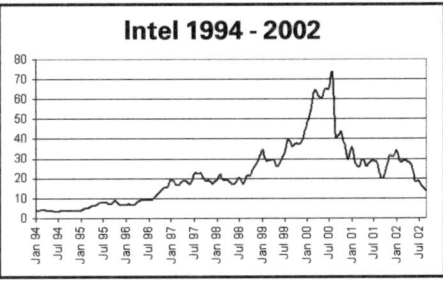

16,85 im März 1997 vervierfachen. Im Januar 2000 lag der Kurs dann bei 50 Dollar und im August 2000 sogar bei 75 Dollar, also 345% höher. Danach ist Intel in den freien Fall übergegangen. Im Oktober 2002 lag der Kurs bei nur noch 13,22, womit die Baisse zu einem Einbruch von 82% geführt hatte!

Der Technologiewert Intel hat also in der Hausse von 1997/2000 viermal mehr als der Dow Jones gewonnen und in der anschließenden Baisse bis 2003 das 2,1-fache des Marktes verloren.

Vergleich

Wenn wir nun die Chartverläufe von General Motors und Intel im 80-Jahres-Zeitabstand übereinander legen, wird manchem Betrachter das Wasser im Mund zusammenlaufen ...

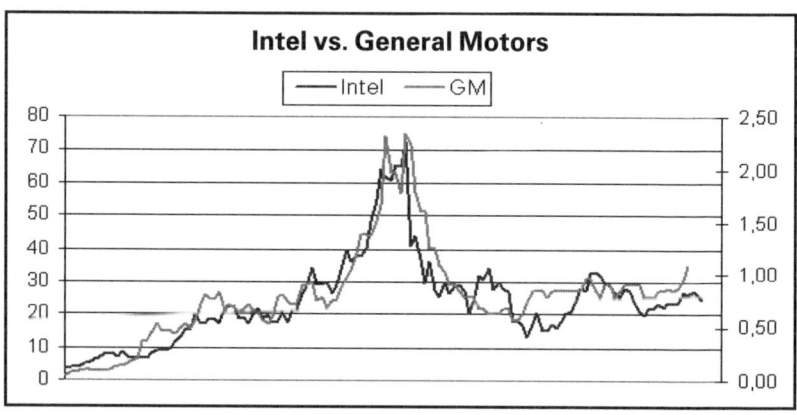

Obwohl 8 Jahrzehnte zwischen beiden Kursverläufen liegen, zeigen die Techno-logie-Zyklen, d.h. die Entstehung und das Platzen beider Blasen über einen Zeitraum von immerhin 10 Jahren eine ganz enorme Parallelität.

Zwischen-Fazit

Die Hausse von 1917/1919 hat eine hohe Ähnlichkeit mit der Hausse von 1997/2000.

Auch die anschließende Baisse von 1919 bis 1921 ist der von 2000 bis 2003 überaus ähnlich, zumal beide Abwärtstrends einen Zeitraum von exakt 33 Monaten umfassten.

Sehen wir uns also an, was nach den Tiefs von 1921 passiert ist:

Dow Jones nach 1921

Dem 21er Baisse-Tief folgte eine 14-monatige Erholung im Dow Jones um 62% bis Oktober 1922 und danach tendierte der Markt 24 Monate bis Ende Oktober 1924 im Bereich um 100 Punkten seitwärts.

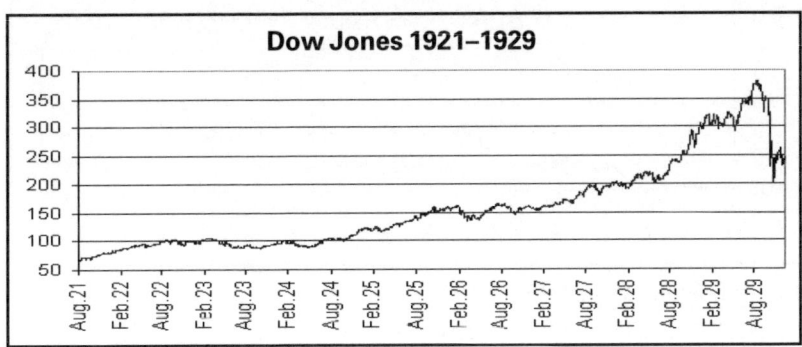

Dann startete eine neue Rallye, die den Dow Jones bis November 1925 in den Bereich um 150 Punkte katapultierte. Im Anschluss folgte bis März 1927 abermals eine Seitwärtsbewegung unter hohen Schwankungen, bevor die heftigste Börsen-Hausse aller Zeiten ihren Anfang nahm. Im Tief hatte der Dow Jones 1927 bei 153 Punkten notiert, im Hoch aber ein Drittel darüber bei 202! 1928 kletterte der Index auf 221 und fiel dann noch einmal bis 205 im Juli zurück. Doch das Jahreshoch im Dezember lag auf einmal um 46% höher bei 300 Punkten! In 1929 setzte der Index immer wieder auf 300 Punkte zurück und startete im Mai eine neue Rallye, die in das Jahrzehnthoch von 381,17 Punkten am 03.September 1929 mündete. Das bedeutet:

Zu Beginn der 20er Jahre zeigten die Kurspfeile nach unten, so dass niemand glauben konnte, dass das Ende der Baisse in 1921 die sog. „goldenen 20er Jahre" einleiten würde. Die Zahlen verdeutlichen das Ausmaß dieser gigantischen Hausse:

– Der Dow Jones hat in den 8 Jahren zwischen August 1921 und September 1929 unglaubliche 497% gewonnen!

– In den 5 Jahren seit Oktober 1924 gewann der Index 284%!

– In den zweieinhalb Jahren seit Januar 1927 gewann der Index 150%!

– In den 14 Monaten seit Juli 1928 gewann der Index 86%!

Sehen wir uns jetzt die damalige Technologie-Aktie General Motors an, die in der Baisse bis 1921 dramatische 73% verloren hatte:

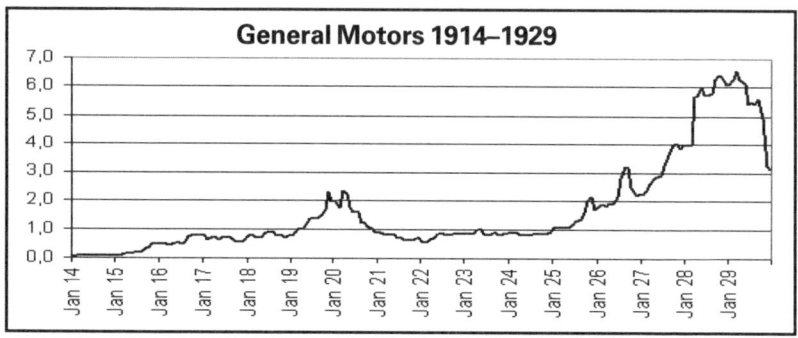

General Motors 1914–1929

General Motors nach 1921

Die Höchstkurse bei knapp über 2,30 Dollar aus den Jahren 1919/1920 wurden im Juli 1926 eingestellt. Im Oktober 1927 kratzte der Kurs an der 4-Dollar-Marke und im März 1928 wurden 5 Dollar übersprungen. Der absolute Hochpunkt wurde dann im März 1929 bei 6,57 Dollar erreicht.

Die Baisse bis 1921 ist im Langfrist-Chart nur noch als normale technische Konsolidierung zu erkennen. General Motors brauchte zwar sechseinhalb Jahre um die einstigen Hochs zu überbieten, verbesserte sich aber dann in den anschließenden 28 Monaten um 185% und – vom Baisse-Tief gerechnet – um beinahe das Zehnfache in siebeneinhalb Jahren!

Ausblick

Auch die Entwicklung des Dow Jones seit dem Baisse-Tief vom Oktober 2002 zeigt eine sehr hohe Parallelität zur Tendenz nach dem Baisse-Tief von 1921. Denn:

– wie beschrieben hatte der Dow Jones in den 20er Jahren zunächst eine 14-monatige Erholung eingeschlagen und dann eine 24-monatige Seitwärtsbewegung.

– die Erholung seit dem Tief von 2002 führte den Dow Jones bis auf 10.737 im Februar 2004. Das bedeutete einen Gewinn von 43% innerhalb von 15 Monaten.

– danach hat der Dow Jones ebenfalls eine Seitwärtsbewegung eingeschlagen, die bis Redaktionsschluss dieses Buches anhält.

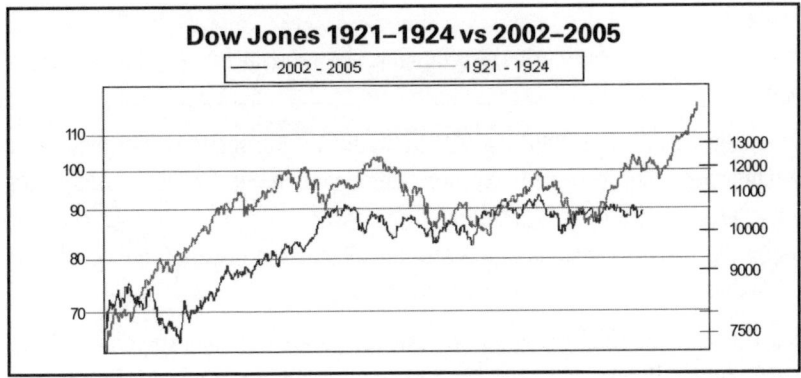

Die Ähnlichkeit der Chartbilder von 1921 bis 1924 sowie von 2002 bis 2005 ist in jedem Fall frappierend. Wenn die Parallelität beibehalten wird, müsste demnach im Februar bzw. März 2006 eine neue Rallye im Dow Jones starten.

Alternativ könnte die nächste große Rallye auch erst mit einer Zeitverzögerung von rund 5 Monaten starten. Denn dem absoluten Dow Jones-Tiefpunkt im Oktober 2002 bei 7.286 folgte im März 2003 ein etwas höheres Tief bei 7.524 Punkten. Beide Tiefpunkte liegen 5 Monate, aber nur 3% auseinander, so dass sich der Ausbruch auch bis Juli/August 2006 verschieben könnte. Die nachfolgende Abbildung beginnt der Dow Jones daher mit dem März-Tief aus 2003.

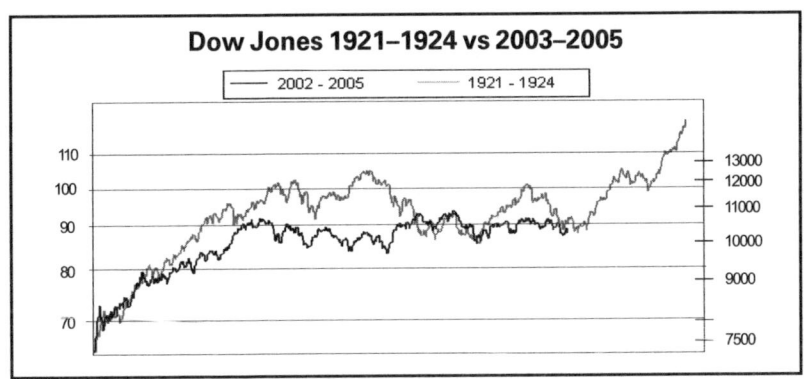

Fazit

Nach dem Technologie-Zyklus müssten uns überragende Börsenjahre bevorstehen.

Denn die Baisse von 2000 bis 2002 könnte als Konsequenz des typischen Ausleseprozesses gewertet werden, der immer dann einsetzt, wenn eine neue Technologie eine Marktdurchdringung von 50% erreicht hat. Bedingt durch die Breitbandtechnologie wird das Wachstum des laufenden Technologie-Zyklus aber noch bis etwa 2010 anhalten.

Die Hausse von 1997 bis 2000 ähnelte sehr stark der Hausse von 1917 bis 1919 und die Baisse von 2000 bis 2002 war vergleichbar mit der Baisse von 1919 bis 1921. Auch die Entwicklung seit 2002 zeigt eine hohe Ähnlichkeit mit der Entwicklung bis 1924.

In einem Abstand von ziemlich genau 80 Jahren sind Technologie-Blasen entstanden und dann geplatzt.

Nach dem Technologie-Zyklus steht eine Riesen-Hausse bevor!

Doch der ersten Blase während des Automobilbooms sollte eine noch viel größere zweite folgen. In 1925 startete eine mächtige Rallye im Dow Jones und in 1927 die kräftigste Hausse aller Zeiten, so dass der Begriff der „goldenen 20er Jahre" Einzug in die Geschichtsbücher fand.

Es ist zumindest vorstellbar, dass der ersten Internetblase auch jetzt bis zum Ende des Jahrzehnts eine zweite, sehr viel größere folgt.

Wenn tatsächlich eine noch größere Blase entsteht, müsste deren anschließendes Platzen zu extremsten Verwerfungen an den Finanzmärkten führen.

Der phänomenalen Hausse der 20er Jahre folgte die Weltwirtschaftskrise der 30er Jahre. Der Dow Jones beendete 1929 mit einem Minus von 17,2%. In 1930 verlor der Index 33,8% und 1931 führte mit einem Einbruch um 52,7% zum größten Jahresverlust in der Geschichte des Dow Jones. In 1932 hatte der Markt dann nochmals 22,6% verloren, bevor die Kurse wieder deutlich nach oben drehten. Vom Höchstkurs am 03. September 1929 war der Dow Jones bis zum 08. Juli 1932 um kaum vorstellbare 89% weggebrochen und es sollte 20 Jahre dauern bis in 1954 die Tops von 1929 wieder eingestellt werden konnten.

Damit lässt der Technologie-Zyklus nach 2010 eine massive, mehrjährige Baisse erwarten.

Doch zunächst geht es um die Perspektiven der nach dem Technologie-Zyklus bevorstehenden Hausse. Vergleichen wir:

Dow Jones bis 2010 über 40.000?
Der Dow Jones hatte vom Baisse-Tief in 1921 innerhalb von 8 Jahren 497% gewonnen. Nachdem der Dow Jones in der Baisse bis 7.286 im Oktober 2002 gefallen war, müsste der Index bei einer ähnlichen Entwicklung bis 2010 auf 43.497 Punkte klettern!

Technologie-Aktien vor Vervielfachung?
Wenn jetzt tatsächlich eine neue, noch größere Blase entsteht, sollte diese abermals von den Technologie-Aktien angeführt werden. Denn die massive Marktbereinigung ist abgeschlossen und die heutigen Marktführer schreiben schwarze Zahlen und werden auch bis zum Auslaufen des Technologie-Zyklus um 2010 nicht von ihrer Spitzenposition zu verdrängen sein. Dementsprechend sollten Technologie-Aktien ihre einstigen Höchstkurse in den nächsten Jahren nicht nur einstellen, sondern noch weit überbieten können. Vergleichen wir abermals:

General Motors hatte in den 20er Jahren sechseinhalb Jahre gebraucht um die Höchstkurse von 1919/1920 wieder zu erreichen. Von den Tiefpunkten gerechnet, hatte sich der Kurs in siebeneinhalb Jahren verzehnfacht.

Intel war in der Baisse von 75 Dollar im August 2000 bis unter 14 Dollar im Oktober 2002 gefallen. Bei einer ähnlichen Entwicklung müsste Intel im März 2007 die 2000er Hochs einstellen und könnte bis März 2010 auf 140 Dollar ansteigen.

Per Oktober 2005 fehlen Intel 224% alleine bis zu den einstigen Hochs, womit der Chip-Produzent stellvertretend für viele andere Technologie-Aktien steht. Oracle trennen z.B. 261% von den Hochpunkten aus 2000, bei Yahoo sind es 268% und bei Cisco sogar 366%.

Ob dieses Traum-Szenario aus dem Technologie-Zyklus Realität wird, können Sie ganz einfach überprüfen!
Natürlich braucht es sehr viel Phantasie, sich bis zum Ende des Jahrzehnts

einen Dow Jones von über 40.000 Punkten und eine noch weitreichendere Vervielfachung der Technologie-Aktien vorzustellen. Aber genau diese Entwicklung lassen die Technologie-Zyklen, d.h. die Internetverbreitung nach der S-Kurve sowie die bisher extrem hohe Parallelität zur Börsen-Entwicklung der 20er Jahre erwarten.

Nach dem Technologie-Zyklus müssten jetzt die besten Börsenjahre aller Zeiten vor uns liegen!

Das schöne daran ist, dass Sie ganz einfach überprüfen können, ob dieses extrem positive Szenario zum Tragen kommt. Dafür müssen Sie von Zeit zu Zeit lediglich kontrollieren, ob die Technologie-Aktien bzw. der Technologie-Index Nasdaq gegenüber dem Dow Jones relative Stärke aufbauen.

Sobald sich eine relative Stärke deutlicher abzeichnet und die Kurse neue 3-Jahres-Hochs erreichen, steigt die Wahrscheinlichkeit, dass sich im Technologie-Zyklus tatsächlich eine neue, noch viel größere Blase an den Börsen aufbaut.

Dann bestehen bis 2009/2010 extreme Gewinnmöglichkeiten auf der Hausse-Seite und danach noch viel größere auf der Baisse-Seite...

X. BÖRSEN-VISIONEN

Auf den vorangegangenen 200 Seiten haben Sie alle dem Autor bekannten Börsen-Zyklen kennengelernt. Im Mittelpunkt stand eine objektive Erklärung aller Kursmuster und nur im jeweiligen Fazit wurde ein kleiner Ausblick gewagt.

In diesem Kapitel werden nun die herausgearbeiteten Zyklen zusammengefasst und hinsichtlich ihrer Überlagerung untersucht. Dabei wird ebenfalls eine Prognose auf die nächsten Jahre getroffen, wohlwissend, dass langfristige Vorhersagen einer permanenten Adjustierung an die aktuellen Gegebenheiten bedürfen.

Der Autor möchte sich nicht ernsthaft anmaßen, die großen Umkehrpunkte der Börsen über Jahre hinweg im Voraus nennen zu können. Doch es gibt ganz bestimmte Zeitpunkte, an denen Sie sehr aufmerksam sein sollten, um die großen Börsenchancen der nächsten Jahre nicht zu verpassen.

Wir befinden uns im Oktober 2005

Hinter uns liegt der größte Börsenrückschlag seit 1929/1932, d.h. der größte Kurseinbruch, den die derzeitige Anlegergeneration jemals erlebt hat. Die rein deutschen Fakten:

Dax Minus Dreiviertel!
Der Dax hatte im März 2000 die 8000-Punkte-Grenze angetippt, war aber bis März 2003 auf im Tief nur noch 2200 Punkte zusammengebrochen. In drei Jahren hat der Deutsche Leitindex also 72,5% verloren.

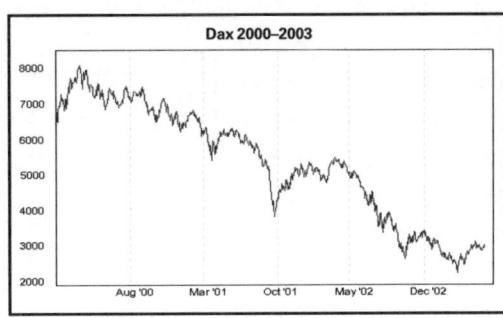

Neuer Markt ausradiert!
Der Nemax 50 ist mit dem Absturz von 9631 Punkten im März 2000 bis auf nur noch 310 Punkte im März 2003 geradezu ausradiert worden. Nach diesem Verlust von 97% wurde der Index in TecDax umbenannt.

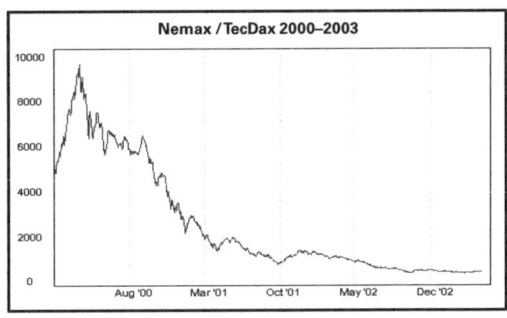

Volksaktie Minus 92%!
In den späten 90er Jahren hatten sich hunderttausende Deutsche zum ersten Mal mit der Börse beschäftigt, was im Wesentlichen auf dem Börsengang der „Volksaktie" Deutsche Telekom in 1996 beruhte. Der Titel hat-

te im März 2000 bei 103 Euro notiert, im Oktober 2002 aber bei nur noch 8,66. Innerhalb von zweieinhalb Jahren mussten Volksaktionäre einen Vermögensverlust von 92% verkraften.

Die massiven Kursverluste haben zu einem genauso massiv rückläufigen Interesse an der Börse geführt. Konkret:

2,4 Millionen Deutsche nicht mehr an der Börse

Während in 2001 noch 12,9 Millionen Deutsche in Aktien oder Fonds investiert waren, hat sich diese Zahl auf 10,5 in 2004 reduziert. Obwohl weder die Zins-, noch die Immobilienmärkte eine vernünftige Anlagealternative eröffnen und das Steuerprivileg der Lebensversicherungen weggefallen ist, haben sich also 2,4 Millionen Deutsche von ihren Börsenanlagen verabschiedet.

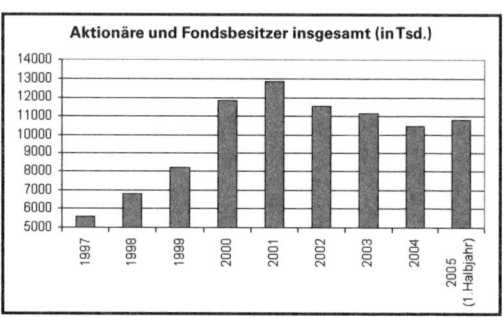

Erstmals seit 1986 wieder Netto Fonds-Verkäufe deutscher Anleger

Deutsche Anleger haben massiv Aktienfonds verkauft. In 1997 und 1998 wurden noch netto 15 bzw. 19 Mrd. in deutsche Aktienfonds eingezahlt, in 1999 explodierten die Einzahlungen dann auf über 31 Milliarden und in 2000 wurde die Fabelsumme von über 65 Mrd. Euro erreicht. In 2001 waren die Netto-Anlagen aber auf nur noch 8 Mrd. zusammengeschmolzen und auch diese Zahl halbierte sich noch in 2002 und 2003. In

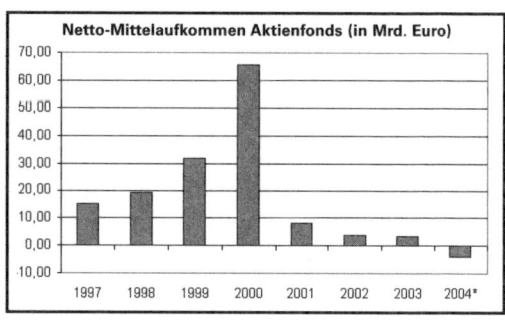

2004 gab es aber *erstmals* seit 1986 wieder einen Netto-Abfluss! D.h. es wurden für 3,69 Mrd. Euro mehr Mittel aus Fonds abgezogen, als dort angelegt.

Anlegermesse als Non-Event

Seit 1990 gibt es die alle zwei Jahre stattfindende *„Internationale Anleger Messe in Düsseldorf (IAM)"*, wobei der Autor zu den ganz wenigen gehört, die seit dem Start ohne Unterbrechung auf der IAM ausgestellt haben. Die Abbildung zeigt die Entwicklung der Besucherzahlen, die seit dem Hoch in 2000 um 66% eingebrochen sind. Durch die jährliche *Invest* in Stuttgart hat die IAM zwar große Konkurrenz bekommen, doch der Niedergang der IAM ist ein gutes Spiegelbild des Anlegerinteresses in Deutschland.

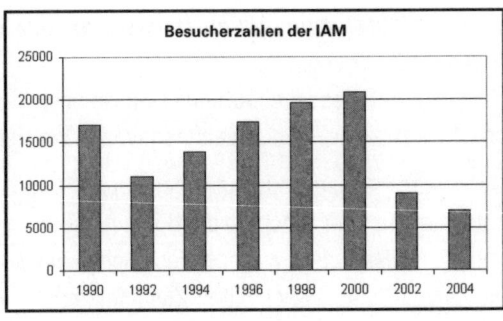

Auflagen von Börsenpublikationen massiv rückläufig!

Dem Rückgang des Börseninteresses musste eine Vielzahl von Börsenpublikationen ihren Tribut zollen, wie z.B. Einstellungen bzw. Verschmelzungen von Magazinen wie *Aktienresearch, Telebörse, Das Wertpapier, Optionsschein-Magazin* oder *DM* unterstreichen. Zu den „Überlebenden" gehört *Börse-Online* und der Chart zeigt die Auflagenentwicklung. Seit dem Hoch in 2000 hat das Magazin eine Viertelmillion Leser verloren, d.h. sagenhafte 72%.

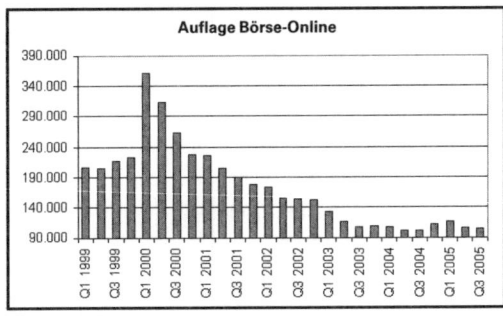

Zwischen-Fazit

Das Interesse an der Börse ist am Boden, denn private Anleger verkaufen (bei steigenden Kursen) ihre Aktien und Aktienfonds zur Verlustbegrenzung. Gleichzeitig boomen z.B. im Zertifikatebereich vor allem Garantie-Konstruktionen, die bei steigenden Kursen weit unterdurchschnittliche Gewinne erzielen. Anleger besuchen keine Anlegermessen mehr und kündigen ihre Börsenabonnements.

Doch der Dax hat sich vom Baisse-Tief bei 2200 im März 2003 auf über 5100 im Oktober 2005 verbessert und damit in zweieinhalb Jahren um mehr als 130%! Der TecDax gewann seit dem Tief 97% und selbst die T-Aktie 75%. Diese Hausse hat weitestgehend unter Ausschluss der Öffentlichkeit stattgefunden. Überlegen wir:

Was bedeutet eine Aktien-Hausse, an der das breite Publikum nicht teilnimmt?

Das bedeutet, dass die laufende Hausse noch einige Jahre weitergehen wird und die Börsen noch massive Kursgewinne vor sich haben!

Denn *jede* Hausse endet in einer Euphorie, d.h. in einer Phase, in der das Publikum mit aller Macht in die Börse hineindrängt und die Kauflust durch die hohen und permanent wachsenden Buchgewinne immer weiter angeheizt wird, bis es zum unausweichlichen Zusammenbruch kommt, weil es plötzlich an Käufern fehlt.

Gipfelbildungen

In der letzten Phase einer jeden Hausse ist die Stimmung auf dem Hochpunkt, denn es werden binnen kürzester Zeit exorbitante Kursgewinne erzielt. Vergleichen Sie dazu die Kursgipfel im Dax von 1986, 1990 und 2000:

– im April 1986 war der Dax an der Grenze von 1600 Punkten gescheitert, aber die Börse kam von 1000 Punkten im August 1985. Innerhalb von acht Monaten hatte der Dax also 60% gewonnen und es dauerte danach dreieinhalb Jahre bis

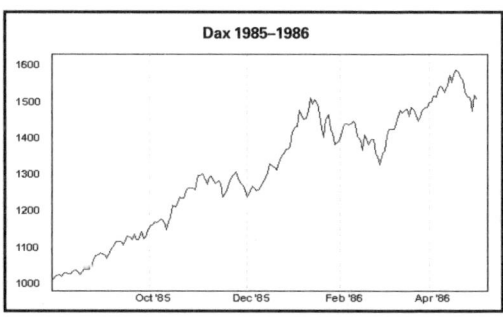

die 1600 Punkte im Dezember 1989 endgültig überwunden werden konnten.

– in 1990 hatte der Dax immer wieder vor der runden Marke von 2000 Punkten kehrt gemacht. Das Jahreshoch wurde im März bei 1968 Punkten markiert, aber der Dax kam von 1400 Punkten im Oktober 1989. Innerhalb von fünf Monaten hat-

te der Dax also 40% gewonnen und es sollte danach dreieinhalb Jahre dauern, bis im Oktober 1993 2000 Punkte tatsächlich überwunden wurden.

– der Dax hat im März 2000 sein All-Time-High bei 8064 Punkten markiert, aber der Index kam von 5000 Punkten im August 1999. Innerhalb von sieben Monaten hatte der Dax also 60% gewonnen.

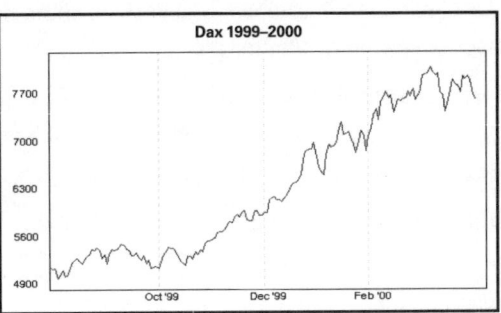

Diesen drei Gipfelpunkten ging also ein sehr massiver Kursanstieg voraus, der im Zeitraum von 5 bis 8 Monaten zu Gewinnen zwischen 40% und 60% geführt hatte.

Wenn wir davon ausgehen, dass die Gipfelbildung der laufenden Hausse ähnlich aussehen wird, dann bedeutet das zweierlei:

– So lange ein solcher Gipfelsturm ausbleibt, wird sich die Hausse weiter fortsetzen. Analog wird erhöhte Vorsicht geboten sein, wenn es zu vergleichbaren Kursgewinnen in wenigen Monaten kommt.

– Die laufende Hausse hat noch ganz erhebliches Potential. Ausgehend von 5100 Punkten im Oktober 2005 müsste der Dax z.B. bei 40% Kursgewinn in der Schluss-Rallye bis auf 7140 ansteigen und bei einem Plus von 60% sogar bis auf 8160 Punkte!

Der Dax dürfte aber tatsächlich noch deutlich weiter ansteigen.

Aktien sind heute fundamental unterbewertet, aber eine Hausse endet normalerweise, wenn Aktien fundamental überbewertet sind. Für den Dax errechnet sich im Oktober 2005 z.B. ein Kurs-Gewinn-Verhältnis (KGV) von rund 12. Im März 2000 lag das Dax-KGV aber 183% Prozent höher, bei 34!

Blättern Sie bitte noch einmal zwei Seiten nach vorne. Das Anlegerinteresse ist massiv zurückgegangen, aber eine Hausse endet normalerweise, wenn sich das Anlegerinteresse auf dem Höhepunkt befindet.

Die Bewegung von einer Unter- zu einer Überbewertung und das Comeback des Anleger-Interesses sind aber Entwicklungen, die sich nicht über Monate, sondern über Jahre hinziehen. Und deshalb sollte uns die laufende Hausse auch noch einige Jahre erhalten bleiben.

Nach diesen Überlegungen hat der Dax in den nächsten Jahren die Wahl zwischen einer positiven und einer spektakulär positiven Variante.

Schauen wir uns dafür, stellvertretend für viele andere Indikationen, die Zahl der Aktionäre bzw. Fondsanleger in Deutschland an.

– im positiven Szenario wird das Anlageinteresse in den nächsten Jahren ansteigen und kurz vor den Rekordzahlen wieder zum Stillstand kommen. Aus technischer Sicht würde damit eine Art „Doppel-Top" entstehen, das bis in

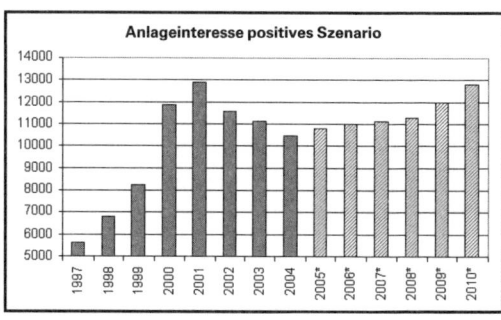

die 2020er Jahre hinein den Gipfelpunkt des Anlageinteresses bedeuten sollte.

– im spektakulär positiven Szenario wird das Anlage-interesse in den nächsten Jahren rasant zunehmen und zwar vor allem dann, wenn der Dax in die Nähe seiner Hochpunkte aus dem Jahr 2000 kommt. In diesem Fall wäre die Spitze

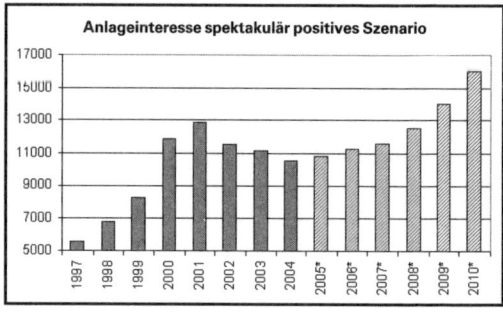

aus dem Jahr 2001 nur ein Zwischenhoch und der anschließende Rückgang nur eine Korrektur vor dem Weg zu einem neuen Gipfel. Damit würde indes eine Übertreibung entstehen, die im Anschluss zu einer sehr massiven Zäsur führen müsste, in der die Anlegerkultur über Jahrzehnte hinaus zerstört wäre.

Also: Die laufende Hausse wird bis 2009/2010 anhalten (was im Folgenden begründet wird), wobei noch nicht abzusehen ist, ob die Höchstkurse aus dem Jahr 2000 nur um rund 25% überboten werden, oder noch viel deutlicher.

Der Dax im langfristigen Trendkanal

Der nachfolgende Chart zeigt den Dax und den langfristigen, seit 1983 intakten Aufwärtstrendkanal.

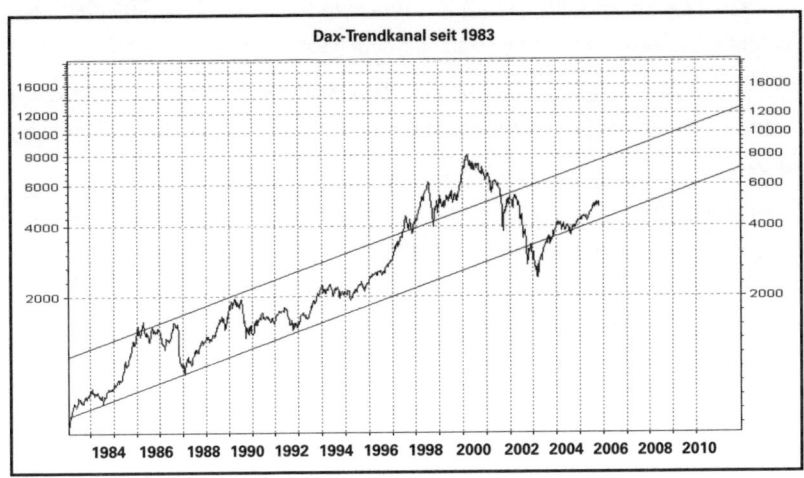

Rückblick:

Der Dax hatte seine untere Trendkanal-Linie 1984 und (nach dem großen Crash) Ende 1987 angetippt und 1986 für kurze Zeit den Trendkanal nach oben verlassen. In 1990 drehten die Kurse an der oberen Trendkanal-Linie nach unten und 1992 kurz vor der unteren Linie nach oben. In 1997 wurde der Trendkanal nach oben durchbrochen, womit der Dax in eine massive dreijährige Übertreibungsphase überging. Der kurze Crash von 1998 endete exakt oberhalb der Trendkanal-Linie, worauf noch einmal eine Kursverdoppelung folgte. Nach den All-Time-Highs im März 2000 entwickelte sich ein Abwärtstrend, doch der Dax war erst wieder während der Turbulenzen vom 11. September in seinen Trendkanal eingetreten. Die anschließende Erholung endete abermals an der oberen Begrenzungslinie des Trendkanals, worauf der Dax zeitweise in den freien Fall übergegangen war. Der vorangegangenen Übertreibung nach oben folgte eine Übertreibung nach unten, wobei der Trendkanal im September 2002 nach unten durchbrochen wurde. Die erste Erholung endete exakt an der unteren Trendkanal-Linie, worauf der Dax im März 2003 noch einmal neue Tiefs markierte. Im August 2003 ist der Dax dann wieder in seinen Trendkanal eingeschwenkt.

Ausblick:

Der langfristige Trendkanal hat seit einem Vierteljahrhundert Gültigkeit und dürfte dem Dax auch in den nächsten Jahren den Weg weisen.

Per Oktober 2005 verläuft die untere Trendkanal-Linie bei 4300, die obere bei 7600 und die Mitte des Trendkanals liegt bei 6350 Punkten.

Es ist davon auszugehen, dass sich der Dax weiterhin an diesem Trendkanal orientieren wird, wobei alle Kurse außerhalb dieser Range als Übertreibung anzusehen wären.

Nach diesem Trendkanal könnte der Dax theoretisch bereits in 2006 die All-Time-Highs aus dem Jahr 2000 einstellen (was nicht passieren wird) und bis 2009 auf 10.000 Punkte ansteigen. D.h.:

Das Mindestziel der laufenden Hausse ist bis 2009/2010 die runde Marke von 10.000 Punkten im Dax.

Es ist aber damit zu rechnen, dass der Dax in der Hochphase der Hausse nach oben übertreiben wird, also – ähnlich wie zwischen 1998 und 2000 – den Trendkanal nach oben durchbricht. Das wäre das *spektakulär positive Szenario*, das primär davon abhängt, wie sich der Leitindex Dow Jones entwickeln wird. Je länger und massiver der Dax nach oben übertreiben sollte, umso heftiger wird dann auch die anschließende Baisse ausfallen, für die wiederum eine Übertreibung nach unten wahrscheinlich ist, d h der Trendkanal sollte dann nach unten durchbrochen werden.

Doch werden wir konkreter:

Dax-Prognose aus Zyklen-Sicht

Sie erfahren im Folgenden das Szenario der kommenden Jahre, das sich aus der Überlagerung der einzelnen Zyklen ergibt. Selbstverständlich muss diese sehr langfristige Börsenvision immer wieder aktualisiert werden, was permanent in unseren Börsenbriefen geschieht. Deshalb möchte ich Ihnen den *boerse.de-Aktienbrief* für die langfristige Anlage in Champions-Aktien und den *Trendbrief Chartanalyst/Optionsbrief (TCO)* für Tradings in Aktien und Derivaten ans Herz legen.

Prognosen

Aufgrund des *Jahrzehntzyklus* ist bis Ende 2009 mit deutlich steigenden Dax-Kursen zu rechnen.

Hochs und Tiefs dieses Jahrzehnts

Der Dax sollte sein Jahrzehnt-Tief am 12. März 2003 bei 2203 Punkten markiert haben. Nach dem Jahrzehntzyklus dürfte der Dax am 31. Dezember 2009 den höchsten Punkt des Jahrzehnts erreichen.

Gipfelpunkt der Hausse

Der Hochpunkt der laufenden Hausse könnte dann gemäß Jahrzehntzyklus um den 10. Februar 2010 entstehen. Nach dem *Tages-Zyklus* kommen insbesondere der 5. Februar und der 12. Februar für das Top in Frage, weil es sich hier um Freitage handelt, für die sich die höchste Gewinn-Wahrscheinlichkeit errechnet.

Alternative Zeitpunkte für den Gipfelpunkt der Hausse sind Juli bzw. August 2010 – also nach Abschluss der Sommer-Rallye und vor Beginn der Spätsommer-Korrektur – oder bereits der März.

Der März ist für den Dax ein ganz besonderer Wendemonat, denn hier wurde bereits in 1990 ein wichtiges zyklisches Hoch herausgebildet. Genau 10 Jahre später hat der Dax sein bisheriges All-Time-High markiert (und wiederum genau drei Jahre später sein Baisse-Tief), so dass das nächste, für viele Jahre maßgebliche All-Time-High sehr gut für den März 2010 vorstellbar ist.

So werden die nächsten Jahre

Prognose 2006

Nach dem erfolgreichen 2005 dürfte 2006 für den Dax ein schwieriges Börsenjahr werden, was alleine schon die Markt-technik erklärt. Der Chart zeigt den mittel-fristigen Aufwärtstrend-kanal, der seinen Aus-

Dax-Trendkanal seit 2004

gangspunkt bei 3650 Punkten genommen hatte. Das war das Jahrestief von 2004, das am 13. August markiert wurde und damit 3 Wochen nach dem aus dem Jahrzehntzyklus für den 23. Juli zu erwartenden Jahrestief. Für das 5er Jahr konnte mit einem zyklischen Tief um den 26. März gerechnet werden und tatsächlich hat der Dax sein Jahrestief bei 4178 am 28. April markiert.

Der Dax hat also bis Oktober 2005 seit August 2004 38% gewonnen und seit April 2005 21%. Nach einer Jahresend- und/oder Jahresanfangs-Rallye wäre der Dax aus technischer Sicht daher deutlich überhitzt, so dass im Sommer 2006 eine ausgeprägte Konsolidierung stattfinden müsste, die den mittelfristigen Trendkanal beendet.

Vor allem die Zyklen sprechen für eine deutliche Sommer-Korrektur, denn in 2006 greifen sowohl der *Regierungs-Zyklus* wie der *Zyklus der 4-Jahres-Tiefs*. 2006 ist ein Nachwahljahr, so dass folglich hier der Tiefpunkt im Regierungs-Zyklus erreicht wird, idealerweise Ende Mai. Nach den vorangegangenen wichtigen Tiefs von 1990, 1994, 1998 und 2002 steht das nächste 4-Jahres-Tief somit in 2006 an.

Fazit 2006

Der Dax dürfte im März/April 2006 einen wichtigen zyklischen Hochpunkt herausbilden und Ende Mai oder im August 2006 sein Jahrestief finden, das dann den zyklischen Tiefpunkt bis zum Ende des Jahrzehnts bedeutet. Per Saldo sollte 2006 mit einem geringfügigen Jahresgewinn bzw. -verlust beendet werden.

Demnach dürfte sich im Sommer 2006 die größte Kaufgelegenheit der nächsten Jahre eröffnen.

Prognose 2007

Nach dem durchwachsenen 2006 müsste 2007 wieder von kräftigen Kursgewinnen geprägt sein. Dabei sollte der Dax gleich zu Beginn kräftig steigen, so dass der Januar das spätere Jahrestief bedeutet. Die Kurse dürften sukzessive nach oben ziehen, wobei sich der Auftrieb Anfang Juli noch beschleunigen könnte. Durch den starken Anstieg ist dann im August mit einem wichtigen zyklischen Hoch zu rechnen, wobei hier oder Anfang Oktober die Jahreshochs herausgebildet werden. Danach wird der Dax den kräftigen Kursgewinnen der letzten 9 bzw. 12 Monate Tribut zollen müssen und abermals eine Korrektur einschlagen, die durchaus heftiger verlaufen kann, zumal der Dax im Herbst von 7er Jahren öfter unter die Räder kommt. Das ändert aber nichts daran, dass 2007 mit einem deutlichen Plus beendet wird, zumal der Dax vom Regierungs-Zyklus profitiert. Denn sofern es nicht abermals zu vorgezogenen Neu-Wahlen kommt, wird 2007 das zweite Nachwahljahr sein, das innerhalb der 4-Jahres-Periode für die höchsten Kursgewinne steht.

Fazit 2007

Für 2007 zeigen die Kurspfeile trotz der wahrscheinlichen Korrektur klar nach oben, wobei das Jahr mit einem zweistelligen Dax-Plus beendet werden sollte. Der Dax wird sich dann in die Nähe seiner All-Time-Highs aus dem Jahr 2000 geschoben haben, so dass die laufende Hausse stärker ins Bewusstsein der Privatanleger rückt. Man wird erstmals wieder über die Börse sprechen!

Prognose 2008

Nach dem erfolgreichen 2007 setzt sich die Aufwärtsbewegung auch in 2008 weiter fort. Dabei werden die Jahrestiefs abermals im Januar herausgebildet und der Auftrieb hält bis Juli an. Nach einer kräftigen Rallye in den letzten 9 Monaten steht dann zwischen August und Anfang Oktober wieder einmal eine Konsolidierung auf dem Programm. Dabei ist 2008 ein Vorwahljahr und damit der zweiterfolgreichste Zeitabschnitt im 4-jährigen Regierungszyklus.

Fazit 2008

2008 sollte mit einem zweistelligen Plus beendet werden, wobei der Dax seine Hochs aus dem Jahr 2000 deutlich hinter sich gelassen haben wird. Es entwik-kelt sich eine Euphorie und immer mehr Privatanleger investieren wieder an der Börse. Das Jahreshoch entsteht im Juli 2008 und danach beginnt eine breite Seitwärtskonsolidierung, in der die vorangegangenen kräftigen Kursgewinne verarbeitet werden.

Prognose 2009

Von Jahresanfang bis Ende April setzt sich die im Sommer 2008 eingeschlagene Konsolidierung weiter fort. Dann werden die Börsianer wieder wach und es entwickelt sich – den Jahrzehntwechsel vor Augen – eine neue Rallye. Im September und Oktober kommt der Dax in schwierigeres Fahrwasser, zumal abermals Bundestagswahlen stattfinden. Nach dem Regierungs-Zyklus müsste der Dax bereits im Juli seinen Hochpunkt herausbilden, doch der Zyklus der 9er

Jahre ist stärker. Nach dem zyklischen Oktober-Tiefpunkt entwickelt sich eine Euphorie-Rallye und die Anleger sind vom unmittelbar bevorstehenden Jahrzehntwechsel begeistert, zumal von allen Seiten die optimistischsten Prognosen für das neue Jahrzehnt herumgereicht werden.

Fazit 2009

Der Dax dürfte sein Jahrestief um den 1. März herum herausbilden und sein Jahreshoch – und damit das höchste Niveau des Jahrzehnts – am 31. Dezember 2009. Die Euphorie aus 2008 wird das ganze Jahr 2009 anhalten und in den letzten beiden Monaten des Jahrzehnts geradezu irrwitzige Ausmaße annehmen. Immerhin hatte der Dax 20 Jahre vorher – in 1989 – sagenhafte 34,8% gewonnen und 10 Jahre danach sogar absurde 39%. Dementsprechend spektakulär sollte aber auch die im Anschluss anstehende Baisse ausfallen.

Das ist das Bild für den zu erwartenden zyklischen Börsenverlauf bis zum Ende des Jahrzehnts, der im folgenden Chart noch einmal zusammengefasst wird.

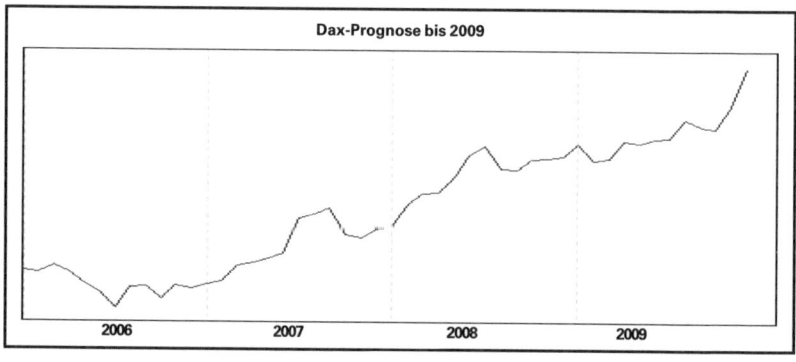

Das Ausmaß der Kursgewinne und auch die Dramatik der nachfolgenden Baisse hängt wohl im Wesentlichen davon ab, wie weit die Wall Street bis 2009 ansteigen wird.

Der Dow Jones im langfristigen Trendkanal

Der Chart auf der nächsten Seite zeigt den Dow Jones und den langfristigen, seit 1983 gültigen Aufwärtstrendkanal, der sich sogar bis 1977 zurückverfolgen lässt.

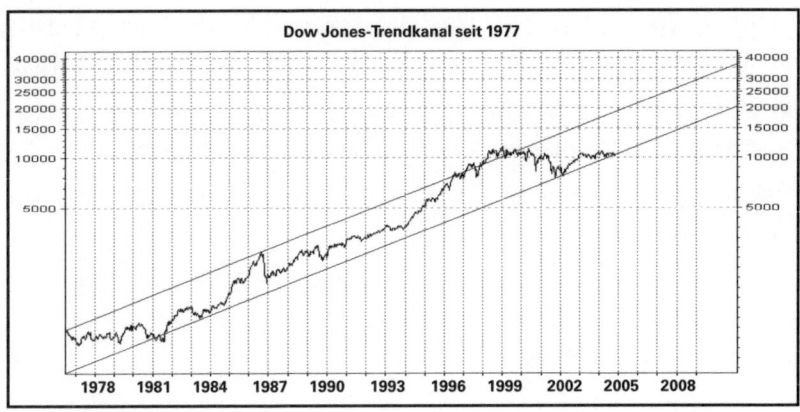

Dow Jones-Trendkanal seit 1977

Rückblick:

Der Dow Jones hatte die Tiefpunkte der Jahre 1984 und 1985 an der unteren Trendkanal-Linie herausgebildet. Danach beschleunigte sich die Hausse und der Index tippte 1987 die obere Begrenzung des Trendkanals an. Nach dem Crash von 1987 hat sich der Dow Jones dann bis 1994 in der Mitte des Trendkanals nach oben gearbeitet. Danach gewann die Hausse abermals an Dynamik und der Dow Jones kletterte in 1997 bis zur oberen Trendkanal-Linie. Im zweiten Anlauf wurde diese Begrenzung nach oben durchbrochen, womit der Dow Jones in eine dreijährige Übertreibungsphase überging. Nach dem All-Time-High im Januar 2000 drehte der Markt durch eine Seitwärtsbewegung wieder in den Trendkanal zurück. In 2001 hatte der Dow Jones noch einmal einen Ausbruchsversuch unternommen, doch die Kurse drehten exakt an der oberen Trendkanal-Linie wieder nach unten. Darauf folgte eine Baisse mit einem Tiefpunkt im Oktober 2002. Dieses Tief lag exakt an der unteren Begrenzungslinie des Trendkanals, genauso wie das etwas höhere Tief vom März 2003. Von dort hat sich der Dow Jones bis Anfang 2004 wieder deutlich erholt, um seitdem eine nachhaltige Seitwärtsbewegung einzuschlagen. Dadurch notiert der Index jetzt wieder nahe an seiner langfristigen Aufwärtstrendlinie.

Ausblick:

Der langfristige Aufwärtstrendkanal hat seit einem Vierteljahrhundert Gültig-keit und dürfte dem Dow Jones auch in den nächsten Jahren die Grenzen vorgeben.

Per Oktober 2005 verläuft die untere Trendkanal-Linie bei 10.300 und die obere bei 18.700 Punkten. Die Mitte des Trendkanals befindet sich bei 14.500 Punkten.

Der Dow Jones sollte sich weiter an seinem Trendkanal orientieren, wobei Kurse außerhalb dieser Range als Übertreibung anzusehen wären.

Nach dem Trendkanal kann der Dow Jones jederzeit die All-Time-Highs aus dem Jahr 2000 einstellen.

Das Mindestziel der laufenden Hausse sind bis 2009/2010 26.000 Punkte, wobei die obere Trendkanal-Linie bis Ende 2009 auch 29.000 Punkte und für 2010 sogar 32.000 Punkte erlauben würde.

Es wäre aber eigentlich normal, wenn der Dow Jones in der Hochphase der Hausse nach oben übertreiben würde, also – wie im Zeitraum 1997 bis 2000 – den Trendkanal nach oben durchbricht. Das wäre das *spektakulär positive Szenario* und dafür müsste der Index in 2007 über 23.000 Punkte klettern bzw. in 2008 über 26.000. Je länger und massiver die Wall Street nach oben übertreiben sollte, umso heftiger wird dann auch die anschließende Baisse nach dem Jahr 2010 ausfallen, für die wiederum eine Übertreibung nach unten wahrscheinlich ist, d.h. der Trendkanal sollte dann nach unten durchbrochen werden.

Werden wir konkreter:

Dow Jones-Prognose aus Zyklen-Sicht

Aufgrund des *Jahrzehntzyklus* ist bis Ende 2009 mit deutlich steigenden Notierungen im Dow Jones zu rechnen.

Hochs und Tiefs dieses Jahrzehnts

Der Dow Jones sollte sein Jahrzehnt-Tief am 9. Oktober 2002 bei 7.286 Punkten markiert haben. Nach dem Jahrzehntzyklus dürfte der Index im September/ Oktober 2009 den höchsten Punkt des Jahrzehnts erreichen.

Gipfelpunkt der Hausse

Der Hochpunkt der laufenden Hausse könnte dann gemäß Jahrzehntzyklus ebenfalls im September/Oktober 2009 oder im Januar 2010 entstehen. Ein alternativer Zeitpunkt für den Gipfelpunkt der Hausse wäre noch der April 2010.

So werden die nächsten Jahre

Prognose 2006

Der Dow Jones dürfte im April 2005 bei 10.012 Punkten das zyklische Tief aus dem vierjährigen *US-Präsidentschafts-Zyklus* erreicht haben. Für 2006 ist mit einem recht volatilen Kursverlauf zu rechnen, wofür mehrere Aspekte sprechen.

Aus markttechnischer Sicht steht der Dow Jones vor einer spektakulären Kursbewegung. Denn per Oktober 2005 befindet sich der Index nun schon seit Januar 2004 – also seit 22 Monaten – in einer massiven Seitwärtsbewegung. Die Grenzen dieser Range

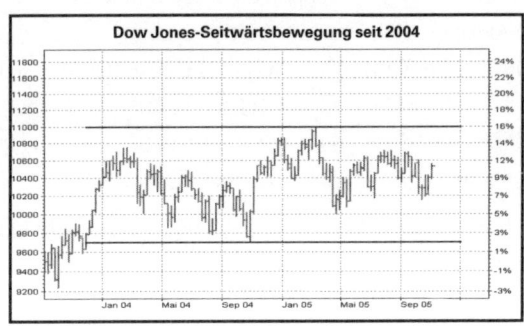

verlaufen zwischen 9750 und 11.000 Punkten, d.h. der Dow Jones pendelt nun schon fast zwei Jahre mit Ausschlägen von weniger als 6% um den Mittelwert von 10.400. Damit hat sich hier ein enormes Bewegungspotential aufgebaut, zumal sich der Dow Jones durch diese Seitwärtsbewegung sehr nahe an die untere Begrenzungslinie des langfristigen Aufwärtstrendkanals geschoben hat. Gleichzeitig würden ab 11.000 Punkten aber lediglich 6,7% Kursgewinn bis zu den All-Time-Highs von 11.723 aus dem März 2000 fehlen.

Nach dem *Jahrzehntzyklus* ist für 2006 mit dem Jahrestief im Januar und dem Jahreshoch im Dezember zu rechnen, wobei im April ein zyklisches Hoch und im Oktober ein zyklisches Tief erreicht werden sollte. Insgesamt dürfte das kommende Jahr mit einem kleinen Plus abgeschlossen werden, wofür auch der *Präsidentschafts-Zyklus* spricht. Es handelt sich hier um ein zweites Nachwahljahr, so dass aus diesem Blickwinkel mit zyklischen Hochs im März/April und einer heftigeren Korrektur im September zu rechnen ist.

Diese Zyklen verzahnen sich mit dem Zyklus der 4-Jahres-Tiefs, der für das Jahr 2006 den entscheidenden Tiefpunkt bis zum Ende des Jahrzehnts erwarten lässt!

Fazit 2006

In 2006 heißt es aufzupassen und nahe am Markt zu agieren. Wenn der Dow Jones über 11.000 Punkte ansteigt, sollten blitzschnell die All-Time-Highs aus dem Jahr 2000 angelaufen und auch überboten werden. In diesem Fall ist der Markt nach oben frei und sollte im März/April oberhalb von 12.000 Punkten einen wichtigen Hochpunkt herausbilden. Das würde eine euphorische Phase bedeuten, die aber schon nach wenigen Wochen in sich zusammenbrechen dürfte. Die Konsequenz wäre eine zweistellige technische Korrektur bis unter 11.000 Punkte mit einem Tiefpunkt Anfang Oktober. Zu dem Zeitpunkt, an dem dann jeder denkt, dass der Anstieg auf neue Tops lediglich eine große Bullenfalle war, startet dann eine neue Rallye. Also:

Der endgültige Anstieg über 12.000 Punkte wird erst im zweiten Anlauf gelingen und die dazwischenliegende Korrektur dürfte die beste Kaufgelegenheit der nächsten Jahre eröffnen.

Anmerkung: 2006 wird von heftigen Trends im Dow Jones geprägt sein, womit sich eine sehr gute Einstiegsmöglichkeit für langfristige Investments in den absoluten Top-Aktien sowie außerordentliche Gewinnmöglichkeiten auf der Call- *und* auf der Put-Seite ergeben. Diese gilt es aber zeitnah auszuloten, zumal es auch denkbar ist, dass der Markt zunächst mit einer Bärenfalle startet. Dieses Buch wurde im Oktober 2005 abgeschlossen, weshalb Sie – wenn Ihnen die Zyklen plausibel erscheinen – unbedingt die Hilfestellung unserer Börsenbriefe nutzen sollten.

Prognose 2007

Nach dem volatilen 2006 sollte 2007 wieder von kräftigen Kursgewinnen geprägt sein. Nach dem Jahreszyklus müssten die ersten fünf Monate von einer Seitwärtsbewegung gekennzeichnet sein, doch es scheint wahrscheinlicher, dass nach dem wichtigen Tiefpunkt von 2006 der US-Präsidentschaftszyklus greift. 2007 ist ein Vorwahljahr und damit der erfolgreichste Zeitraum in diesem Wahl-Zyklus. Dementsprechend sollten im Januar die Jahrestiefs markiert werden und der Dow Jones hätte freie Bahn bis August/Anfang September. Falls der endgültige Anstieg über 12.000 Punkte nicht bereits im vierten Quartal 2006 gelungen ist, sollte der Durchbruch im ersten Quartal 2007 erfolgen. Damit würde der wichtigste Index der Welt für jeden Anleger erkennbar auf dem höchsten Stand aller Zeiten notieren, so dass von allen Seiten der Beginn einer neuen Hausse ausgerufen wird. Die Euphorie wächst und die Kurse ziehen immer deutlicher nach oben. Den kräftigen Gewinnen folgt dann im Hochsommer eine heftige Korrektur, die aus technischer Sicht ganz einfach erforderlich sein wird. Da sich die Börse in einem 7er Jahr befindet, könnten die Kurse im Oktober kurzzeitig in den freien Fall übergehen, auch weil zu viele Neulinge in den Markt gekommen sind. Deshalb dürfte der Dow Jones im August oder September seine Jahreshochs herausbilden.

Fazit 2007

Die Hausse setzt sich spürbar – und erstmals für die Anleger rund um den Globus sichtbar – fort, wobei die Jahresperformance davon abhängt, wie der Oktober verläuft. Doch es ist davon auszugehen, dass der Dow Jones in 2007 gleich mehrere Tausender-Marken kreuzen wird.

Prognose 2008

2008 wird ein phantastisches Börsenjahr, was zunächst niemand glauben mag, denn die Kurse zeigen zu Jahresbeginn noch keine Dynamik. Dabei ist der Dow Jones im Begriff die technische Korrektur der enormen Gewinne zwischen dem Tief von 2006 und dem Sommer-Hoch von 2007 endgültig abzuschließen. Im Anschluss startet eine neue Rallye und die Börse rast im zweiten Halbjahr von Top zu Top. Nach dem Jahrzehntzyklus sind die Jahrestiefs per Ende Januar zu erwarten, nach dem Präsidentschafts-Zyklus Ende Mai. In 2008 wird in den USA ein neuer Präsident gewählt, weshalb die Aufwärtstrends im September kurz pausieren werden. Danach kommt es zur üblichen Schluss-Rallye aus dem Jahreszyklus, weshalb der Dow Jones sein Jahreshoch vermutlich am 31.12. markieren wird.

Fazit 2008

In 2008 ist mit einem kräftigen zweistelligen Plus zu rechnen. Die Hausse läuft auf Hochtouren und der Dow Jones hat längst die 20.000er Marke hinter sich gelassen. Es herrscht eine allgemeine Börsen-Euphorie und jeder spricht über den Aktienmarkt.

Prognose 2009

In 2009 erreicht die Hausse ihren Höhepunkt. Das Jahrestief entsteht zwischen Mitte Februar (Jahrzehntzyklus) und März (US-Präsidentschafts-Zyklus) und danach gewinnt die Aufwärtsbewegung nochmals an Dynamik. Die Kurse schlagen Purzelbäume, denn die Anleger sind berauscht von ihren Buchgewinnen und werden angesichts des bevorstehenden Jahrzehntwechsels immer euphorischer, da eine neue Zeitrechnung beginnen soll. Der Dow Jones erzielt in immer kürzeren Zeiträumen immer kräftigere Kursgewinne und die Kurse erreichen zwischen Juli und August einen Hochpunkt, der sich dann später als Jahreshoch und damit als Jahrzehnthoch herausstellen soll.

Fazit 2009

Vor dem Jahrzehntwechsel kommt es zu einem allerletzten großen Anstieg der Kurse. 10 Jahre vorher hatte der Dow Jones in 1999 25% gewonnen und 10 Jahre davor in 1989 sogar 27%. In 2009 wird die Börse einen ähnlich absurden Anstieg aufweisen, der Keimzelle des anschließenden Zusammenbruchs sein wird.

Das ist das Bild für den zyklischen Börsenverlauf bis zum Ende des Jahrzehnts, der im folgenden Chart noch einmal zusammengefasst wird.

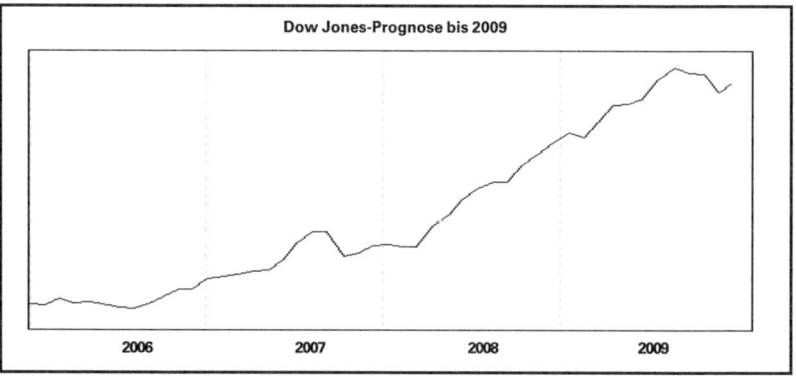

Das ist also das Szenario für die Hausse in Dax und Dow Jones bis 2009/2010.

Die Zyklen, die Sie in den ersten 5 Kapiteln kennengelernt haben, lassen nur wenig Zweifel am zeitlichen Muster der laufenden Hausse. Dennoch kann es zwischenzeitlich immer wieder zu temporären Abweichungen der Kursverläufe kommen.

Bisher wurden die Kurspotentiale der laufenden Hausse in den Hintergrund gestellt, denn es gibt ein positives und ein spektakulär positives Szenario:

Das positive Szenario für Dax und Dow Jones

Wenn wir davon ausgehen, dass sich die Indizes auch in den nächsten Jahren innerhalb ihrer seit einem Vierteljahrhundert gültigen maßgeblichen Aufwärts-trendkanälen nach oben bewegen werden, dann ergeben sich die folgenden Zielzonen:

Dax von 1983 bis 2010

– Der Dax dürfte in 2008 die Hochs aus dem Jahr 2000 eingestellt haben.

– In 2009 dürfte der Dax bei 10.000 Punkten notieren

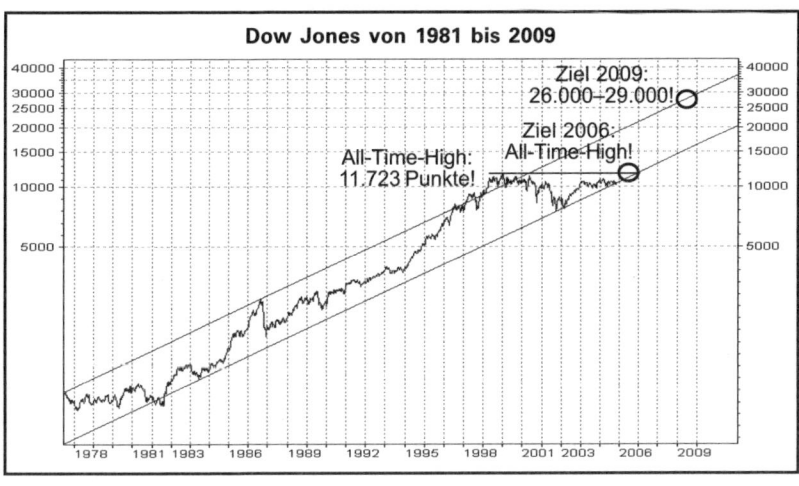

Dow Jones von 1981 bis 2009

- Der Dow Jones dürfte in 2006 die 2000er Hochs einstellen und 2007 endgültig überbieten

- In 2009 dürfte der Dow Jones zwischen 26.000 und 29.000 Punkten notieren.

Zusammenfassung

Aus zyklischer Sicht stehen uns also sehr gute Börsenjahre bevor. Der Dax kann von 5100 bis 10.000 in 2009 klettern, sich also in den nächsten vier Jahren verdoppeln. Der Dow Jones hat sogar ein deutlich größeres Potential. Ein Anstieg von 10.400 bis 26.000 bedeutet eine Gewinnmöglichkeit von 150 Prozent und bei 29.000 Punkten wären es sogar 180 Prozent.

Das ist *die positive Variante* mit der aus Zyklen-Sicht in den nächsten Jahren gerechnet werden sollte.

Es könnte aber sogar eine *spektakulär positive Variante* zum Tragen kommen, mit der zu rechnen ist, wenn die Börsen nach oben übertreiben sollten, also ihre langfristigen Trendkanäle für zwei oder drei Jahre nach oben durchbrechen.

Ob es dazu kommen wird, steht per heute völlig offen, doch Sie sollten auf dieses mögliche Szenario vorbereitet sein.

Das spektakulär positive Szenario für Dax und Dow Jones

Die Kernfrage konzentriert sich darauf, ob die Manie von 1999/2000 den Höhepunkt der Aktienmarktblase bedeutete oder ob darauf nun eine neue, sehr viel größere Blase folgen wird.

Kommt eine noch größere Blase?

Schauen Sie nochmal auf die Demographie-Zyklen. Die Generation der Babyboomer wird 2009 den Konsumhöhepunkt erreichen und es wäre daher eigentlich verwunderlich, wenn die Blase von 2009/2010 kleiner ausfallen sollte, als die von 1999/2000.

Blasen platzen aber immer auf dem absoluten Höhepunkt, wenn die Unternehmen die höchsten Gewinne erzielen und die Konsumenten das meiste Geld ausgeben. In solchen Phasen ist die Euphorie riesig und die positive Gegenwart wird in die Zukunft fortgeschrieben.

Wir hatten eine breite Euphorie in 1999/2000 (gefolgt von tiefstem Pessimismus in 2002/2003). Nach den Zyklen wird der Dow Jones die Hochpunkte aus dem Jahr 2000 in 2006 (sowie endgültig in 2007) überbieten und der Dax wird Ende 2007/2008 nachziehen. Damit entwickelt sich eine neue Euphorie und es würde verwundern, wenn diese – dem Zenit der geburtenstarken Babyboomer zum Trotz – kleiner ausfallen sollte, als im Jahrzehnt davor, zumal die Kurse ab 2008 deutlich über dem Niveau von 2000 notieren werden. Die Demographie spricht also für eine größere Blase!

Betrachten Sie nochmal die Technologie-Zyklen. Zwischen 2006 und 2014, also um 2010, wird das Wachstum der Internet- und Breitbandanschlüsse den Höhepunkt finden.

Zu dieser Zeit sollten dann auch die Technologie-Aktien ihren Höhepunkt erreichen. Aus heutiger Sicht fehlen z.b. Intel 220% bis zu den Hochs aus dem Jahr 2000. In 2010 müsste der Kurs aber dann massiv über dem Niveau aus 2000 notieren. Falls es dazu kommt, *haben wir* eine Blase, die viel größer ist, als die von 1999/2000!

Sie haben in Kapitel IX erfahren, dass die Hausse im Dow Jones bis 2000 und die Baisse bis 2002 eine auffällige Ähnlichkeit zur Hausse bis 1919 und zur Baisse bis 1921 hatte. Auch die anschließenden Erholungen zeigen hochgradige Übereinstimmungen. Wenn der Dow Jones in 2006 tatsächlich neue All-Time-Highs erreichen sollte, wäre die Parallelität komplett. Dann könnten tatsächlich die besten Börsenjahre aller Zeiten vor uns liegen.

Rufen wir uns nochmal die Entwicklung des Dow Jones zu Zeiten Jesse Livermores in Erinnerung:

Der Hausse von 1917 bis 1919 ...
(vergleichbar mit 1998/2000)

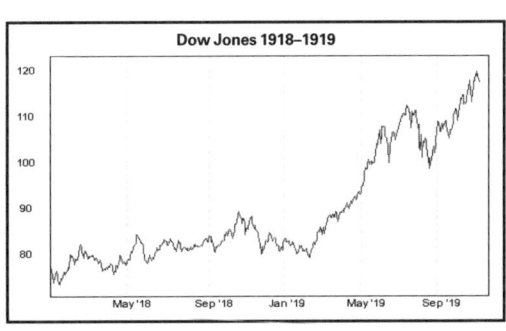

Dow Jones 1918–1919

folgte die Baisse bis 1921...
(vergleichbar bis 2002)

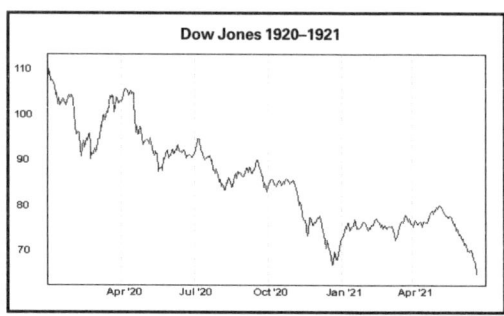

und dann eine Erholung
bis 1922
(vergleichbar bis 2004)

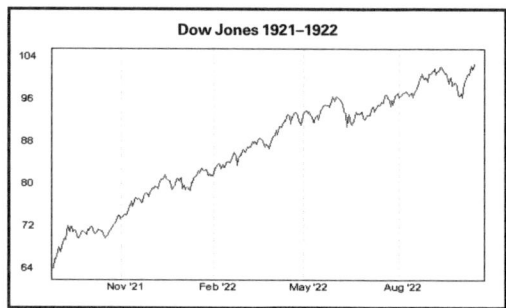

und schließlich eine
Seitwärtsbewegung
bis 1924.
(bis Anfang 2006?)

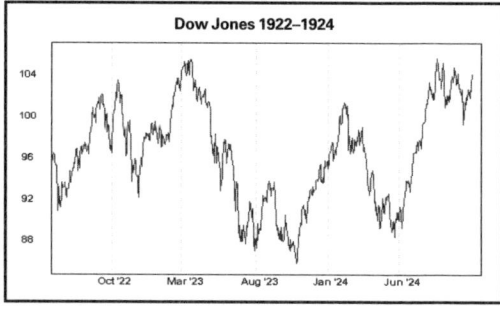

Der Anleger im Jahr 1924
hatte turbulente Börsen-
jahre hinter sich und konnte sich wohl nicht vorstellen, dass das laufende
Jahrzehnt einmal als „die
goldenen 20er" bezeichnet
werden würde.

In 1925 hatte der Dow Jones eine kräftige Rallye eingeschlagen, danach wieder seitwärts konsolidiert, um dann 1927 bis 1929 in die größte Hausse aller Zeiten überzugehen (der dann die Weltwirtschaftskrise der 30er Jahre folgen sollte).

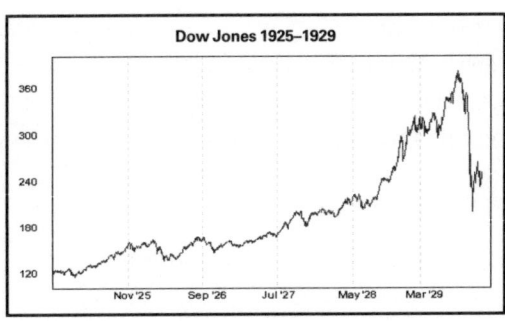

In den 20er Jahren war das Automobil *die* entscheidende Technologie, genauso wie es jetzt das Internet ist. In 2000 waren Breitbandanschlüsse noch überhaupt kein Thema und die Verbreitung des Internets näherte sich gerade erst der 50%-Marke (an der eine Marktbereinigung startet). Die Hausse der 20er Jahre begann in der zweiten Hälfte der Wachstumsphase des Automobils und der Börsen-Crash kam, als der Markt gesättigt war. Genauso könnte es jetzt – 80 Jahre später – wieder werden. Deshalb:

Gute Chancen für Riesen-Blase
Es ist sehr gut möglich, dass jetzt eine noch viel größere Börsenblase kommt und die Börsen in 2009/2010 in Dimensionen vordringen, die wir uns heute nicht vorstellen können. Denken Sie daran, wie wir vorhin gesehen haben, dass es genau in der Spätphase der Hausse zu einem fulminanten Anstieg kommt. Wenn der Dax in 2008 z.B. bei 8500 Punkten notieren sollte und dann eine 60%-Rallye, wie in 1985/1986 oder in 1999/2000 einsetzt, dann steht der Index auf einmal bei 13.600 Punkten. Dazu:

Die Kursschwankungen werden zunehmen
Bitte schauen Sie sich auch die Statistiken im Anhang an. Bei den besten und schlechtesten Börsenjahren der Dow Jones-Geschichte ist kein einziger Zeitraum der jüngeren Geschichte dabei. 1987 taucht lediglich bei den größten Monats- und Tagesveränderungen auf, doch 1987 ist jetzt auch schon 18 Jahre her. Machen Sie sich das bewusst:

Den Dow Jones gibt es seit 1896, doch in seiner Geschichte war 1987 das einzige „Highlight" im letzten Vierteljahrhundert! Während vielfach von erhöhten Kurs-Schwankungen durch vernetzte Märkte und die hohe Liquidität gesprochen wird, sind die Kursveränderungen tatsächlich immer unspektakulärer geworden. Damit haben sich Börsianer an kleine Veränderungen gewöhnt und deshalb sind große Veränderungen in der Zukunft wahrscheinlich!

Zusammenfassung

Es ist gut vorstellbar, dass aufgrund der Demographie- und Technologie-Zyklen in der Hausse bis 2009/2010 eine noch größere Blase als 1999/2000 entsteht. Dann wäre mit einer ähnlichen Entwicklung, wie in den „goldenen 20er Jahren" zu rechnen, d.h. es könnte zu exorbitanten Kursgewinnen kommen. Dax und Dow Jones würden dann ihre langfristigen Trendkanäle nach oben durchbrechen, womit eine Übertreibungsphase beginnt, in der die Kurse aber vorläufig nach oben vollkommen frei wären.

Die größten Gewinnchancen müssten dann Technologie-Aktien eröffnen und damit der Technologie-Index-Nasdaq. Denn auch hier müssten die All-Time-Highs aus dem Jahr 2000 deutlich übertroffen werden.

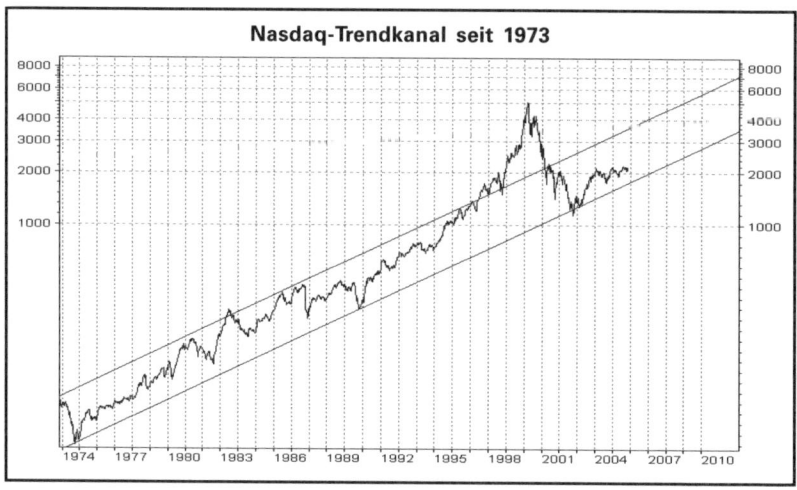

Nasdaq-Trendkanal seit 1973

Also:

Gesamt-Fazit

Es liegen bis zum Ende des Jahrzehnts sehr gute Börsenjahre vor uns, die möglicherweise spektakulär werden!

Was passiert nach der Gipfelbildung?

In 2010 ist die Börsenparty definitiv vorbei und es wird zu schweren Kursverlusten kommen, die ab April beginnen können. Dabei zeigen die Zyklen in vielerlei Hinsicht deutlich fallende Notierungen an.

2010 ist ein 0er Jahr und damit belastet zunächst der *Jahrzehntzyklus*. Gleichzeitig handelt es sich hier um ein zweites Nachwahljahr aus dem *US-Präsidentschafts-Zyklus*, so dass mit einem wichtigen zyklischen Tief im Oktober zu rechnen ist. Es kommt aber auch noch der *Zyklus der 4-Jahres-Tiefs* zum Tragen. Folglich ist 2010 mit dem wichtigsten Tiefpunkt nach 2006 zu rechnen und vor allem nach dem Baisse-Tief des Dow Jones aus 2002.

Demnach ist für 2010 mit einem Index-Minus von mehr als 20 Prozent zu rechnen, wobei in Erinnerung gerufen werden sollte, dass der Dow Jones in 1930 um sagenhafte 33,8% weggebrochen war.

Die ersten beiden Quartale von *2011* könnten freundlich ausfallen und die Indizes eine kleinere technische Konsolidierung einschlagen. Doch dann setzt sich die Baisse wieder fort und es ist nach dem Jahreszyklus insbesondere im dritten Quartal wieder mit deutlich fallenden Notierungen zu rechnen. *2012* wird spannend, weil dann nach dem Jahreszyklus zwischen Juni und Juli im Dow Jones und im Dax per August/September mit dem vorläufigen Tief der Baisse zu rechnen ist. Unterstützt von den Präsidentschaftswahlen in den USA sollten die Börsen danach eine sehr kräftige Erholung starten, die bis Ende *2013* andauern könnte. Allerdings ist wahrscheinlich *2014* wieder ein wichtiger Tiefpunkt nach dem 4-Jahres-Zyklus zu rechnen. In *2015* ist dann mit dem Start einer kleineren Hausse bis *2017* oder *2018* zu rechnen, die allerdings weit hinter den Zuwächsen der vorangegangenen beiden Jahrzehnten bleiben wird, da es der westlichen Welt an den Impulsen aus dem Demographie- und dem Technologie-Zyklus fehlen wird. In 2018 schlägt abermals der Zyklus der 4-Jahres-Tiefs zu, zumal es sich hier wieder um ein problematisches zweites Nachwahljahr aus dem US-Präsidentschafts-Zyklus handelt.

Natürlich sollte dann *2019* abermals ein bedeutender Hochpunkt entstehen, da zwischen *2020* und *2022* wieder mit einer kräftigen Baisse zu rechnen ist. Dann erreicht die Generation der Echoboomer ihren Konsumhöhepunkt, weshalb eine neue, längerfristige Hausse starten könnte. Aber zu diesem Zeitpunkt sprechen unsere Kinder vermutlich längst chinesisch ...

Das war's, wie's wird, können wir beobachten

Ich hoffe, dass Ihnen dieses Buch einige interessante Aspekte eröffnet hat und würde mich freuen, wenn Sie zukünftig noch öfter in boerse.de vorbei schauen, denn natürlich werden wir auch hier immer wieder auf das Thema Zyklen-Analyse eingehen.

Nach den Zyklen haben wir sehr gute Börsenjahre vor uns, möglicherweise sogar spektakuläre. Bis 2009/2010 werden Sie mit Aktien und mit Call-Optionen bzw. Kaufoptionsscheinen an der Hausse verdienen können, danach mit Put-Optionen bzw. Verkaufsoptionsscheinen an der Baisse. Das Schöne daran:

Ihre Baisse-Gewinne werden umso gewaltiger ausfallen, je mehr Sie davor auf der Hausse-Seite verdienen. Denn aus heutiger Sicht, steht uns nach 2010 eine harte Baisse bevor. Wenn die Börsen aber davor übertreiben sollten und sich tatsächlich eine neue, noch viel größere Blase als 1999/2000 bildet, wird die anschließende Baisse sogar dramatisch.

So oder so, in der Zukunft winken überragende Gewinn-Chancen.
Packen Sie es an!

Ich wünsche Ihnen viel Erfolg und würde mich freuen, wenn Sie unsere Redaktion auch in den nächsten Jahren mit Rat und Tat an der Börse unterstützen dürfte.

Mit bester Empfehlung

Ihr
Thomas Müller

ANHANG

1.1 Beste Jahre im Dax

Rang	Jahr	Schlusskurs	Schlusskurs Vorjahr	Performance
1.	1985	1.366,23	820,91	66,4%
2.	1967	503,22	333,36	51,0%
3.	1997	4.249,69	2.888,69	47,1%
4.	1993	2.266,68	1.545,05	46,7%
5.	1975	563,25	401,79	40,2%
6.	1983	773,95	552,77	40,0%
7.	1999	6.958,14	5.002,39	39,1%
8.	2003	3.965,16	2.892,63	37,1%
9.	1989	1.790,37	1.327,87	34,8%
10.	1988	1.327,87	1.000,00	32,8%

1.2 Schlechteste Jahre im Dax

Rang	Jahr	Schlusskurs	Schlusskurs Vorjahr	Performance
1.	2002	2.892,63	5.160,10	-43,9%
2.	1987	1.000,00	1.432,25	-30,2%
3.	1970	443,86	622,38	-28,7%
4.	1973	396,25	536,36	-26,1%
5.	1990	1.398,23	1.790,37	-21,9%
6.	1962	386,32	489,79	-21,1%
7.	1966	333,36	422,36	-21,1%
8.	2001	5.160,10	6.433,61	-19,8%
9.	1979	497,79	575,15	-13,5%
10.	1965	422,36	477,89	-11,6%

1.3 Beste Monate im Dax

Rang	Monat	Jahr	Schlusskurs	Schlusskurs Vormonat	Performance
1.	April	2003	2.942,04	2.423,87	21,38%
2.	Dezember	1999	6.958,14	5.896,04	18,01%
3.	Juli	1997	4.438,93	3.785,77	17,25%
4.	August	1986	1.497,50	1.288,60	16,21%
5.	November	1962	404,14	349,57	15,61%
6.	Februar	1988	1.079,55	935,57	15,39%
7.	Januar	1971	511,92	443,86	15,33%
8.	Juni	1960	533,31	463,94	14,95%
9.	Mai	1963	437,05	380,63	14,82%
10.	Oktober	2002	3.152,85	2.769,03	13,86%
11.	Dezember	1989	1.790,37	1.577,43	13,50%
12.	Oktober	1985	1.295,79	1.142,65	13,40%
13.	August	1967	436,49	388,33	12,40%
14.	Oktober	2003	3.655,99	3.256,78	12,26%
15.	Februar	2000	7.644,55	6.835,60	11,83%

1.4 Schlechteste Monate im Dax

Rang	Monat	Jahr	Schlusskurs	Schlusskurs Vormonat	Performance
1.	September	2002	2.769,03	3.712,94	-25,42%
2.	Oktober	1987	1.177,38	1.500,17	-21,52%
3.	September	1990	1.334,89	1.629,51	-18,08%
4.	August	1998	4.833,89	5.873,92	-17,71%
5.	September	2001	4.308,15	5.188,17	-16,96%
6.	Juli	2002	3.700,14	4.382,56	-15,57%
7.	August	1990	1.629,51	1.919,12	-15,09%
8.	November	1987	1.022,84	1.177,38	-13,13%
9.	November	1973	409,57	470,75	-13,00%
10.	Dezember	2002	2.892,63	3.320,32	-12,88%
11.	August	1997	3.906,03	4.438,93	-12,01%
12.	August	2001	5.188,17	5.861,19	-11,48%
13.	Mai	1962	399,6	448,43	-10,89%
14.	Oktober	1997	3.726,69	4.167,85	-10,58%
15.	Mai	1973	485,74	542,53	-10,47%

1.5 Beste Tage im Dax

Rang	Datum	Schlusskurs	Schlusskurs Vortag	Performance
1.	30.05.1962	399,6	354,41	12,75%
2.	29.05.1970	485,85	444,6	9,28%
3.	29.07.2002	3859,78	3579	7,85%
4.	17.01.1991	1422,67	1322,68	7,56%
5.	12.11.1987	1061,64	988,2	7,43%
6.	02.01.2003	3105,04	2892,63	7,34%
7.	29.10.1962	358,2	333,92	7,27%
8.	11.10.2002	2930,74	2733,19	7,23%
9.	06.08.2002	3568,64	3332,65	7,08%
10.	15.10.2002	3048,27	2850,11	6,95%
11.	13.03.2003	2354,31	2202,96	6,87%
12.	24.09.2001	4038,69	3787,23	6,64%
13.	30.10.1987	1177,38	1104,4	6,61%
14.	17.10.1989	1475,44	1385,72	6,47%
15.	01.10.1990	1420,73	1334,89	6,43%

1.6 Schlechteste Tage im Dax

Rang	Datum	Schlusskurs	Schlusskurs Vortag	Performance
1.	16.10.1989	1385,72	1589,34	-12,81%
2.	19.08.1991	1497,93	1653,37	-9,40%
3.	19.10.1987	1321,61	1458,55	-9,39%
4.	11.09.2001	4273,53	4670,13	-8,49%
5.	28.10.1997	3567,22	3879,12	-8,04%
6.	26.10.1987	1193,31	1292,67	-7,69%
7.	29.05.1962	354,41	381,97	-7,22%
8.	28.10.1987	1142,17	1225,47	-6,80%
9.	22.10.1987	1287,58	1379,53	-6,67%
10.	10.11.1987	945,91	1012,09	-6,54%
11.	14.09.2001	4115,98	4392,4	-6,29%
12.	02.10.1998	3962,5	4226,49	-6,25%
13.	24.03.2003	2548,37	2715,06	-6,14%
14.	21.08.1998	5163,51	5488,22	-5,92%
15.	03.09.2002	3398,99	3609,41	-5,83%

2.1 Beste Jahre im Dow Jones

Rang	Jahr	Schlusskurs	Schlusskurs Vorjahr	Performance
1.	1915	99,15	54,58	81,7%
2.	1933	98,67	60,26	63,7%
3.	1928	300,00	202,40	48,2%
4.	1908	63,11	43,04	46,6%
5.	1954	404,39	280,90	44,0%
6.	1904	50,99	35,98	41,7%
7.	1935	144,13	104,04	38,5%
8.	1975	852,41	616,24	38,3%
9.	1905	70,47	50,99	38,2%
10.	1958	583,65	435,69	34,0%

2.2 Schlechteste Jahre im Dow Jones

Rang	Jahr	Schlusskurs	Schlusskurs Vorjahr	Performance
1.	1931	77,90	164,58	-52,7%
2.	1907	43,04	69,12	-37,7%
3.	1930	164,58	248,48	-33,8%
4.	1920	71,95	107,23	-32,9%
5.	1937	120,85	179,90	-32,8%
6.	1974	616,24	850,86	-27,6%
7.	1903	35,98	47,10	-23,6%
8.	1932	60,26	77,90	-22,6%
9.	1917	74,38	95,00	-21,7%
10.	1966	785,69	969,26	-18,9%

2.3 Beste Monate im Dow Jones

Rang	Monat	Jahr	Schlusskurs	Schlusskurs Vormonat	Performance
1.	August	1932	73,16	53,89	35,76%
2.	April	1933	73,10	55,40	31,95%
3.	Juli	1932	53,89	42,84	25,79%
4.	Juni	1938	133,88	107,74	24,26%
5.	Mai	1933	88,11	73,10	20,53%
6.	April	1915	71,78	60,83	18,00%
7.	Juni	1931	150,18	128,46	16,91%
8.	November	1928	293,38	252,16	16,35%
9.	Mai	1898	38,63	33,70	14,63%
10.	August	1897	40,15	35,07	14,49%
11.	Januar	1976	975,28	852,41	14,41%
12.	November	1904	52,76	46,17	14,27%
13.	Januar	1975	703,69	616,24	14,19%
14.	Januar	1987	2158,04	1895,95	13,82%
15.	Mai	1919	105,50	92,88	13,59%

2.4 Schlechteste Monate im Dow Jones

Rang	Monat	Jahr	Schlusskurs	Schlusskurs Vormonat	Performance
1.	September	1931	96,61	139,41	-30,70%
2.	April	1932	55,93	73,28	-23,68%
3.	März	1938	98,95	129,64	-23,67%
4.	Oktober	1987	1993,53	2596,28	-23,22%
5.	Mai	1940	116,22	148,43	-21,70%
6.	Oktober	1929	273,51	343,45	-20,36%
7.	Mai	1932	44,74	55,93	-20,01%
8.	Juni	1930	226,34	275,07	-17,72%
9.	Dezember	1931	77,90	93,87	-17,01%
10.	Februar	1933	51,39	60,90	-15,62%
11.	August	1998	7539,07	8883,29	-15,13%
12.	Mai	1931	128,46	151,19	-15,03%
13.	Oktober	1907	42,27	49,61	-14,80%
14.	September	1930	204,90	240,42	-14,77%
15.	Juli	1903	37,18	43,28	-14,09%

2.5 Beste Tage im Dow Jones

Rang	Datum	Schlusskurs	Schlusskurs Vortag	Performance
1.	15.03.1933	62,1	53,84	15,34%
2.	06.10.1931	99,34	86,48	14,87%
3.	30.10.1929	258,47	230,07	12,34%
4.	22.06.1931	145,82	130,31	11,90%
5.	21.09.1932	75,16	67,49	11,36%
6.	21.10.1987	2027,85	1841,01	10,15%
7.	03.08.1932	58,22	53,16	9,52%
8.	05.09.1939	148,12	135,25	9,52%
9.	11.02.1932	78,6	71,8	9,47%
10.	14.11.1929	217,28	198,69	9,36%
11.	18.12.1931	80,69	73,79	9,35%
12.	06.05.1932	59,01	54,1	9,08%
13.	19.04.1933	68,31	62,65	9,03%
14.	08.10.1931	105,79	97,32	8,70%
15.	08.08.1932	67,71	62,6	8,16%

2.6 Schlechteste Tage im Dow Jones

Rang	Datum	Schlusskurs	Schlusskurs Vortag	Performance
1.	19.10.1987	1738,74	2246,73	-22,61%
2.	28.10.1929	260,64	301,22	-13,47%
3.	29.10.1929	230,07	260,64	-11,73%
4.	05.10.1931	86,48	96,88	-10,73%
5.	06.11.1929	232,13	257,68	-9,92%
6.	18.12.1899	42,69	46,77	-8,72%
7.	12.08.1932	63,11	68,9	-8,40%
8.	14.03.1907	55,84	60,89	-8,29%
9.	04.01.1932	71,59	77,9	-8,10%
10.	26.10.1987	1793,93	1950,76	-8,04%
11.	16.06.1930	230,05	249,69	-7,87%
12.	21.07.1933	88,71	96,26	-7,84%
13.	01.02.1917	88,52	95,43	-7,24%
14.	18.10.1937	125,73	135,48	-7,20%
15.	27.10.1997	7161,15	7715,41	-7,18%

2.7 Dax-Jahresperformances im Überblick

	0er	1er	2er	3er	4er	5er	6er	7er	8er	9er
1960-1969	28%	-8%	-21%	14%	9%	-12%	-21%	51%	10%	12%
1970-1979	-29%	7%	13%	-26%	1%	40%	-10%	8%	5%	-13%
1980-1989	-3%	2%	13%	40%	6%	66%	5%	-30%	33%	35%
1990-1999	-22%	13%	-2%	47%	-7%	7%	28%	47%	18%	39%
2000-2004	-8%	-20%	-44%	37%	7%					

2.8 Dow Jones-Jahresperformances im Überblick

	0er	1er	2er	3er	4er	5er	6er	7er	8er	9er
1896-1899							0%	22%	22%	9%
1900-1909	7%	-9%	0%	-24%	42%	38%	-2%	-38%	47%	15%
1910-1919	-18%	0%	8%	-10%	-5%	82%	-4%	-22%	11%	30%
1920-1929	-33%	13%	22%	-3%	26%	30%	0%	29%	48%	-17%
1930-1939	-34%	-53%	-23%	64%	5%	39%	25%	-33%	28%	-3%
1940-1949	-13%	-15%	8%	14%	12%	27%	-8%	2%	-2%	13%
1950-1959	17%	14%	8%	-4%	44%	21%	2%	-13%	34%	16%
1960-1969	-9%	19%	-11%	17%	15%	11%	-19%	15%	4%	-15%
1970-1979	5%	6%	15%	-17%	-28%	38%	18%	-17%	-3%	4%
1980-1989	15%	-9%	20%	20%	-4%	28%	23%	2%	12%	27%
1990-1999	-4%	20%	4%	14%	2%	33%	26%	23%	16%	25%
2000-2004	-6%	-7%	-17%	25%	3%					

2.9 Verteilung der Jahres-Performances Dow Jones 1869–2004

Kategorie	Jahre	Anzahl
über 25%	1904, 1905, 1908, 1915, 1919, 1924, 1925, 1927, 1928, 1933, 1935, 1938, 1945, 1954, 1958, 1975, 1985, 1989, 1995, 1996, 1999, 2003	22
15% bis 25%	1897, 1889, 1922, 1936, 1950, 1955, 1959, 1961, 1963, 1967, 1976, 1982, 1983, 1986, 1991, 1997, 1998	17
5% bis 15%	1899, 1900, 1909, 1912, 1918, 1921, 1934, 1942, 1943, 1944, 1949, 1951, 1952, 1964, 1965, 1971, 1972, 1980, 1988, 1993	20
-5% bis 5%	1896, 1902, 1906, 1911, 1916, 1923, 1926, 1939, 1947, 1948, 1953, 1956, 1968, 1970, 1978, 1979, 1984, 1987, 1990, 1992, 1994, 2004	22
-5% -15%	1901, 1913, 1914, 1940, 1946, 1957, 1960, 1962, 1981, 2000, 2001	11
-15% bis -25%	1903, 1910, 1917, 1929, 1932, 1941, 1966, 1969, 1973, 1977, 2002	11
über -25%	1907, 1920, 1930, 1931, 1937, 1974	6

2.10 Verteilung der Jahres-Performances Dax 1959-2004

Kategorie	Jahre	Anzahl
über 25%	1960, 1967, 1975, 1983, 1985, 1988, 1989, 1993, 1996, 1997, 1999, 2003	12
15% bis 25%	1998	1
5% bis 15%	1959, 1963, 1964, 1968, 1969, 1971, 1972, 1977, 1982, 1984, 1991, 1995, 2004	13
-5% bis 5%	1974, 1978, 1980, 1981, 1986, 1992	6
-5% bis -15%	1961, 1965, 1976, 1979, 1994, 2000	6
-15% bis -25%	1962, 1966, 1990, 2001	4
über -25%	1970, 1973, 1987, 2002	4

2.11 Wie der Januar so das Jahr!
Dow Jones-Januar-Indikator seit 1950

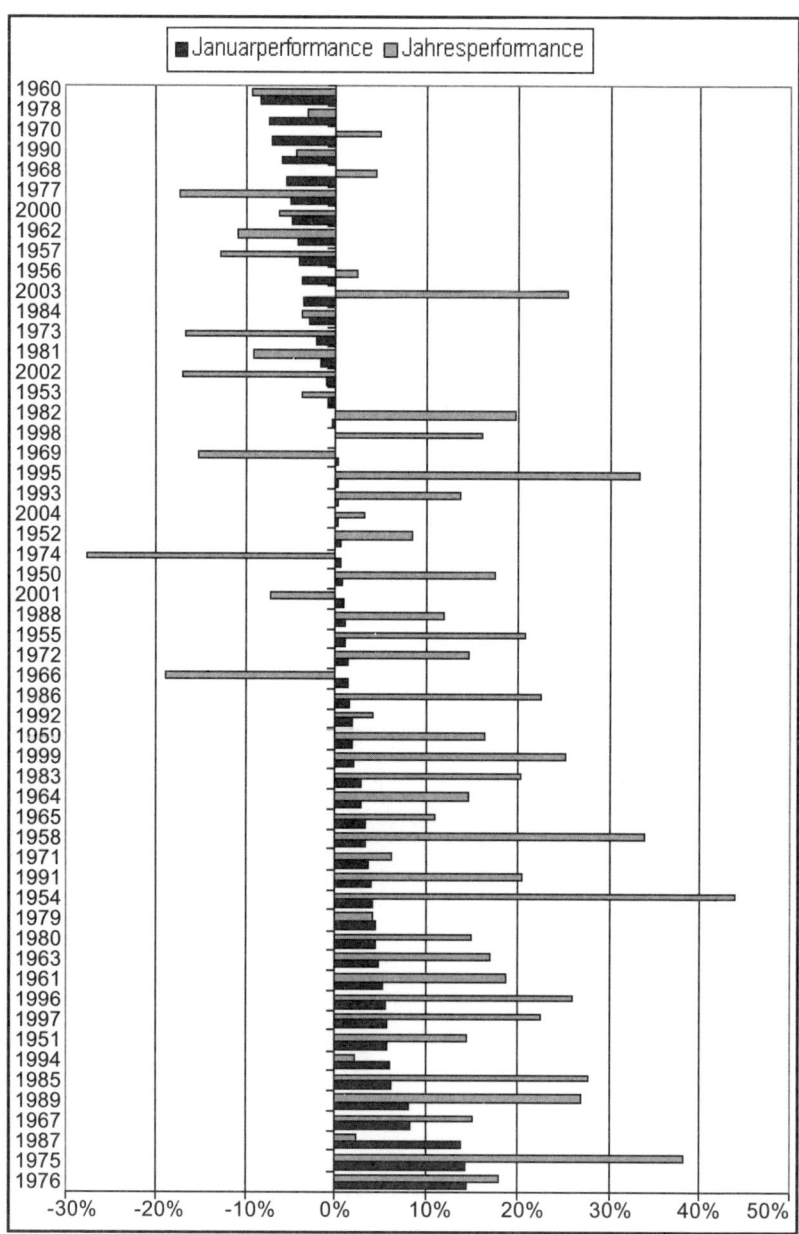

Edwin Lefèvre
**Jesse Livermore –
Das Spiel der Spiele**
12. Auflage 2007,
480 Seiten, gebunden,
Euro 39,95
ISBN 978-3-930851-04-1

DAS SPIEL DER SPIELE zeigt Ihnen die Wege zum Börsenerfolg, die heute die gleichen sind wie vor 10, 50 oder vor 100 Jahren. Und auch in der Zukunft werden es die gleichen Regeln sein, die **Gewinner von Verlierern unterscheiden.** Denn es sind Angst und Gier, von denen die Börse gesteuert wird – die Generationen ändern sich nicht.

DAS SPIEL DER SPIELE erklärt Ihnen, wie Sie bei steigenden und fallenden Kursen Gewinne erzielen. Sie erfahren, wie Sie Übertreibungen erkennen und lernen, auf was es an der Börse wirklich ankommt.

Gleichgültig, ob Sie Börsenprofi sind oder mit dem „Börsenspiel" gerade anfangen; leicht verständlich, spannend und mit verblüffenden Erkenntnissen vermittelt Ihnen **DAS SPIEL DER SPIELE faszinierende Börsenstrategien,** die Sie niemals wieder vergessen werden!

**Auch für Sie wird DAS SPIEL DER SPIELE
vielleicht das wichtigste Börsenbuch sein,
das Sie jemals gelesen haben!**

seit 1988!

BÖRSENVERLAG

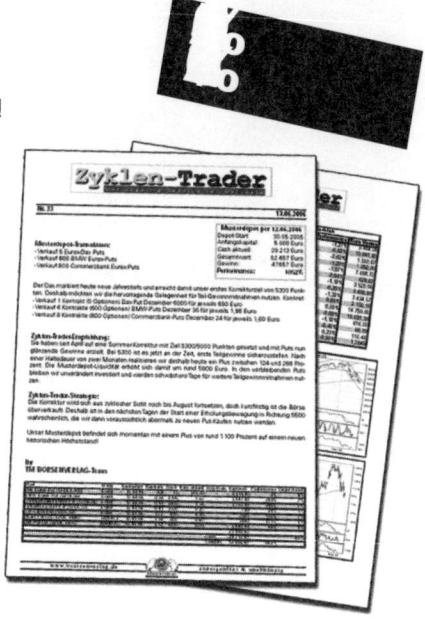

boerse.de-Aktienbrief
Der Brief für Champions-Aktien

Buch-Besprechungen

„Für Thomas Müller ist die Kenntnis solcher Börsenzyklen eine ‚mächtige Waffe im Arsenal eines jeden Anlegers oder Analysten'. In seinem Buch ‚Gewinnen mit Börsenzyklen' beschreibt der Experte, dass Dax und Dow-Jones dazu neigen, wesentliche Hochpunkte um den Jahrzehntwechsel zu markieren. Die Indizes würden entscheidende Tiefpunkte während der ersten Hälfte eines Jahrzehnts oder in Jahren, die mit einer ‚2' enden, erreichen." *Handelsblatt*

„Es wird Zeit, dass die in den USA schon weiter verbreitete Zyklen-Technik endlich auch nach Deutschland kommt. Besonders bemerkenswert an dem Buch von Thomas Müller ist die akribische Auswertung der deutschen Daten. Damit hat der Anleger auch hierzulande eine fundierte Grundlage für seine Anlageentscheidung."
Oliver Janich, Leiter Anlagestrategie Focus Money

„Thomas Müller gelingt mit seinem aktuellen Bestseller die Übertragung des in den USA weit verbreiteten Zyklen-Gedankens auf Deutschland in exzellenter Art und Weise. Müller schildert umfassend und kenntnisreich die verschiedenen Zyklen, die Einfluss auf das Geschehen an den Märkten nehmen. Mit diesen Informationen bewaffnet, müssen Anleger in Zukunft vor keiner Marktphase mehr Angst haben." *Sebastian Grebe, Börsenmedien (Der Aktionär)*

„Aus langjähriger Erfahrung weiß ich, wie wichtig es ist, niemals gegen die Statistik zu handeln. Saisonalitäten und Zyklen sind in meinen Augen sichtbar gemachte Statistik. Insofern kann man das neue Buch von Thomas Müller gar nicht hoch genug einordnen. Ein unverzichtbares Werk für jeden, der das zufällige Element in seinem Trading gering halten möchte." *Lothar Albert, Chefredakteur Traders*

„‚Gewinnen mit Börsenzyklen' ist leicht zu verstehen und die Folgerungen sind schlüssig. Auf jeden Fall ist das Buch lesenswert und sollte von jedem Anleger und Sparer studiert werden, bevor er sich an Aktien herantastet." *Roland Leuschel*

„Thomas Müller ist es gelungen, ein Fülle von Zyklen an den verschiedenen Börsen zusammenzutragen. Er kommt dabei oftmals zu frappierenden Ergebnissen. Für den interessierten Anleger stellt das Buch ‚Gewinnen mit Börsenzyklen' eine Fundgrube an Informationen dar, die er nicht ignorieren sollte." *Dr. Franz-Josef Leven, Direktor Deutsches Aktieninstitut e. V.*

„An ‚Gewinnen mit Börsenzyklen' kommt kein echter Börsianer vorbei, denn Thomas Müller leistet in diesem Buch ganze Arbeit. In angenehm klaren und einfach zu lesenden Schreibstil erklärt er die der Börse innewohnenden Zyklen, die zum Börsenerfolg führen.
Dabei kommt dem Autor das Verdienst zu, nicht nur kompetent in das Thema Börsenzyklen einzuführen, sondern hilft auch jedem Börsianer dabei, sein Timing zu verbessern. Ich kenne nichts vergleichbares, das mir innerhalb kürzester Zeit mein Basis-Grundwissen erweiterte. Gewinnbringendes Agieren an den Finanzmärkten ist kein Glücksspiel, denn das Wissen über Börsenzyklen ist Basis für fundamentale Erfolge. Thomas Müller präsentiert es auf dem Silbertablett. ‚Gewinnen mit Börsenzyklen' ist ein längst überfälliges Grundlagenbuch sowohl für Trader als auch für Langfristanleger."
Engelbert Hoermannsdorfer, Chefredakteur + Herausgeber BetaFaktor.de

„Thomas Müller hat es wieder geschafft, denn ihm ist mit ‚Gewinnen mit Börsenzyklen‘ ein Buch gelungen, in dem es vor überraschenden und potentiell gewinnbringenden Erkenntnissen nur so wimmelt.

Aufbauend auf einer gründlichen Analyse der langfristigen Kursverläufe von DAX und Dow Jones arbeitet der Autor eine Vielzahl von Börsenzyklen heraus, die zwar nicht eintreffen müssen, jedoch den wahrscheinlichen Verlauf der Börse darstellen. In der Literatur ist der einfache Jahreszyklus vom Herbst bis Frühjahr bekannt, Thomas Müller zeigt eine Vielzahl weiterer interessanter Trendmuster auf, deren konsequente Anwendung die Depotperformance von Privatanlegern steigern kann.

Besonders stark ist das Buch in den letzten Kapiteln, in denen die technischen Börsenzyklen mit fundamentalen Zyklen (Technologiezyklus, Demographiezyklus) verbunden werden, um zu Prognosen für die nächsten Jahre zu gelangen. Ein unkonventioneller Denker wie Thomas Müller ist ein Glücksfall für die Privatanleger im deutschsprachigen Raum."

Prof. Dr. Max Otte, Geschäftsführender Gesellschafter privatinvestor.de

„Dieses Buch zählt inzwischen zu meiner Lieblingslektüre! Endlich einmal werden sehr, sehr lange Zeiträume beobachtet und analysiert. Der Dow-Jones-Index kannte in den letzten Jahrzehnten langfristig nur eine Richtung: Nach oben. Das ist natürlich keine Garantie für die Zukunft, aber die Wahrscheinlichkeit, dass es mit den Aktien und der Börse von heute an nur noch nach unten geht, halte ich für sehr gering. Was mir besonders gut gefällt: Mit der Prognose eines Dow-Jones von 30.000 Punkte als Mindestkursziel stellt der Autor meine legendäre Einschätzung ‚Der Dow steigt auf 20.000‘ glatt in den Schatten."

Joachim Brandmaier, BÖRSE Aktuell

„Ein nützliches Handbuch nicht nur für Journalisten, sondern auch für Privatanleger. Es enthält in gedrängter Fülle interessante Informationen und aussagekräftige Statistiken."

Willi H. Grün, Finanzjournalist und Buchautor

„Als Spezialisten für geschlossene Immobilienfonds und Schiffsbeteiligungen beschäftigen auch wir uns sehr intensiv mit unterschiedlichen Märkten. Ähnlich wie an der Börse treffen wir auch dort immer wieder auf die Aussage: ‚Jetzt ist alles anders...!‘ So 2005 bei den boomenden Schiffsmärkten oder auch den zum Teil stark überhitzten Immobilienmärkten. Immer wieder glauben Investoren an Bäume, die in den Himmel wachsen. Am Ende wird sich aber auch hier herausstellen, dass es sich nur um einen Aufwärtszyklus handelt, dem auch wieder ein Abschwung folgt.

Wie das Buch von Thomas Müller sehr treffend beschreibt, gilt für alle Märkte immer eine Grundregel: ‚Die Geschichte wiederholt sich!‘ Deshalb sollte jeder Investor sehr genau den Zyklus eines Marktes im Auge behalten. Die Ursachen für einen Auf- oder Abschwung werden sich verändern. Niemals aber die Tatsache, dass es sich immer um Zyklen handelt! Das Buch ‚Gewinnen mit Börsenzyklen‘ ist deshalb ein klarer Kauf. Thomas Müller schärft darin das Denken in Zyklen, was die Basis für wirklich erfolgreiche Investitionen darstellt."

Stefan Loipfinger, fondstelegramm

„Ein Buch, das wichtige Erkenntnisse über Zyklen zusammenfasst. Seine Funktion erschließt sich in erster Linie als leicht verständliches Nachschlagewerk für den Leser."

Robert Rethfeld, Wellenreiter-Invest

„Ich habe ,Gewinnen mit Börsenzyklen' heute auf den Schreibtisch bekommen und muss sagen, ich war von den Analysen so fasziniert, dass ich das Buch in einem Rutsch durchgelesen habe. Die Untersuchungen sind äußerst interessant, nicht nur wegen der dargelegten Fakten, sondern auch wegen der langfristigen Perspektive. Der zentrale Aspekt der Börse wird ins Zentrum gerückt – nämlich der Kurs.

Besonders interessant sind die Jahrzehnt-Zyklen. Das macht neugierig auf die kommenden Jahre! ,Gewinnen mit Börsenzyklen' hat meine Neugier für eine neuartige Bewertung langfristiger Betrachtungen geweckt. Ich habe mir bereits einige Termine in meinen Kalender eingetragen, um die Aussagen zu überprüfen und eigene Transaktionen durchzuführen – schau'n mer mal!"   *Dr.-Ing. Martin Verlage, Director Data & Services market maker Software AG*

„Thomas Müller geht in ,Gewinnen mit Börsenzyklen' saisonalen Tendenzen in den Aktienindizes auf den Grund. Sein Werk ist ein Buch, dessen Lektüre die Rendite in den Depots deutlich erhöhen kann."   *Die Ärztezeitung*

„Auf den Zyklus kommt es an. Wie Thomas Müller in seinem neusten Buch beschreibt, kommen Börsenphasen nicht rein zufällig zustande, sondern folgen stets dem Gesetz der zyklischen Wiederkehr. So werde sich die laufende Hausse bis 2009/2010 fortsetzen. Wer also bisher glaubte, den Eintritt ins florierende Börsengeschäft verpasst zu haben, kann also heute noch beruhigt einsteigen. Aber der alten Börsenspruch ,Don't put all eggs in one basket' sollte trotz dieser Chancen nicht außer Acht gelassen werden."   *Bankhaus Lampe*

„Die zyklischen Bewegungen der Kapitalmärkte verblüffen mich immer wieder aufs Neue. Vieles habe ich bereits darüber gelesen. Selten jedoch fiel mir ein derart umfangreiches Wissen in so kompakter und informativen Art und Weise in die Hände."   *Thomas Theuerzeit, animusX-Investors Sentiment*

„Ich bin begeistert von der Detailtiefe in ,Gewinnen mit Börsenzyklen', denn Thomas Müller hat die einzelnen Zyklen beeindruckend und auch für den Laien gut verständlich und leicht anwendbar herausgearbeitet.

Das Werk ist ein wertvoller Beleg dafür, dass die dargestellten Zyklen als zusätzlicher Filter bei der Vermögensstrukturierung beachtet werden sollten! Ich persönlich werde zukünftig diese Zyklen noch stärker als bisher berücksichtigen und somit z.B. per Ende 2009 die Aktienquote senken. Mit einem Augenzwinkern unterstreicht Thomas Müller die langfristige Perspektive für seine noch jungen Kinder. Meine drei Kinder sind ähnlich alt – sprich auch für sie könnte ,Gewinnen mit Börsenzyklen' sogar im Jahr 2022 von besonderer Bedeutung sein!"   *Dipl.-Kfm Andreas Grünewald, Vorstand FIVV AG*

„Thomas Müller hat mit seinem Buch ,Gewinnen mit Börsenzyklen' eine Lücke geschlossen. Die Geschichte wiederholt sich zwar nicht; sehr wohl jedoch die Börsenzyklen aus jeweils anderem Anlass und in jeweils anderer Form. Der Autor ist den Wahrscheinlichkeiten des Auf und Ab im Börsengeschehen nachgegangen und wagt auf der Basis dieser Analyse eine Prognose der künftigen Entwicklung. Dies ist ein mutiger Schritt, den man mit Respekt und Anerkennung zur Kenntnis nehmen sollte.

Das Buch regt zu einer konstruktiv-kritischen Betrachtung an, die allen, die an der weiteren Börsenentwicklung interessiert sind, nachhaltig empfohlen werden kann."   *Prof. Dr. Egon Heil*

„Als langjähriger Beobachter des Börsengeschehens bin ich es gewohnt, mit Trends zu leben, diese als eine wesentliche Entscheidungsgrundlage zu akzeptieren und zu berücksichtigen. Ich empfinde es als faszinierend, wie Thomas Müller mit seiner Untersuchung aufzeigt, dass die Trends gewissermaßen durch Meta-Trends, nämlich Zyklen, überlagert werden. Die Analyse zeigt höchst erstaunliche historische Parallelen, die – obwohl sachlich schwer zu begründen – statistisch eindeutig verifizierbar sind. Mein Erstaunen bezieht sich insbesondere auf die an zeitlichen Kriterien festgemachten Zyklen (Jahreszyklen, 4-Jahres-Zyklen, Jahrzehnt-Zyklen, unterjährige Börsenzyklen), da diese im Unterschied beispielsweise zu demografischen Zyklen zumindest vordergründig nicht leicht zu erklären sind. Bei tieferer Analyse findet sich die Erklärung allerdings wohl im Brückenschlag zur Psychologie der Börsenteilnehmer. Auch ich teile die Aussage von Jesse Livermore, wonach sich der Markt niemals ändert. Als besonders gelungen empfinde ich, wie Thomas Müller im Kapitel ‚Börsen-Visionen' die Ergebnisse der Analyse zusammenfügt. Die Synthese beinhaltet handfeste Handlungsempfehlungen, die sich im übrigen auf Hausse- und Baisse-Phasen beziehen. Ich bin zuversichtlich, dass ich aus ‚Gewinnen mit Börsenzyklen' praktischen Nutzen ziehen kann."

Dr. Josef Deindl

„Mit großem Interesse habe ich Thomas Müllers ausgezeichnetes Buch ‚Gewinnen mit Börsenzyklen' gelesen. Eine einmalige Darstellung äußerst interessanter Phänomene."

Dr. Arnold Kitzmann, Management-Institut Dr. A. Kitzmann

„DAX 10.000 – Dieses Kursziel hört jeder Anleger gern. Und das ist nur das Minimum für den Börsenprofi Thomas Müller bis zum Jahr 2009/2010. Denn so lange soll nach seinen Berechnungen die laufende Hausse weitergehen. Für den Dow Jones rechnet er mit 26.000 Punkten. Also auch dort mehr als doppeltes Geld. Die Gründe für den Optimismus liefert er mit seinem neuen Buch ‚Gewinnen mit Börsenzyklen'. Zyklen sind Müllers Forschungsobjekt: Wie wirken sich saisonale Jahrestrends, aber auch längerfristige Schwankungen aus? Das Buch erklärt alle dominierenden Zyklen von der Jahresendrallye bis zur Sommerkorrektur und skizziert daraus das wahrscheinlichste Bild für den Börsenverlauf der nächsten Jahre. Dazu hat Thomas Müller die Kurshistorie von Dax (seit 1959) und Dow (seit 1896) untersucht. Der Autor ist langjähriger Börsenbeobachter und betreibt den TM Börsenverlag in Rosenheim sowie das Portal boerse.de.

new INVESTOR

„Jeder startet mit guten Vorsätzen ins neue Jahr. Das sollte auch für die Geldanlage und die Zusammensetzung des Aktiendepots gelten. Fragen des Timings und das Ausnutzen von Börsenzyklen spielen für eine erfolgreiche Investmentstrategie eine ebenso große Rolle wie die richtige Anwendung der Methoden der technischen Analyse. In ‚Gewinnen mit Börsenzyklen – Bis 2010 ein Vermögen verdienen!' wird das Phänomen solcher Zyklen analysiert. Außerdem wird gezeigt, wie sich unter Ausnutzung solcher Entwicklungen bei einem deutlich reduzierten Risiko eine erhebliche Outperformance erzielen lässt."

Der Platow-Brief

„In keinem anderen Buch findet man meines Wissens Theorie und Auswertungen zu Börsenzyklen in einer derart umfassenden, komprimierten und leicht verständlichen Weise. ‚Gewinnen mit Börsenzyklen' ist in jedem Fall lesenswert und ein ausgezeichnetes Nachschlagewerk."

Ralf Flierl, Chefredakteur Smart Investor

„Statistiken über Börsenzyklen müssen nicht langweilig sein – bester Beweis ist ‚Gewinnen mit Börsenzyklen'. Für Investoren eine gute Unterstützung für die quantitative Geldanlage und ein guter Hinweis, dass sich Geschichte doch wiederholen kann."

Philipp Vorndran, Investmentstratege

„Die Ergebnisse der umfangreichen Analysen münden in einer Börsenvision, die mit erfrischend klaren Worten ein Zukunftsszenario für den Dax und Dow Jones entwirft. ... Das Fazit hält sich jedenfalls konsequent an die Erkenntnisse aus den Untersuchungen und hat dabei die Statistik auf seiner Seite." *BNP Paribas – Warrants & Zertifikate*

„Jeder der mit Börse und Aktien zu tun hat, der muss dieses Buch einfach haben. Die Fachkompetenz des Autors zeigt, dass die Börsenlandschaft mehr als nur eine Seifenblase ist."

www.fachbuchkritik.de

„Markets should rally to 2009/10 DAX seen at 10,000, Dow Jones between 26 and 29,000 – Investing in cycles on stock exchanges is not new. But this theme has a big revival in Germany in the last months. In his new book 'Gains with Exchange cycles' Thomas Müller, Editor in chief of boerse.de, presents all the dominating cycles currently existing on the world stock exchanges. Furthermore, the analysis of cycles is described in detailed and a look into the future is taken.
A look into the future: In his German language book Müller names some targets and cycle processes for the next few years. In the DAX he expects a sharp rally to 10,000 points until March 2010 and three years later the absolute low of the next cycle. For 2006 Müller sees the high of the cycle in March and April and the yearlow in May or August. Year on Year he expects no big years in the DAX - more a plus/minus zeroperformance. For 2007 and 2008 two digit growth is expected and an end-of-cycle-rally for 2009.
For the Dow Jones Müller sees some sharp rises to 2009. The Dow should reach 29,000 points by the end of 2009 and 32,000 points by 2010. For 2006 it is expected that, if the 11,000 points will fall, as they did last week, the Dow will rise quickly to 12,000 points in March or April and close at this level after a sharp correction. For 2007 a typical Presidential election year with sharply rising prices is expected and for 2008 Müller prognoses two digit growth in the Dow.For 2009 a sharp rise should be seen as the end of the cycle. After the sharp surges in the Dow Jones and the DAX, Müller sees a big slump after 2010 and expects the low of the cycle in 2014. After this 2015 will show a new Hausse until 2017 and 2018.
Investor conclusion: A fine book for anyone who thinks that stock exchanges are dominated by cycles. Whether or not the future can be predicted that precisely is another theme. It's interesting how Müller went about analysing cycles and explains how to look at them. At 39.95 Euro it is not a cheap book, but worth a look for anyone interested in Eliott Wave and other technical themes." *www.wirtschaftsblatt.at*

„Das lesenswerte Buch analysiert den Wertverlauf des Dow Jones Index seit 1896 und Dax seit 1959, unterteilt nach Tagen, Monaten, Jahren und Jahrzehnten. Daraus werden konkrete Handlungsempfehlungen zum Einsteig und Ausstieg, in bestimmten Monaten und Jahren entwickelt. Allen Anlegern, die mittel und langfristig orientiert sind, ist das Buch als Ergänzung zur Fundamentalanalyse sehr zu empfehlen."

Dr. Georg Thilenius, Dr. Thilenius Management GmbH

„Thomas Müller, Chef des TM Börsenverlags, zeigt an DAX und Dow eine Vorhersagbarkeit der Kurse auf, indem er sie mit weiteren Zyklen, etwa zur Demografie, vergleicht. So kommen bis 2009 die Babyboomer in das Alter, in dem sie das meiste Geld ausgeben. Für Müller das Signal: An den Börsen geht es aufwärts!" *Treffpunkt*

„Die Entwicklung von Finanzmärkten verläuft in Zyklen. Und wer um diese Zyklen weiß, der ist bei der Kapitalanlage ganz klar im Vorteil. Dies ist die Hauptthese von Thomas Müller in seinem soeben erschienenen Buch, welches an Strukturiertheit kaum zu wünschen übrig läßt. Den ersten Teil des Buches nehmen die Jahres-Zyklen (Saisonalität) ein, weiterhin werden Präsidentschaftswahl-, Vierjahres- und Jahrzehnt-Zyklen eingehend beleuchtet. All dies geschieht in recht einfacher und vieler Dax- und Dow Jones-Charts veranschaulichter Weise. Das Buch kann also auch von allen denjenigen verstanden werden, die mit der Mathematik auf Kriegsfuß stehen. [...] Dafür aber wird dem Leser im letzten Kapitel 'Börsen-Visionen' anhand der vorher beschriebenen Zyklen sozusagen der Kapitalmarktfahrplan für die nächsten Jahre geliefert. Fast schon ungeheuerlich präzise wird hier – wiederum in starker Anlehnung an Dent – die Börsenzukunft skizziert.
Alles in Allem ist 'Gewinnen mit Börsenzyklen' ein leicht verständliches und mit vielen wertvollen Informationen gespicktes Buch mit Nachschlagewerk-Charakter. Empfehlenswert." *Smart Investor*

„Eigentlich braucht ein Buch für Kapitalanleger nur aus einem Satz zu bestehen: ,Aktienkurse haben die Tendenz zu steigen'. Wer besser als gut sein will, erkennt und nutzt die Börsenzyklen und kann damit seinen Anlageerfolg noch verbessern." *Hans-Peter Holbach, Herausgeber GELDBRIEF*

„Unser Buchtipp: Optimismus versprüht der Autor Thomas Müller, Vorstand der TM Börsen-verlag AG, in seinem neuen Buch: ,Die Hausse wird sich bis 2009/2010 fortsetzen', ,Das Mindestkursziel für den Dax sind 10000 Punkte und zwischen 26000 und 29000 Punkte für den Dow Jones-Index' – so lauten nur zwei seiner Schlagworte, die er mit durchaus plausiblen Ent-wicklungen begründet. Müller belässt es jedoch nicht bei theoretischen Phrasen: In 31 Zyklen-Portfolios zeigt er, mit welchen Anlagemodellen der Anleger eine deutliche Outperformance der Märkte erreichen kann." *BörsenBerater, Deutscher Sparkassen Verlag*

„[...] Tatsächlich kam es auch in der Vergangenheit schon vor, dass das Vier-Jahres-Tief im DAX nicht auf den September oder das 4. Quartal fiel, sondern auf den Mai (1978), auf den August (1982) und einmal auf den Juli (1986).
Entnommen sind diese Angaben dem Buch von Thomas Müller ,Gewinnen mit Börsenzyklen' [...] Mit Hilfe vieler Charts und Tabellen beschreibt Müller nahezu alles, was man über Börsenzyklen wissen sollte. Ein zuverlässiges, nützliches Buch mit großem praktischem Wert [...]" *Gold & Money Intelligence*

„Kollegen, die Aktien kaufen wollen, konzentrieren sich vor allem auf eine Frage: Was soll ich kaufen? Nur wenige legen sich die Frage vor, wann sie bei Aktien generell zugreifen sollen. Dabei hat der Zeitpunkt ebensoviel Gewicht wie die Auswahl der Papiere: Analysen aus über 100 Jahren Börsengeschichte zeigen, dass die Aktienmärkte langfristigen Zyklen folgen, mit denen Sie Ihre Gewinnchancen deutlich verbessern können." *Wirtschafts-Tip*

„„Bis 2010 ein Vermögen verdienen' – Thomas Müller ist der Ansicht, dass dies unter Berücksichtung von sich wiederholenden Börsenzyklen für jedermann möglich ist. Und er hat Recht, wobei der Begriff Vermögen natürlich relativ ist. Es ist schon erstaunlich, zu erfahren, dass sich die Geschichte an sich und die der Börsen im speziellen wiederholt, von Monat zu Monat, von Jahr zu Jahr und von Technologieschub zu Technologieschub.

In Anlehnung an Harry S. Dents Buch ‚Der Jahrhundert Boom' zeigt der Autor, dass auch der DAX gewisse Zyklen ausbildet, die es zu nutzen gilt. Vor allem basierend auf demographischen Erhebungen sieht er die großen Börsen-Indizes bis Anfang oder Mitte 2010 steil nach oben gehen, ehe sie dann ähnlich dem Börsencrash im Jahr 1929 ins Minus drehen werden. Ob dieser Termin exakt hält, sei dahingestellt, bis Ende 2009 sollte man aber auf alle Fälle dabei sein. Allerdings wird es auch in der Zeit bis dahin zu Korrekturen kommen.

Thomas Müller erklärt dem Leser daher glaubhaft, wann diese Korrekturen am wahrscheinlichsten sind und untermauert dies mit zahlreichen statistischen Daten über den DAX und die beiden amerikanischen Indizes Dow Jones und Nasdaq.

Ein Vermögen verdienen? Kein Hirngespinst, sondern sachliche Schlussfolgerung." *CD-INFO*

„In meiner Anlagestrategie in der Vermögensverwaltung für unsere Kunden lege ich großen Wert auf die ständige Überprüfung der aktuellen Börsensituation mit bestimmten historischen Fallbeispielen. Börsenphasen wiederholen sich erstaunlich häufig. Wenn ich auch die exakte Kombination von Zeit- und Kurszielen in den nächsten Jahren bezweifle, so gibt ‚Gewinnen mit Börsenzyklen' doch hervorragende Denkanstösse und mutige Aussagen. Ich habe das – sehr spannende – Buch binnen weniger Stunden in einem Rutsch gelesen. Die beschriebenen Zyklen sollten unbedingt beachtet, jedoch immer wieder an evtl. aktuelle Entwicklungen – insbesondere in der Anlegerstimmung – angepasst werden."
Thomas Grüner, Gründer und Geschäftsführer von Grüner Vermögensmanagement

„Dieses Buch hat in Deutschland noch gefehlt! Während sich in den USA seit über 100 Jahren die klugen Börsianer mit Zyklen beschäftigen (Charles Dow, Ralph R. Elliott, Harry S. Dent u. v. a. m.) in der Gewissheit, dass alles Lebendige – und Börsen sind sehr lebendig! – in Zyklen unterschiedlicher Frequenz oszillieren, glaubt man in Deutschland, mit dem Rüstzeug des mechanistisch-kausalen Weltbilds des 17. Jahrhunderts das Geheimnis der Börsen knacken zu können. Etwa nach dem Muster: ‚Dann kommt die Mehrwertsteuererhöhung, die belastet den Konsum und macht die Börse schwach.' Diese schlichte Logik übersieht, dass unendlich viele Einflüsse wirken, die sich zu einem großen Konzert verbinden und in einem gewissen Muster schwingen, die sich für die Prognose und die Investmententscheidung anbieten. Dagegen kaufen in Deutschland viele Private und leider auch Institutionen, vor allem Versicherungen, zur Freude ihrer englischen Konkurrenz ‚streng wissenschaftlich-fundamental', vor allem aber im Konsens, de facto nach dem Grundsatz ‚buy high, sell low' und kommen damit zu einem kleinen Vermögen, wenn sie vorher ein großes hatten."
Ekkehart Schwartzkopff, Market Control

„Thomas Müller betrachtet in seinem Buch ‚Gewinnen mit Börsenzyklen' wiederkehrende Verhaltensmuster der Börsianer. Für mich gehört zum Erfolg an der Börse eine gute Portion Beobachtung und ich finde die Ausführungen im Buch daher absolut lesenswert."
Jürgen Felger, Frankfurter Finance Newsletter

„Ich finde es sehr wichtig, dass in diesem Buch bestimmte Aussagen einmal fundamental berechnet und dokumentiert wurden. Das aktive Arbeiten mit diesem Buch wird mir bei meinen Entscheidungen helfen, manche Fehler bei Investitionen zu vermeiden."

Hans Schramm, Geschäftsführer SchrammFinanz GmbH, Vorstand der TopTen AG

„Dieses Buch weist den Weg durch die Fieberkurve der Märkte. Nur wer die Wellen des Börsenchaos richtig deutet wird an den Finanzmärkten erfolgreich." *Michael Mross*

„Dieses Buch bietet für den Anleger eine wahre Fundgrube in Sachen Börsenstrategie. Wie die Geschichte zeigt, neigen die Investoren immer wieder zu übertriebenen Erwartungen, die dann durch einen klaren Dämpfer wieder bereinigt werden. Diese Auf und Ab an den Finanzmärkten hat es schon immer gegeben, und mit diesem Buch können Sie diese Bewegungen einfach und verständlich nachvollziehen. Und – wie der Autor bereits feststellt: die Geschichte wiederholt sich. Thomas Müller bietet das Handwerkszeug, um künftige Trends besser aufzuspüren und damit erfolgreich zu investieren."

Börsenverein der Universität Augsburg (Jahresbroschüre 2006)

„In ‚Gewinnen mit Börsenzyklen' widmet sich Thomas Müller einem vielfach zu Unrecht stiefmütterlich behandelten Bereich der technischen Analyse. Basierend auf umfassendem und sorgfältig aufbereitetem Datenmaterial erläutert er nicht nur Zyklen unterschiedlicher Art und Länge, sondern gibt auch zahlreiche Anregungen, wie die erkannten Muster im Trading nutzbar sind. ‚Gewinnen mit Börsenzyklen' liefert unentbehrliche Ergänzungen für jede Anlagestrategie." *Dagmar Wicht, Die Börsenjournalisten*

„... Für Anleger, die die gewonnenen Erkenntnisse direkt in die Tat umsetzen möchten, hält das Buch auch handfeste Informationen parat: In insgesamt 31 ‚ZyklenPortfolios' werden verschiedene Anlagemodelle vorgestellt, die Investoren in der Vergangenheit eine massive Outperformance gegenüber DAX oder Dow Jones ermöglicht hätten. Die Verbindung aus Nachschlagewerk und Börsenratgeber überzeugt. Thomas Müller ist mit diesem Buch ein Grundlagenwerk zum Thema Börsenzyklen gelungen, das in keinem Börsianer-Bücherschrank fehlen sollte." *Der Aktionär*

„Thomas Müller hat mit seinem Buch ‚Gewinnen mit Börsenzyklen' das wohl umfangreichste Werk zur Zyklusanalyse im deutschsprachigen Raum vorgelegt. Kein für Börsianer relevanter Rhythmus wurde ausgelassen, alle Behauptungen werden eindrucksvoll und nachvollziehbar belegt, die zu Schlüssen herangezogenen Datenmengen sind beeindruckend. Zahlreiche Charts und Tabellen runden das Erscheinungsbild ab. Erwähnt sei auch der ausgezeichnete Anhang, der die Ergebnisse des Buches noch einmal übersichtlich zusammenfasst. Wer ein Werk zur Zyklus-Analyse sucht, findet mit ‚Gewinnen mit Börsenzyklen' ein Buch, das in wenigen Jahren ein Klassiker der deutschsprachigen Börsenliteratur sein wird."

TRADER'S